Katia D'Angelo • Diana Pedol • Laura Vanc

Parla con me

1

corso di lingua e
cultura italiana per ragazzi

libro di classe

eserciziario

CD audio

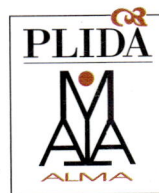

PLIDA

ALMA

Parla con me
corso di lingua e cultura italiana per ragazzi

- autrici: **Katia D'Angelo, Diana Pedol e Laura Vanoli**

- consulenza scientifica e coordinamento sperimentazione:
  Prof. **Giancarlo Sala**, Prof.ssa **Analía Soria**, Prof.ssa **Marianne Wagner**

- sperimentazione: Prof.ssa **Monica Bartolini**,
  Prof.ssa **Analía Verónica Cainzos**, Prof.ssa **Carolina Carizza**,
  Prof.ssa **Silvia Fastuca**, Prof.ssa **Lourdes Grouset**,
  Prof.ssa **Adriana Tomé**, Prof.ssa **Carla Turcatto**

- responsabile del progetto per la Società Dante Alighieri:
  Dott.ssa **Silvia Giugni**

- direzione editoriale: **Massimo Naddeo**

- coordinamento editoriale e redazione:
  Carlo Guastalla, Euridice Orlandino e Chiara Sandri

- progetto grafico e impaginazione: **Laura Rozzoni**

- copertina: **Lucia Cesarone**

- illustrazioni: **Manuela Nerolini**

- fumetto: **Giampiero Wallnofer**

- coordinamento audio: **Vanni Cassori**

© **2011 Alma Edizioni**
Printed in Italy
ISBN 978-88-6182-193-4
Prima edizione: luglio 2011

Alma Edizioni
Viale dei Cadorna, 44
50129 Firenze
tel +39 055 476644
fax +39 055 473531

alma@almaedizioni.it
www.almaedizioni.it

DA
SOCIETA' DANTE ALIGHIERI

Indice

comunicazione	grammatica	lessico	testi scritti e *orali*	scheda culturale

Unità 4 ▲ Che look hai?

• scrivere una risposta in un forum • fare domande sul look • chiedere e dire il colore • realizzare un sondaggio	• i verbi in *-isco* • *quanto?, quando?, che?, cosa?* • il verbo *metterci* • gli articoli indeterminativi • i verbi riflessivi	• vestiti, accessori e taglie • le azioni quotidiane • parole dei sondaggi • i colori • i mobili della camera • alcuni aggettivi di personalità	• "yahooanswers": la moda è così importante nella vita? • colori e personalità • *sondaggio: look e vestiti*	• Il *made in Italy* (design e *know-how* italiani)

tendenze

• Storia a fumetti: **Mistero al museo - Episodio 4**

Unità 5 ● La magia del cinema

• indicare i propri gusti cinematografici • capire e scrivere la trama di un film • richiamare l'attenzione • scusarsi • chiedere, capire e dare indicazioni stradali • leggere una cartina e uno stradario • descrivere la posizione di un oggetto o di una persona • fare gli auguri • girare un trailer	• i verbi irregolari *fare, tenere, dire, andare* • *c'è, ci sono* • *da... a...* (valore temporale) • le preposizioni con i mezzi di trasporto	• i generi cinematografici • i mesi • *in bocca al lupo, buona fortuna, auguri* • i dimostrativi • *in* e *con* e i mezzi di trasporto • avverbi di luogo • *qui, lì, destra, sinistra*	• trame e locandine di film • descrizione di quartieri • *dialogo per raggiungere una destinazione in città*	• I mille volti del cinema italiano (il cinema italiano dalle origini a oggi)

arti

• Storia a fumetti: **Mistero al museo - Episodio 5**

Unità 6 ■ Questioni di famiglia

• capire un brano di letteratura • chiedere e dire l'ora • ottenere il permesso di fare qualcosa • descrivere la propria famiglia • creare un fumetto	• i verbi *sapere* e *venire* • i verbi modali • gli aggettivi possessivi • i possessivi con i nomi di parentela • i numeri ordinali, da 1° a 10°	• la famiglia e i nomi di parentela • *mamma* e *papà* • l'ora • le parti della giornata • *anche/neanche* • luoghi di svago • suoni onomatopeici	• estratto da *Margherita Dolcevita* di Stefano Benni • descrizione di personaggi • *conversazione telefonica tra due amici: lamentele per andare a una festa* • pubblicità di un concorso	• La lingua italiana tra passato e presente (i "grandi" della letteratura italiana da Dante al Novecento)

contatti

• Storia a fumetti: **Mistero al museo - Episodio 6**

Unità 7 ⬠ Ricerche in rete

• comprendere e dare istruzioni • orientarsi sul web • redigere un regolamento • capire e scrivere un rebus	• le preposizioni articolate • l'imperativo informale affermativo e negativo • l'infinito (come imperativo)	• il mondo di internet • comandi del computer • parole inglesi in informatica • istruzioni al computer	• presentazioni di siti internet • istruzioni per stare davanti al computer • *istruzioni per l'uso di google earth*	• L'italiano in giro per l'Europa (il lessico italiano più diffuso nell'UE)

internet

• Storia a fumetti: **Mistero al museo - Episodio 7**

Presentazione

Le nuove generazioni, allo schermo televisivo, preferiscono di gran lunga quello di un computer o di un cellulare "intelligente"; continuano magari a dire *ti voglio bene*, ma scrivendo rispolverano i vecchi *tvb* o *tvtb*. Il primo volume di **Parla con me**, rivolgendosi agli adolescenti di età compresa fra i 13 e i 18 anni, è indirizzato anche a loro.

Internet è esploso nel 1995, grazie al World Wide Web. I nati di allora hanno oggi 16 anni; sono perciò, molti di quegli adolescenti, il ritratto ideale dei nativi digitali. Si esprimono nei tanti linguaggi eterodossi delle comunità virtuali; occultano e moltiplicano le loro identità nei nickname e negli avatar di cui s'impadroniscono; s'incontrano e interagiscono sui social network (da Twitter a Facebook); digitano rapidi sms sulle tastiere dei telefonini anziché riprodurre lente righe di testo su antiquati quaderni; sfiorano con tocco leggero i minischermi delle loro "tavolette" computerizzate più che inumidire continuamente l'indice per sfogliare le pagine di un libro; barattano le polverose biblioteche d'un tempo con quello scaffale librario virtuale che è il Kindle; esercitano i loro già allenatissimi pollici sulle consolle di sempre più sofisticate playstation.

E le altre "tribù" giovanili, dagli emo ai truzzi? E quelli che reagiscono al rischio di omologazione con stili e comportamenti provocatori, mettono a dura prova i loro corpi con piercing e tatuaggi, esibiscono abiti e capigliature dalle fogge più svariate? **Parla con me** lancia il guanto di sfida anche a loro, come a tutti gli altri giovani. Compresi quelli, naturalmente, che sostituiscono al più i miti di ieri con i miti di oggi (le rockstar, soprattutto), seguono il motociclismo o il calcio, leggono fumetti, fanzine, riviste di gossip e i romanzi di Moccia, tifano per gli "amici" televisivi. Colombo, Garibaldi, Leonardo camminano perciò a braccetto anche con Riccardo Scamarcio e Valentino Rossi, Laura Pausini e Dylan Dog.

E se non arrivano a dire *Bella, prof!*, i giovani ritratti nel manuale, possono rivolgersi a un estraneo con un più amichevole *Salve* anziché con un più serioso *Buongiorno* o *Buonasera*. Quanti di noi, professori universitari un po' avanti negli anni, leggono di continuo e-mail spedite da studenti e studentesse che si aprono proprio con un bel *Salve*? Qualcuno storcerà il naso, i più aperti e lungimiranti stanno al gioco; evitano di rispedire l'appellativo al mittente, e sorridono consapevoli e complici.

In **Parla con me**, promettente modulo di un progetto editoriale che colma una lacuna nel settore dell'insegnamento dell'italiano L2, c'è però molto altro ancora: una lingua in presa diretta, che si tiene al riparo dalle operazioni artificiose di dialoghi improbabili o ricostruiti a tavolino; un'attenzione speciale per la componente relazionale, recuperata attraverso inserti materiali, spaccati esperienziali, ricreazione su carta di rapporti amicali; una grafica fresca e accattivante, dai tratti vivaci ed essenziali.

I promotori di un sondaggio di qualche anno fa, dati alla mano, sottolineavano che "i giovani italiani sono molto meglio di quello che i loro padri e le loro madri pensano"; fanno anzi mostra "di essere l'unica vera grande ricchezza" del Bel Paese. Vorrei estendere il giudizio a tutti i giovani e giovanissimi che abitano i luoghi del mondo. A chi si appresta a cimentarsi con **Parla con me**, a fare i primi passi sulla via dell'apprendimento dell'italiano, il più sincero augurio che quei passi conducano verso gli sconfinati orizzonti di una comunicazione autentica, personale senza essere autoreferenziale, o pericolosamente autistica; una comunicazione che porti lontano e produca, diffonda, promuova valore. Parla con me, ti ascolterò volentieri. Quando verrà il mio turno, quando sarò io a parlare con te, tu avrai già capito. A quel punto, anzi, ci saremo perfettamente intesi.

Massimo Arcangeli

SOCIETA' DANTE ALIGHIERI
Responsabile scientifico PLIDA

Introduzione

Parla con me è realizzato in collaborazione con la Società Dante Alighieri e prepara all'esame di certificazione PLIDA Juniores.

Parla con me è il primo corso di italiano per stranieri espressamente concepito per studenti adolescenti (13-18 anni).
È il risultato della collaborazione tra **Alma Edizioni** e la **Società Dante Alighieri** e di una lunga sperimentazione condotta in vari Paesi.

L'opera è strutturata in tre livelli:
• **Parla con me 1** • **Parla con me 2** • **Parla con me 3**

Le caratteristiche

Parla con me pone al centro temi, luoghi e modalità di relazione che caratterizzano il mondo giovanile.
Da qui la scelta di dividere le 10 unità in **quattro macro-aree tematiche**: **internet**, **contatti**, **arti** (cinema, musica e letteratura) e **tendenze**.

Tutti i contenuti linguistici affrontati sono presentati sempre in relazione ai contesti reali in cui si muovono gli studenti e alle principali situazioni comunicative che si trovano a dover gestire.

L'approccio

Il corso mira a sviluppare in modo equilibrato le quattro competenze descritte nel Quadro Comune Europeo (*ascoltare*, *parlare*, *leggere* e *scrivere*) in relazione ai reali bisogni comunicativi dello studente adolescente. Vista la fascia di età a cui si rivolge, **Parla con me** si propone di educare gli studenti a un apprendimento sempre più autonomo e consapevole della lingua, mantenendone alta la motivazione durante tutte le attività. Propone pertanto:

• testi scritti e audio accattivanti, legati a situazioni comunicative autentiche, sempre incentrate su argomenti di interesse e utilità per l'adolescente;

• attività di tipo ludico, dinamiche e creative, da svolgersi sia in coppia che in gruppo;

• attività che spingono lo studente a ricercare ed elaborare autonomamente le regole morfosintattiche di volta in volta affrontate;

• attività di *project work* che calano lo studente in situazioni comunicative autentiche finalizzate alla realizzazione di progetti di gruppo attraverso un lavoro di cooperazione.

La struttura

Parla con me 1 si rivolge a studenti di livello A1 e comprende in un unico volume

un libro di classe, un eserciziario e un CD audio

libro di classe:
• 10 unità divise in quattro macro-aree tematiche (internet, contatti, arti, tendenze)
• schede culturali sull'Italia
• storia a fumetti - genere molto amato dagli adolescenti - che percorre tutto il volume e che offre allo studente il piacere di leggere liberamente un fumetto in italiano

eserciziario:
• esercizi utili a consolidare le strutture grammaticali e gli elementi lessicali affrontati
• attività sulla fonetica

• bilanci di competenza utili allo studente per riflettere sui propri progressi in relazione ai propri bisogni comunicativi
• test di autovalutazione
• grammatica riassuntiva
• soluzioni dell'eserciziario, della fonetica e dei test

CD audio:
• brani audio per le attività di classe
• una canzone
• brani audio per gli esercizi di fonetica

A parte, è inoltre disponibile **una guida per l'insegnante** con
• le indicazioni metodologiche
• le istruzioni per svolgere le lezioni
• le soluzioni delle attività di classe
• le trascrizioni dei brani audio delle unità

Il funzionamento

Ogni unità di **Parla con me** si apre con

- uno specchietto iniziale che anticipa le strutture grammaticali, i contenuti lessicali e gli elementi di comunicazione affrontati nell'unità

- un'attività introduttiva che motiva al tema dell'unità, facendo leva sulle esperienze e preconoscenze degli studenti

Seguono le attività di ascolto, lettura, analisi e produzione.

- i testi orali e scritti proposti sono di vario genere, ma sempre legati all'esperienza dei ragazzi

- le attività di lettura e di ascolto prevedono un primo contatto con il testo attraverso attività di comprensione globale che stimolano la formulazione di ipotesi sul contesto e sul contenuto

- le attività di comprensione analitica e di analisi lessicale, pragmatica e morfosintattica incoraggiano la ricerca autonoma dei significati e delle regole attraverso procedimenti induttivi, che non tralasciano la dimensione ludica in ogni unità è inserito almeno un gioco (di coppia, di gruppo o di squadra) attraverso cui gli studenti reimpiegano quanto appreso in un clima ludico e rilassato

box chiari e sintetici, utili a completare le informazioni o fare il punto sugli aspetti funzionali, comunicativi e culturali affrontati nell'unità

schede di fonetica con attività di ascolto e produzione per esercitare la pronuncia e conoscere il giusto rapporto tra grafia e pronuncia

attività di ripasso, intitolate *Ti ricordi?*, per il reimpiego del lessico e della grammatica presentati nell'unità precedente

ogni unità si conclude con un progetto finale che comporta la cooperazione, il riutilizzo creativo della lingua e dei contenuti dell'unità e la sua integrazione con altri codici

---

Nuovi amici

5 GIOCO *Chi sei?*

5.a Osserva le immagini e scegli il tuo avatar. Scegli anche il nome, l'età e la città di provenienza.

Avatar

Nomi
- Caterina
- Licia
- Michela
- Annamaria
- Silvia
- Valeria
- Giulio
- Matteo
- Andrea
- Paolo
- Francesco
- Roberto

Età
11 12 13 14 15 16 17 18 19 20

Città
- Firenze
- Catania
- Milano
- Roma
- Bologna
- Venezia
- Cagliari
- Bari
- Napoli
- Torino
- Genova
- Reggio Calabria
- Aosta

5.b Completa le risposte con le informazioni del punto **5.a**, poi abbina ogni risposta alla domanda giusta, come nell'esempio.

Domande
1. Chi sei?
2. Come ti chiami?
3. Quanti anni hai?
4. Di dove sei?

Risposte
a. Ho _____ anni.
b. Mi chiamo _____ .
c. Sono di _____ .
d. Sono il numero _____ .

5.c Prendi il quaderno e gira per la classe. Fai ai compagni le domande del punto **5.b** e scrivi le risposte sul quaderno.

Compagno di classe	Avatar	Nome	Età	Città

Come funziona?

	essere	avere	chiamarsi
io	sono	ho	mi chiamo
tu	sei	hai	ti chiami
lui/lei	è	ha	si chiama
noi	siamo	abbiamo	
voi	siete	avete	
loro	sono	hanno	

20 ○ venti

Tu chi sei?

2.c Leggi le pagine di diario, poi riascolta il dialogo e indica quali sono i diari dei due ragazzi.
cd8

Diario di Roberta Micci
Classe: II B
Indirizzo: Viale Trastevere 45, (Trastevere), Roma

Caro Diario,
a scuola c'è un nuovo studente, si chiama Ivan! È in seconda A ed è siciliano. È molto bravo in italiano!

Diario di Roberta Micci
Classe: II A
Indirizzo: Via Marmorata 25, (Testaccio), Roma

Caro Diario,
a scuola c'è un nuovo studente, si chiama Ivan! È in seconda B ed è siciliano. È molto bravo in matematica!

Lei

Come funziona?

La negazione
Osserva:
Non vado molto bene.
Per formare una frase negativa si usa *non* + verbo.

Diario di Ivan Morgano
Classe: II B
Indirizzo: Viale Trastevere 45, (Trastevere), Roma

Martedì studio con Roberta, secondo A!
Abita a Testaccio e ha il mio numero di telefono.
Studiamo insieme matematica!

Diario di Christian Morgano
Classe: II A
Indirizzo: Via Marmorata 25, (Testaccio), Roma

Martedì studio con Roberta, secondo A!
Vive a Testaccio e ho il suo numero di telefono.
Studiamo insieme matematica!

Lui

Parole, parole, parole

L'indirizzo
Osserva:
Piazza Castello 10, Torino.
L'indirizzo in italiano si dice via/viale/piazza/corso/largo + nome + numero civico + città.
Per indicare la propria residenza, si può usare il verbo *abitare* o *vivere*.
Esempio:
Io *vivo/abito* in via Urbana 15, e tu dove *abiti/vivi*?

3 ANALISI LESSICALE Presentarsi
3.a Completa le domande con le parole della lista, come nell'esempio.
Attenzione: c'è una parola in più. Alla fine riascolta e verifica.
cd8

1. Di _dove_ sei?
2. E _____ ti trovi qui a Roma?
3. Tu _____ ti chiami? Io sono Ivan.
4. Tu in _____ classe sei?
5. _____ ce l'hai il compito di matematica?
6. Tu _____ abiti?

che come come dove dove quando

28 ○ ventotto

I simboli

LEGGERE	SCRIVERE	PARLARE	ASCOLTARE	GIOCO	ANALISI	ESERCIZIO	PROGETTO
		BLA BLA BLA					

Ringraziamenti

Ringrazio i ragazzi delle mie classi per i loro insostituibili insegnamenti, gli insegnanti e amici del Giufà per aver contribuito a tenere viva negli anni la passione per il nostro lavoro, e Matteo per la fiducia e il sostegno, mai venuti meno.

Diana

Diana Pedol è laureata in Lettere Moderne. Ha conseguito una seconda laurea specialistica in "Scienze linguistiche per la comunicazione interculturale" presso l'Università per Stranieri di Siena. Ha insegnato italiano come lingua seconda in Italia e in Spagna (Istituto Italiano di Cultura di Barcellona). Dal 2002 lavora come facilitatrice linguistica per alunni stranieri delle scuola secondaria di primo e secondo grado presso il Centro di Alfabetizzazione Giufà di Firenze. Tiene corsi di formazione di didattica dell'italiano come lingua seconda per insegnanti della scuola secondaria di primo e secondo grado.

A Carlo, per esserci sempre e comunque. A Licia, per il fumetto e per essere mia sorella. A mamma e papà, che sono sempre l'inizio di tutto. A Christopher, che non ha mai smesso di essere lo stimolo a fare di più.
E agli studenti: il motivo per cui fare questo lavoro vale sempre la pena.

Katia

Katia D'Angelo è laureata in Lingue e Letterature Straniere Moderne. Ha conseguito il diploma Dilit per l'insegnamento dell'italiano come lingua seconda, la certificazione Ditals dell'università di Siena e il Master Itals dell'università di Venezia. Nel 2009 ha completato la SSIS in lingue e civiltà straniere-italiano seconda lingua presso l'univesità Ca' Foscari di Venezia. Ha insegnato italiano in Italia e Spagna. Lavora attualmente per l'Università della California (centro studi di Roma) come insegnante di Italiano lingua seconda e per l'Università degli Studi di Roma "La Sapienza", come professore a contratto in Didattica delle Lingue Moderne.

Vorrei ringraziare
la sede centrale della Società Dante Alighieri, nelle persone del Segretario Generale Alessandro Masi, di Silvia Giugni e di Daniele D'Aguanno, per avermi invitata a far parte di questo progetto e per l'attenzione continua rivolta ai comitati all'estero;
la Dante di Montevideo, tutti i colleghi, in particolare la Presidente Dott.ssa Renata Gerone, per il suo generoso e costante sostegno;
i ragazzi della Dante e della Scuola Italiana di Montevideo, per l'affetto e per quello che mi hanno insegnato;
la collega Adriana Tomé, per i consigli;
la famiglia e gli amici: un grazie di cuore per la pazienza e il sostegno di sempre.

Laura

Laura Vanoli è insegnante e Responsabile dei corsi di lingua italiana presso la Società Dante Alighieri di Montevideo. Ha maturato la sua formazione conseguendo il diploma Dilit per l'insegnamento dell'italiano come lingua straniera, il Master Itals in didattica della lingua e cultura italiana a stranieri, e diversi corsi di aggiornamento in Uruguay e all'estero. Ha insegnato italiano nei corsi di lingua presso l'Istituto Italiano di Cultura e la Scuola Italiana di Montevideo.

Ringraziamo inoltre le scuole che hanno partecipato alla sperimentazione e tutti gli insegnanti che hanno provato i materiali e che ci hanno sapientemente consigliate. In particolare, un grazie al Professor Giancarlo Sala e alle Professoresse Analía Soria, Adriana Tomé e Marianne Wagner.

Per averci regalato le loro voci, grazie ad Alice, Agnese, Carlo, Chiara, Elisa, Fabiano, Fulvio, Giulia, Ivan, Lorenzo, Maria, Mario, Martina, Michele, Miriam, Nicoletta, Oscar, Roberta, Silvia, Simone.

PrOnti? Via!

Cosa imparo

Lessico
Le parole italiane più famose
Le città
La classe
Giusto / Sbagliato
Come, scusa?
Puoi ripetere?
Che significa?

Comunicazione
Chiedere il significato
Chiedere di ripetere
Fare lo spelling
Capire le istruzioni del libro

Grammatica
L'alfabeto

1

INTRODUZIONE *Made in Italy*

1.a *Lavora con un compagno. Osservate le foto. Conoscete questi italiani?*

Valentino Rossi

Andrea Bocelli

Dolce e Gabbana

Roberto Benigni

Leonardo da Vinci

Roberto Saviano

1.b *Perché sono famosi? Abbina i personaggi del punto **1.a** alle immagini, come nell'esempio.*

moto

moda

musica

libri

arte

cinema

Valentino Rossi

2 ASCOLTARE L'alfabeto

2.a
Ascolta l'alfabeto e ripeti le lettere.

cd2

- A (a)
- B (bi)
- C (ci)
- D (di)
- E (e)
- F (effe)
- G (gi)
- H (acca)
- I (i)
- L (elle)
- M (emme)
- N (enne)
- O (o)
- P (pi)
- Q (cu)
- R (erre)
- S (esse)
- T (ti)
- U (u)
- V (vu)
- Z (zeta)

Lettere straniere

- J (i lunga)
- K (cappa)
- W (doppia vu)
- X (ics)
- Y (ipsilon)

Come funziona?

- Consonanti
- Vocali

2.b
Lavora con un compagno. Pensate al nome degli oggetti qui sotto: con che lettera iniziano? Scrivete la lettera nella casella.

Parole, parole, parole

2.c
Completa il nome di due italiani molto famosi con le iniziali delle parole del punto **2.b.**

esploratore

_RIS_OFORO
OLO _ _

padre della nazione

GIUSE_ _E
_ARIBALDI

Le parole italiane più famose

Completa con le lettere mancanti le parole italiane più conosciute e usate all'estero.

1. _hianti

2. _ondola

3. _aparazzo

4. la_agne

5. _ozzarella

6. _ravo!

7. ma_cheroni

8. es_resso

9. pianofor_e

Da *www.fondazioneitaliani.it, www.ladante.it*

3 GIOCO Città d'Italia

3.a
cd3

Formate 2 squadre. Ascoltate i nomi delle città, italiane e straniere, e completate la lista con le lettere mancanti. Quando siete pronti seguite l'esempio: a turno lo studente della squadra 1 dice la lettera corrispondente a una città. Uno studente della squadra 2 dice la città lettera per lettera. Se è giusto, lo studente della squadra 2 prende un punto e la città non può più essere chiesta. Vince la squadra che, quando non ci sono più città disponibili, ha più punti.

a. _ _ RENZE

b. BO _ _ GNA

c. MILA _ _

d. VI _ NNA

e. NA _ _ LI

f. VENE _ _ _

g. _ _ GANO

h. TORI _ _

i. _ _ RIG _

l. PA _ _ _ MO

m. _ _ NO _ A

n. RO _ _ _ IO

o. _ _ _ A

3.b *Inserisci nella cartina i nomi delle città italiane del punto **3.a**.*

UDINE

DOMODOSSOLA
COMO

JESOLO

SAVONA

IMOLA

EMPOLI

LIVORNO

ANCONA

OTRANTO

Pronti? Via!

A c b Parole, parole, parole

Città e alfabeto

Per fare lo spelling in italiano si usano molti nomi di città.

A come Ancona
B come Bologna
C come Como
D come Domodossola
E come Empoli

F come Firenze
G come Genova
H come hotel
I come Imola
J come Jesolo

K come Kursaal
L come Livorno
M come Milano
N come Napoli
O come Otranto

P come Palermo
Q come quadro
R come Roma
S come Savona
T come Torino

U come Udine
V come Venezia
W come Washington
X ics
Y ipsilon
Z come Zara

4 ESERCIZIO Come, scusa?

Lavora con un compagno. Dividetevi i ruoli (studente A e studente B) e leggete le vostre istruzioni. Le istruzioni per lo studente B sono a pagina 142.

studente A
Domanda i nomi degli oggetti e completa il disegno, come nell'esempio.

Esempio:

studente A: Come si chiama **d.**?

studente B: Finestra.

studente A: Come, scusa?

studente B: F come Firenze, I come Imola, N come Napoli, E come Empoli, S come Savona, T come Torino, R come Roma, A come Ancona.

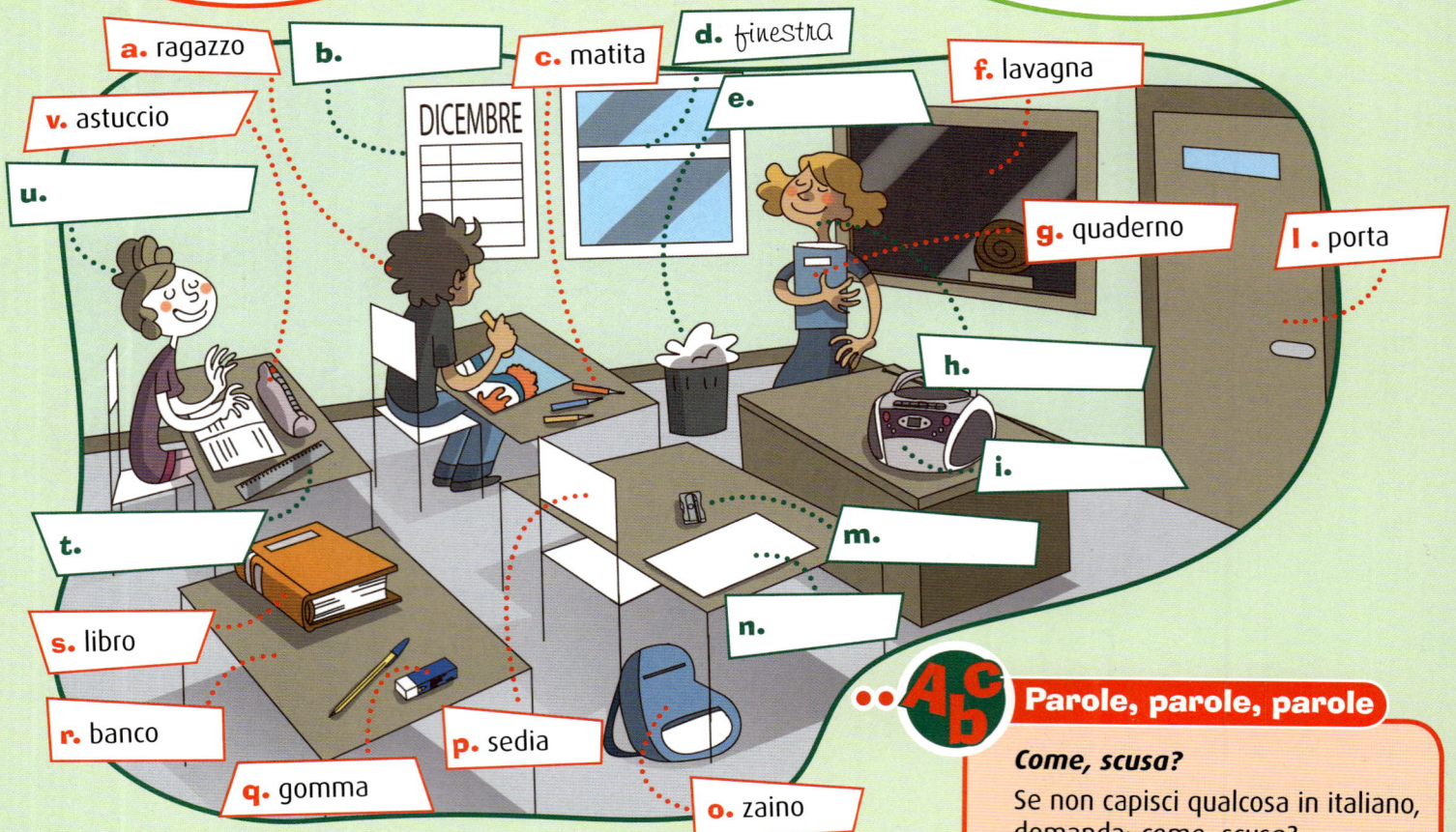

a. ragazzo
b.
c. matita
d. finestra
e.
f. lavagna
g. quaderno
l. porta
h.
i.
m.
n.
t.
s. libro
r. banco
q. gomma
p. sedia
o. zaino
v. astuccio
u.

A c b Parole, parole, parole

Come, scusa?
Se non capisci qualcosa in italiano, domanda: *come, scusa?*
Come, scusa? = Puoi ripetere?

5 ESERCIZIO *Che significa?*

5.a *Ascolta la pronuncia delle parole dall'insegnante, poi scrivi il verbo sotto l'icona giusta.*

leggere • aprire • scrivere • chiudere • disegnare • parlare • cancellare • correggere • ascoltare • copiare • giocare

1.

2.

3.

4.

5.

6.

7.

8.

9.

10.

11.

5.b *Lavora con un compagno. A turno indicate un'icona del punto **5.a** senza mostrare la parola corrispondente e fatevi le domande, come nell'esempio. Alla fine verificate con tutta la classe.*

Esempio:

studente A: Che significa questo?

studente B: "Ascoltare".

studente A: Giusto!

studente A: Che significa questo?

studente B: "Parlare".

studente A: Sbagliato, significa "ascoltare".

Nuovi amici

Cosa imparo

Lessico

I saluti

Aggettivi sugli stati d'animo

Le espressioni *grazie, prego vorrei..., per favore*

Quanti anni hai?

Di dove sei?

Come si scrive?

Grammatica

I numeri da 0 a 20

Il presente di *essere*, *avere* e *chiamarsi*

I nomi in *-o*, *-a*, *-e*

Informale/formale

Comunicazione

Presentarsi

Chiedere e dire la provenienza

Chiedere e dire l'età

Chiedere come si scrive una parola

Compilare una scheda anagrafica

Salutare in modo formale e informale

Effettuare una registrazione on line

---

1 LEGGERE **Mi presento**

1.a *Abbina le parole alle immagini, come nell'esempio.*

a. *ascoltare musica* **b.** spaghetti **c.** studiare **d.** città **e.** parlare **f.** passeggiare **g.** disegnare

1.b *Leggi i 2 testi. Qual è l'avatar di Mauro? Qual è l'avatar di Anna?*

Mauro

Registrato il:	05-01-2011
Città:	Roma
Messaggi:	18.783
Nick:	Mauro980

Ciao a tutti! Mi presento.

Vero nome: Mauro (che fantasia, eh? 😄)
Età: 16 anni
Segno zodiacale: Gemelli
Altezza: solo 1,66 m 😄
Dove sono nato: Roma
Dove abito: Roma
Amici: pochi (non sono molto socievole)
Hobby: internet (questo forum 😄), ascoltare musica, passeggiare (è un vero hobby?)
Piatto preferito: spaghetti
Sport preferito: calcio (ma non sono molto bravo, anzi per niente 😄)
Squadra del cuore: Roma

Sì: 😄 amore, amicizia

No: 😠 droga, maleducazione, terrorismo

Adesso tocca a voi!

Anna

Registrato il:	18-01-2011
Città:	Firenze
Messaggi:	2.426
Nick:	Annuccia

Mi presento...

Mi chiamo Anna, ho 17 anni e sono di Firenze... della provincia...
Studio in un liceo scientifico e nel tempo libero (poco perché devo
studiare molto 😓) esco con il mio ragazzo, passo pomeriggi a parlare
a casa delle amiche oppure disegno e ascolto musica...
Di me dicono che sono simpatica e che ho sempre il sorriso sulle labbra... 😄
Una descrizione fisica? Beh... l'altezza: 1,60... Ho tanti ricci castani e gli
occhi molto scuri...

Bene... Adesso tocca a voi!!

2 GIOCO I numeri da 0 a 20

2.a *Lavora con un compagno. Separate le parole del serpentone e scrivetele accanto ai numeri giusti.*

zerounoduetrequattrocinqueseisetteottonovedieciundicidodicitrediciquattordiciquindicisedicidiciassettediciottodiciannoveventi

0.
1.
2.
3.
4.
5.
6.
7.
8.
9.
10.
11.
12.
13.
14.
15.
16.
17.
18.
19.
20.

2.b cd4 *Ascoltate le presentazioni dei ragazzi e scrivete la loro età. Ordinateli dal più grande al più piccolo, come nell'esempio.*

1. Tiziana : 19 anni
2. _____ : ____ anni
3. _____ : ____ anni
4. _____ : ____ anni
5. _____ : ____ anni
6. _____ : ____ anni
7. _____ : ____ anni

Parole, parole, parole

I saluti

Per salutare quando si arriva, in italiano si dice:

ciao — agli amici e ai giovani come te
salve — a tutti, anche agli estranei e agli adulti

2.c *Risolvete l'operazione e scoprite il numero delle regioni italiane. Vince la coppia che trova il numero per prima.*

età di Tiziana + età di Anna − età di Nando + età di Oreste − età di Silvia + età di Carlo − età di Andrea =

_____ (numero delle regioni italiane)

3 ESERCIZIO *Com'è?, Come si scrive?*

Lavora con un compagno. Dividetevi i ruoli (studente A e studente B) e leggete le vostre istruzioni. Le istruzioni per lo studente B sono a pagina 143.

studente A

3.a *Abbina gli aggettivi della lista alle emoticon, come nell'esempio.*

triste   innamorato   serio   sorpreso   aggressivo   buono

Parole, parole, parole

Le emoticon
un'emoticon =
uno smiley =
una faccina

2.
3. innamorato
4.
1.
8.
10.
7.
5.
6.
9.
11.
12.

3.b *Lavora con uno studente B. Rispondi alla sua domanda e fai lo spelling dell'aggettivo, come nell'esempio. Poi scambiatevi i ruoli: chiedi com'è un'emoticon e come si scrive l'aggettivo. Alla fine scrivi l'aggettivo sotto l'emoticon corrispondente al punto 3.a.*

Esempio:

○ **studente B:**
Com'è il numero 3?

○ **studente A:**
È innamorato!

○ **studente B:**
Come si scrive?

○ **studente A:**
I - enne - enne - a - emme - o - erre - a - ti - o.

4 ESERCIZIO *Mi presento...*

Riordina la frase. Poi riscrivi la frase con i tuoi dati personali.

Anna,   sono   e   Firenze   ho   di   17   anni   Mi chiamo

Anna
_____ ho _____

Io
_____

Nuovi amici

5 GIOCO Chi sei?

5.a *Osserva le immagini e scegli il tuo avatar. Scegli anche il nome, l'età e la città di provenienza.*

Avatar

Nomi
- Caterina
- Licia
- Michela
- Annamaria
- Silvia
- Valeria
- Giulio
- Matteo
- Andrea
- Paolo
- Francesco
- Roberto

Età

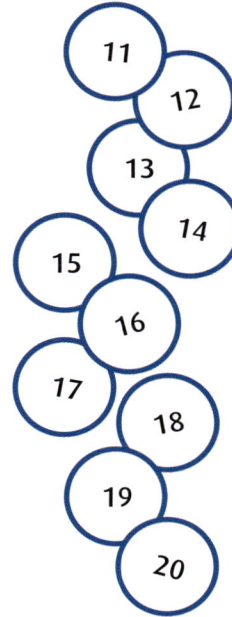

11 12 13 14 15 16 17 18 19 20

Città
- Firenze
- Catania
- Milano
- Roma
- Bologna
- Venezia
- Cagliari
- Bari
- Napoli
- Torino
- Genova
- Reggio Calabria
- Aosta

5.b *Completa le risposte con le informazioni del punto **5.a**, poi abbina ogni risposta alla domanda giusta, come nell'esempio.*

Domande

1. Chi sei?
2. Come ti chiami?
3. Quanti anni hai?
4. Di dove sei?

Risposte

a. Ho _____ anni.
b. Mi chiamo _____ .
c. Sono di _____ .
d. Sono il numero _____ .

5.c *Prendi il quaderno e gira per la classe. Fai ai compagni le domande del punto **5.b** e scrivi le risposte sul quaderno.*

Compagno di classe	Avatar	Nome	Età	Città

Come funziona?

	essere	avere	chiamarsi
io	sono	ho	mi chiamo
tu	sei	hai	ti chiami
lui/lei	è	ha	si chiama
noi	siamo	abbiamo	
voi	siete	avete	
loro	sono	hanno	

6 ASCOLTARE *Buongiorno, vorrei...*

6.a *Ascolta e scegli il disegno che corrisponde alla situazione.*

cd 5

Parole, parole, parole

Vorrei... e per favore

Osserva:
Vorrei usare internet (per favore).

Per chiedere qualcosa con gentilezza, si dice: *vorrei* + verbo/nome. Per essere più gentili si usa, alla fine, *per favore*.

> Vorrei una penna, per favore.

6.b *Completa il dialogo con le frasi della lista. Poi riascolta e verifica.*

cd 5

- Allora dobbiamo farla.
- No, no, è gratis.
- Sì... Hai la tessera?
- Buongiorno.

- **Ragazza:** Buongiorno.
- **Commesso:** _____
- **Ragazza:** Vorrei usare internet.
- **Commesso:** _____
- **Ragazza:** Ah... No.
- **Commesso:** _____
- **Ragazza:** Ah! Ma... Quanto costa?
- **Commesso:** _____
- **Ragazza:** Ho capito.

6.c *Ascolta e scegli il volantino pubblicitario dell'Internet Point.*

cd 6

6.d *Riascolta e sottolinea i dati corretti nella scheda.*

- Nome: **Fabiola / Viola / Moira**
- Cognome: **Pascucci / Mussi / Mucci**
- Data di nascita: **4 / 8 / 20** Marzo 1992
- Indirizzo: **via Carlo Dossi / via Mauro Rossi / via Gianni Fossi**
- Numero civico: **12 / 13 / 2**
- Città: **Cortona / Verona / Roma**

① Internet Point Amici
Aperto 24 ore su 24.
Tessera gratis
Costa solo 8 euro per 10 ore!
A Roma, in via di Monteverde 19

② Internet Point Amici
Aperto 24 ore su 24.
Tessera 1 euro
Costa solo 6 euro per 10 ore!
A Roma, in via di Monteverde 19

③ Internet Point Amici
Aperto 24 ore su 24.
Tessera gratis
Costa solo 10 euro per 8 ore!
A Firenze, in via di Monteverde 19

Parole, parole, parole

Grazie e prego

Osserva:

7 ESERCIZIO Dati anagrafici

7.a Le schede di Marco, Pilar e James contengono molti errori. Rimetti le informazioni al posto giusto.

Marco

Nome: Italia
Cognome: 08/08/1996
Data di nascita: Marco
Indirizzo: Leone
Città: pizza
Nazione: Rossi
Sesso: 15
Nick: maschio
Età: ascoltare musica
Segno zodiacale: freccia
Hobby: calcio
Piatto preferito: Roma
Sport preferito: Viale
Manzoni, 25

Pilar

Nome: Madrid
Cognome: pallavolo
Data di nascita: ballare
Indirizzo: femmina
Città: Pilar
Nazione: Cancro
Sesso: 19
Nick: 26/06/1992
Età: spaghetti all'amatriciana
Segno zodiacale: Calle de Dos
Hermanas, 345
Hobby: Rodriguez
Piatto preferito: Spagna
Sport preferito: ladylink

James

Nome: Welch
Cognome: internet, cinema
Data di nascita: James
Indirizzo: ravioli al ragù
Città: moonlight
Nazione: maschio
Sesso: basket
Nick: 18
Età: Londra
Segno zodiacale: Inghilterra
Hobby: 10/02/1993
Piatto preferito: acquario
Sport preferito: 171 Camden
High Street

Nome:	Nome:	Nome: ....
Cognome:	Cognome:	Cognome: ....
Data di nascita:	Data di nascita:	Data di nascita: ....
Indirizzo:	Indirizzo:	Indirizzo: ....
Città:	Città:	Città: ....
Nazione:	Nazione:	Nazione: ....
Sesso:	Sesso:	Sesso: ....
Nick:	Nick:	Nick: ....
Età:	Età:	Età: ....
Segno zodiacale:	Segno zodiacale:	Segno zodiacale: ....
Hobby:	Hobby:	Hobby: ....
Piatto preferito:	Piatto preferito:	Piatto preferito: ....
Sport preferito:	Sport preferito:	Sport preferito: ....

8 ANALISI GRAMMATICALE Nomi

8.a *Trova nei testi del punto 1.b i nomi singolari o plurali, come nell'esempio.*

Singolare		Plurale
1.	liceo	licei
2.		nomi
3.		fantasie
4.		città
5.		piatti
6.	occhio	
7.		musiche
8.		amori
9.		ragazzi
10.		province
11.	amica	
12.		altezze
13.		tempi
14.		squadre
15.	descrizione	
16.	pomeriggio	

Come funziona?

Plurale e singolare: casi particolari

I nomi femminili che finiscono in *-ca* e *-ga* hanno il plurale in *-che* e *-ghe*.

Esempio: amica → amiche
riga → righe

Molti nomi maschili che finiscono in *-io* hanno il plurale in *-i*.

Esempio: pomeriggio → pomeriggi
occhio → occhi

Tutte le parole che finiscono con una lettera accentata (*-à, -è, -ò*) non cambiano al plurale.

Esempio: città → città
caffè → caffè

Per maggiori dettagli e altri casi irregolari, vedi la Grammatica a pagina 211.

8.b *Completa le tabelle con i nomi singolari e plurali del punto 8.a, come nell'esempio.*

PRIMO GRUPPO - Nomi in *-a/-o*

Maschile singolare	Maschile plurale	Femminile singolare	Femminile plurale
ragazzo	ragazzi	squadra	squadre
Ultima lettera: ___	Ultima lettera: ___	Ultima lettera: ___	Ultima lettera: ___

SECONDO GRUPPO - Nomi in *-e*

Maschile o femminile singolare	Maschile o femminile plurale
Ultima lettera: ___	Ultima lettera: ___

Nuovi amici

9 **ESERCIZIO** **I saluti**

Completa i disegni con i saluti della lista. Attenzione: puoi ripetere lo stesso saluto più di una volta e sono possibili diverse soluzioni.

Ciao!

Arrivederci!

Arrivederci, professoressa.

Buonasera, signora.

Buongiorno, signor Paoletti.

Buonanotte!

Come funziona?

Formale e informale
In italiano per parlare in modo informale con una persona si usa il "tu".

Esempio:
- Ciao, tu sei Licia?
- Sì, sono io.

Per parlare in modo formale si usa il "Lei".

Esempio:
- Buongiorno, Lei è il signor D'Angelo?
- Sì, sono io.

Informale

Formale

10 **PROGETTO FINALE** **Registrazione on line**

Registrati sul sito di "ZoneLibere.net" nella sezione "community": inserisci i tuoi dati nella scheda.

"Pezzi" d'Italia

1.a *Osserva la cartina dell'Italia e inserisci le regioni della lista al posto giusto.*

1. Toscana   2. Lombardia   3. Abruzzo
4. Puglia   5. Liguria   6. Calabria
7. Lazio   8. Veneto

1.b *Osserva le due classifiche e rispondi alle domande.*

a. Qual è la regione con più città importanti per il turismo?
b. Qual è la regione con due delle città più grandi d'Italia?

Città d'arte più visitate

1. Roma
2. Venezia
3. Firenze
4. Napoli
5. Pisa (Toscana)
6. Siena (Toscana)
7. Lucca (Toscana)
8. Verona (Veneto)

Città italiane più grandi

1. Roma	6. Genova
2. Napoli	7. Bologna
3. Milano	8. Firenze
4. Torino	9. Bari
5. Palermo	10. Catania

Mappa regioni: Trentino Alto Adige, Valle d'Aosta, Friuli Venezia Giulia, Emilia Romagna, Piemonte, Marche, Umbria, Molise, Campania, Basilicata, Sardegna, Sicilia

2.a *Leggi le tabelle sotto e colora nella cartina gli Stati con le principali comunità di italiani o discendenti di italiani.*

Principali comunità di italiani residenti all'estero

Germania	582 111		Regno Unito	170 927
Argentina	527 570		Canada	131 775
Svizzera	500 565		Australia	120 239
Francia	348 722		Venezuela	94 704
Belgio	235 673		Spagna	83 924
Brasile	229 746		Uruguay	71 115
Stati Uniti d'America	200 534			

Principali comunità di discendenti di italiani all'estero

Brasile	25 milioni		Venezuela	900mila
Argentina	20 milioni		Australia	850mila
Stati Uniti d'America	17,8 milioni		Germania	650-700mila
Francia	4 milioni		Svizzera	500-700mila
Canada	1,5 milioni		Perù	500mila
Uruguay	1,3 milioni		Regno Unito	300-500mila
			Belgio	290mila

Da *http://infoaire.interno.it* e *http://simn-cs.net*

2.b *Confronta le due tabelle al punto 2.a e cerca le seguenti informazioni:*

a. I due continenti dove vivono più italiani residenti all'estero.
b. I principali paesi di emigrazione italiana in passato.

FIRENZE, UN GIORNO TRANQUILLO...

...MA NON PER ANDREA.

NO! NON VA BENE!

NON HO IDEE!

BASTA...

...VADO A FARE UNA PASSEGGIATA.

Grande concorso di fumetti per teenager. Al vincitore una pubblicazione ufficiale sulla rivista COMIX

Tu chi sei?

Cosa imparo

Lessico
La scuola

L'indirizzo

I giorni della settimana

Ti amo e *ti voglio bene*

Aggettivi per definire il carattere e il fisico

L'aggettivo *preferito*

Comunicazione
Chiedere e dire l'indirizzo

Scrivere un SMS

Dire la provenienza

Descrivere l'aspetto fisico e il carattere

Esprimere preferenze

Fare una classifica

Grammatica
La negazione

Dove?, Come?, Che?, Quanti?, Quando?

I numeri da 0 a 100

Le congiunzioni *e* e *ma*

Gli aggettivi in *-o/-a, -e*

Le nazionalità

Il verbo *piacere*

Gli avverbi di intensità

Le preposizioni di luogo *a, da, di, in*

1 INTRODUZIONE La scuola in Italia*

Abbina le informazioni a una, a due o a tutte e tre le immagini.

scuola primaria

scuola secondaria di primo grado

scuola secondaria di secondo grado

a. Comincia a 5/6 anni e gli insegnanti si chiamano "maestri". ___ ___ ___

b. Comincia a 10/11 anni e si chiama anche "scuola media". ___ ___ ___

c. Comincia a 13/14 anni e si chiama anche "scuola superiore". ___ ___ ___

d. Gli insegnanti si chiamano "professori". ___ ___ ___

e. Gli studenti hanno la stessa aula per tutto l'anno. ___ ___ ___

f. Gli studenti hanno gli stessi compagni per tutto l'anno. ___ ___ ___

g. Gli studenti sono divisi in gruppi che si chiamano "classi". Le classi hanno nomi, per esempio "I (prima) A", scritti sulla porta dell'aula. ___ ___ ___

h. Il numero dell'aula dipende dall'anno di scuola. Per esempio: primo anno di scuola = I (prima). ___ ___ ___

2 ASCOLTARE Un incontro

2.a *Ascolta e scegli il titolo del dialogo.*

cd 7

a. Dialogo tra un papà e suo figlio.

b. Una nuova amicizia!

c. La professoressa di matematica interroga uno studente.

d. Due vecchi amici si incontrano.

2.b *Ascolta il dialogo completo. Confermi la risposta del punto 2.a?*

cd 8

*Per maggiori informazioni sulla scuola, vedi la scheda culturale a pagina 39.

2.c

cd 8

Leggi le pagine di diario, poi riascolta il dialogo e indica quali sono i diari dei due ragazzi.

Diario di: Roberta Mirci
Classe: II B
Indirizzo: Viale Trastevere 45, (Trastevere), Roma

Caro Diario,
a scuola c'è un nuovo studente: si chiama Ivan! È in seconda A ed è siciliano. È molto bravo in italiano!

1

Diario di: Roberta Mirci
Classe: II A
Indirizzo: Via Marmorata 25 (Testaccio), Roma

Caro Diario,
a scuola c'è un nuovo studente: si chiama Ivan! È in seconda B ed è siciliano.
È molto bravo in matematica!

yeeee!!!!

2

Lei

Come funziona?

La negazione

Osserva:

Non vado molto bene.

Per formare una frase negativa si usa *non* + verbo.

Diario di: Ivan Mangano
Classe: II B
Indirizzo: Viale Trastevere 45, (Trastevere), Roma

Martedì studio con Roberta, seconda A!
Abita a Testaccio e ha il mio numero di telefono.
Studiamo insieme matematica!

1

Diario di: Christian Mangano
Classe: II A
Indirizzo: Via Marmorata 25 (Testaccio), Roma

Martedì studio con Roberta, seconda A!
Vive a Testaccio e ho il suo numero di telefono.
Studiamo insieme matematica!

5

2

Lui

Parole, parole, parole

L'indirizzo

Osserva:

Piazza Castello 10, Torino.

L'indirizzo in italiano si dice *via/viale/piazza/corso/largo* + nome + numero civico + città.

Per indicare la propria residenza, si può usare il verbo *abitare* o *vivere*.

Esempio:

Io *vivo/abito* in via Urbana 15, e tu dove *abiti/vivi*?

3 **ANALISI LESSICALE Presentarsi**

3.a

cd 8

Completa le domande con le parole della lista, come nell'esempio.
Attenzione: c'è una parola in più. Alla fine riascolta e verifica.

1. Di ___dove___ sei?
2. E _____ ti trovi qui a Roma?
3. Tu _____ ti chiami? Io sono Ivan.
4. Tu in _____ classe sei?
5. _____ ce l'hai il compito di matematica?
6. Tu _____ abiti?

che · come · come · dove · *dove* · quando

Parole, parole, parole

I giorni della settimana

lunedì | martedì | mercoledì | giovedì | venerdì | sabato | domenica

3.b
cd8

Abbina ogni domanda alla risposta giusta, come nell'esempio. Poi riascolta e verifica.

Domande

1. *Di dove sei?*
2. E come ti trovi qui a Roma?
3. Tu come ti chiami? Io sono Ivan.
4. Tu in che classe sei?
5. Quando ce l'hai il compito di matematica?
6. Tu dove abiti?

Risposte

a. Molto bene, soprattutto qui a scuola.
b. Giovedì.
c. *Vengo dal sud, da un paese della Sicilia.*
d. Io... in seconda B.
e. Eh... Io vivo a Testaccio.
f. Ah, piacere. Roberta.

Parole, parole, parole

Piacere!
Osserva:

○ **Ciao, io mi chiamo Christian.**
○ *Piacere*, io sono Federica.

In italiano spesso si dice *piacere* durante le presentazioni.

SCRIVERE Un sms

Lavora con un compagno. Dividetevi i ruoli (studente A e studente B) e leggete le vostre istruzioni.

○ **studente A** Sei Roberta. Scrivi un sms a Ivan.

○ **studente B** Sei Ivan. Rispondi all'sms di Roberta.

Come funziona?

Di dove sei? Dove abiti?
La risposta alla domanda *di dove sei?* dipende dal **verbo**.

Osserva:

○ **Di dove sei?**
○ **(Sono) di Roma.** (*essere + di*)
○ **Vengo da Roma.** (*venire + da*)

La risposta alla domanda *dove abiti?* dipende dal **luogo**.

Osserva:

○ **Dove abiti?**
○ **A Roma/A Testaccio.** (*a + città/quartiere*)
○ **In via Luigi Orlando 8.** (*in + via, piazza, largo, corso, viale*)
○ **In Italia.** (*in + paese*)

ventinove ● **29**

5 GIOCO **Duello**

Lavora con un compagno.
Uno studente sceglie una
casella e risponde alla
domanda o formula la
domanda. Ha 10 secondi
di tempo. Se la frase
è corretta, conquista
la casella e va avanti
seguendo una delle frecce.
Poi gioca il compagno.
Vince chi conquista più
caselle.

Attenzione: è possibile
ripassare su una casella
già conquistata. Se è
tua, puoi usarla come
"passaggio" per arrivare a
una casella libera; se è del
tuo avversario, devi prima
formulare la frase.

Come ti chiami?	In III C.	In via Maggio, 18	Giovanni.	Si chiama Luisa.
Non bene.	Quanti anni ha?	Michele.	18 anni.	Come ti trovi qui?
Di dov'è?	Di Milano.	Di dove sei?	Vivo a Roma.	Ha 13 anni.
Mi chiamo Francesca.	In che classe sei?	Vengo da Napoli.	Bene.	È di Palermo.
Vengo da Venezia.	In via Mattei, 15.	Dove abiti?	Come si chiama?	Quanti anni hai?

6 ESERCIZIO **I numeri da 0 a 100**

Trova nel crucipuzzle i numeri che mancano nella lista.
I numeri sono disposti in orizzontale (→)
o in verticale (↓).

C	I	N	Q	U	A	N	T	A	P	R	A	X
E	F	R	U	D	N	O	R	V	E	A	G	D
N	N	G	A	L	S	V	E	N	T	U	N	O
T	A	S	T	I	E	A	N	O	R	N	I	D
O	H	P	T	O	T	N	T	V	O	O	C	I
F	A	T	R	E	T	T	O	E	K	M	U	C
O	M	C	O	N	E	A	T	U	A	T	Z	I
E	S	E	T	T	A	N	T	A	D	U	E	N
T	R	E	N	T	A	N	O	V	E	M	M	O

0	zero
1	_____
2	due
3	_____
4	_____
5	cinque
6	sei
7	_____
8	otto
9	_____
10	dieci
11	undici
12	_____
13	tredici
14	quattordici
15	quindici
16	sedici

17	diciassette
18	diciotto
19	diciannove
20	venti
21	_____
22	ventidue
23	ventitré
28	ventotto
30	trenta
31	trentuno
36	trentasei
38	_____
39	_____
40	quaranta
41	quarantuno
43	quarantatré
44	quarantaquattro

48	quarantotto
50	_____
51	cinquantuno
55	cinquantacinque
57	cinquantasette
59	cinquantanove
60	sessanta
61	sessantuno
70	settanta
72	_____
78	settantotto
80	ottanta
81	ottantuno
88	ottantotto
90	_____
96	novantasei
100	_____

Ti ricordi?

I nomi
Inserisci le parole della lista nel testo.

gente · musicisti · italiani · protagonisti · generazione · canzoni · anni · musica · figli · artisti · paesi · città

Il progetto della Rete G2

Nasty Brooker, Mike Samaniego, Karkadan, Amir, Wahid Efendi, Zanko El Arabe Blanco, Intiman and the dojobreakers, Diamante & Skuniz, Linea di Massa, Natural Disastro, Maztek e Taxi sono giovani _____, con un'età tra i 20 e i 30 _____.

Sono cresciuti in Italia e sono originari di _____ come le Filippine, il Gabon, l'Eritrea, il Brasile, l'Egitto, Capo Verde, la Cina, la Siria, Haiti.

Loro sono i _____ del progetto musicale "NOI, _____ di altre razze.

La seconda _____ in rap", realizzato dalla Rete G2-Seconde Generazioni.

Questi ragazzi hanno tutti la passione per la _____ (soul, reggae, rap, punk ed elettronica) e sono tutti _____ di immigrati in Italia. Sono nati e vivono nelle _____ di Roma e di Milano, ma la _____ li considera stranieri. Con le _____ combattono quest'idea. Tredici brani, tredici giovani _____ e un cd con un titolo particolare: "Straniero a chi?".

STRANIERO A CHI?
Tracce a parole dei figli dell'immigrazione

7 LEGGERE La mia classe

7.a *Leggi il testo della chat e scegli le parole giuste dell'introduzione tra quelle **evidenziate**.*

Chat gratis, incontra tanti nuovi amici!

http://chat.fuorditesta.it/

Introduzione: Visto che tutti fanno la descrizione della propria **squadra / scuola / famiglia / classe**, adesso io vi descrivo un po' i miei **compagni / amici / parenti / fratelli** preferiti.

Friesinger Tibor. È il ragazzo austriaco più pazzo del mondo! È simpatico, ma soprattutto è alto!!!!!

Livi Elena. Elena è una ragazza simpatica, è nel banco davanti al mio... E la vedo sempre scrivere lettere e fare disegni per il suo "Riky"... ihihihih!

Palmieri Alessandra (io!). Ora mi descrivo: sono simpatica (spero), studiosa e certe volte un po' timida, ma solo all'inizio. Sono mezza italiana (mamma) e mezza argentina (papà). Troppo magra, ma bionda naturale! Mi piace andare al cinema.

D'Angelo Roberto. È un ragazzo allegro ma un po' arrogante... Di lui mi piace la montagna di capelli castani e ricci che ha in testa.

Bianucci Cristina e Bianucci Daniela. Sono sorelle gemelle (Cristina è la mia compagna di banco). Sono simpatiche, gentili, affettuose e soprattutto dolci!!!!! E poi hanno i capelli neri e due occhi verdi stupendi, come piacciono a me! Gli voglio molto bene.

Zhong Wen La. È una ragazza cinese che ride sempre. Ha un viso bellissimo e capelli lisci e lunghi.

Monni Marco. Marco ha gli occhi azzurri e disegna tutto il tempo fumetti manga.

Come funziona?

Le congiunzioni *e* e *ma*
E si usa per unire due parole in una frase o due frasi diverse.

Esempio:
Ha un viso bellissimo e capelli lisci e lunghi.

Ma si usa per indicare un'opposizione con una cosa detta prima.

Esempio:
È un ragazzo allegro, ma un po' arrogante...

7.b *Trova nel disegno i ragazzi descritti al punto **7.a**, come nell'esempio.*

1. Alessandra

2.

3.

4.

5.

6.

7.

8.

Caro Riky:

Elena

Alessandra

Cristina

Roberto

Tibor

Marco

Wen La

Daniela

A B c **Parole, parole, parole**

Ti amo, Ti voglio bene, T.V.B

Per comunicare affetto ad amici e parenti, in italiano, si dice *ti voglio bene*.

La forma breve è *TVB (Ti Voglio Bene)*, usata molto negli sms e nelle comunicazioni via computer.

Tra persone innamorate si dice *ti amo*.

8 ANALISI GRAMMATICALE Gli aggettivi

8.a *Completa la tabella con gli aggettivi del testo al punto **7.a**, come negli esempi.*

L'aggettivo si riferisce a...	Aggettivo	Maschile singolare	Maschile plurale	Femminile singolare	Femminile plurale
Tibor	austriaco pazzo simpatico alto	☑	☐	☐	☐
Elena		☐	☐	☐	☐
Alessandra	 bionda	☐	☐	☐	☐
Roberto		☐	☐	☐	☐
capelli		☐	☐	☐	☐
Cristina e Daniela		☐	☐	☐	☐
capelli		☐	☐	☐	☐
occhi		☐	☐	☐	☐
Wen La		☐	☐	☐	☐
capelli		☐	☐	☐	☐
viso		☐	☐	☐	☐
occhi		☐	☐	☐	☐

8.b *Osserva gli aggettivi del punto **8.a** e mettili nell'insieme giusto, come negli esempi.*

si usa per descrivere il fisico	si usa per descrivere il carattere
bionda	simpatico

Tu chi sei?

Tu chi sei?

8.c *Osserva la tabella del punto 8.a e completa la regola sugli aggettivi.*

GRUPPO 1 - Aggettivi in -o/-a

Maschile singolare	Maschile plurale	Femminile singolare	Femminile plurale
allegr___	allegri	allegr___	allegre
Ultima lettera: _____	Ultima lettera: **i**	Ultima lettera: _____	Ultima lettera: **e**

GRUPPO 2 - Aggettivi in -e

Maschile e femminile singolare	Maschile e femminile plurale
gentile	gentil___
Ultima lettera: **e**	Ultima lettera: _____

8.d *Cerca sul dizionario due o tre aggettivi presenti nella tabella al punto 8.a e osserva la lettera tra parentesi dopo la parola: quale forma appare sempre sul dizionario?*

☐ maschile (m.)   ☐ femminile (f.)   ☐ singolare (s.)   ☐ plurale (p.)

9 **SCRIVERE Di chi è la descrizione?**

9.a *Compila la tua scheda con gli aggettivi della lista.*

Occhi
- Colore: marroni, verdi, azzurri, neri
- Forma: grandi, piccoli, a mandorla

Fisico
- magro/a, robusto/a, normale, alto/a, basso/a

Capelli
- Colore: castani, biondi, neri, rossi, colorati/tinti
- Tipo: lunghi, corti, ricci, lisci, mossi, rasati, rasta

Carattere
- timido/a, simpatico/a, arrogante, affettuoso/a, dolce, gentile

scheda di _____
- Occhi
- Capelli
- Fisico
- Carattere

9.b *Prendi il libro di un altro studente e leggi la sua scheda senza dire il nome. La classe indovina chi è.*

34 ● trentaquattro

10 GIOCO Domino

10.a *Osserva le due frasi e completa la regola con le parti a destra.*

| Tibor è austriaco. | Tibor è di Vienna. |

Per indicare la nazione di provenienza si usa _____ della nazione.

Per indicare la città di provenienza si usa _____ della città.

la preposizione *di* + il nome

l'aggettivo

10.b *Dividetevi in gruppi. Scegliete il tassello successivo in base alla provenienza della persona del tassello precedente, come nell'esempio. Scrivete il numero negli spazi sotto e quando avete finito chiamate l'insegnante. Vince il gruppo che mette nell'ordine giusto tutti i tasselli.*

| 1. *È francese.* | *Gina è di Firenze, in Italia.* | ❯ | 5. *È italiana.* | *Max è di Londra, in Inghilterra.* |

1.	5.							

1. È francese.	Gina è di Firenze, in Italia.	2. È giapponese.	Karl è di Berlino, in Germania.
3. È australiano.	Rie è di Osaka, in Giappone.	4. È inglese.	Ahmed è del Cairo, in Egitto.
5. È italiana.	Max è di Londra, in Inghilterra.	6. È peruviana.	Chen è di Pechino, in Cina.
7. È tedesco.	Rosa è di Buenos Aires, in Argentina.	8. È argentina.	Stephen è di Montreal, in Canada.
9. È egiziano.	Maria è di Atene, in Grecia.	10. È indiana.	Ondras è di Budapest, in Ungheria.
11. È canadese.	Amina è di Nuova Delhi, in India.	12. È russa.	Mustafa è di Ankara, in Turchia.
13. È ungherese.	Anna è di San Pietroburgo, in Russia.	14. È polacca.	David è di Ginevra, in Svizzera.
15. È olandese.	Emily è di New York, negli Stati Uniti.	16. È austriaco.	Sofia è di Madrid, in Spagna.
17. È turco.	Paula è di Cracovia, in Polonia.	18. È svizzera.	Vincent è di Amsterdam, in Olanda.
19. È spagnola.	Maite è di Lima, in Perù.	20. È greca.	Sam è di Sidney, in Australia.
21. È svizzero.	Josef è di Vienna, in Austria.	22. È americana.	Martina è di Salisburgo, in Austria.
23. È cinese.	Juliette è di Parigi, in Francia.	24. È brasiliana.	Anna è di Lugano, in Svizzera.
25. È brasiliano.	Vicente è di Barcellona, in Spagna.	26. È tedesca.	Hunter è di Los Angeles, negli Stati Uniti.
27. È spagnolo.	Paula è di Monaco, in Germania.	28. È francese.	Luciano è di Cordoba, in Argentina.
29. È argentino.	Leonardo è di Fortaleza, in Brasile.	30. È americano.	Morten è di Copenaghen, in Danimarca.
31. È danese.	Teresa è di Rio de Janeiro, in Brasile.	32. È austriaca.	Marcel è di Tours, in Francia.

BLA BLA BLA

11 **PARLARE** Identikit

Lavora con un compagno. Dividetevi i ruoli (studente A e studente B) e leggete le vostre istruzioni.

○ studente A
Un ladro ha rubato il tuo portafoglio. Vai dalla polizia e descrivi il ladro. Un poliziotto fa l'identikit del ladro.

○ studente B
Sei un poliziotto. Una persona dice che un ladro ha rubato il suo portafoglio. Prendi i dati della persona (nome, cognome, dove abita), chiedi una descrizione del ladro e disegna l'identikit.

identikit

12 **ANALISI GRAMMATICALE** *Mi piace*

12.a *Ascolta e riordina le parole, come nell'esempio.*

cd9

che classe
sei in

○ **Roberta:** Tu
in che classe sei ?

○ **Ivan:** Io... in seconda B. Infatti, forse
_____

○ **Roberta:** Castorini?

○ **Ivan:** Sì.

○ **Roberta:**
Mmmmmmmmm!
_____

professore
abbiamo di
lo stesso matematica

piace mi non
matematica

12.b *Completa la regola sul verbo "piacere".*

Singolare

Mi piace + verbo ☐ all'infinito / ☐ al presente o nome ☐ singolare / ☐ plurale

(Non) mi + piace + ········ andare al cinema.
matematica.

Plurale

Mi piacciono + nome ☐ singolare / ☐ plurale

(Non) mi + piacciono + i libri.

13 ESERCIZIO La classifica

13.a *Fai una classifica delle 4 cose della scuola che ti piacciono di più e delle 4 che ti piacciono di meno. Se vuoi, puoi aggiungere altre cose.*

Materie

scienze, storia, matematica, letteratura, inglese, italiano, geografia, educazione fisica...

Attività

i compiti in classe, i lavori di gruppo, le ricerche, le interrogazioni, le gite, fare i compiti, studiare, collaborare, progettare, mangiare, scherzare, giocare...

Persone

i compagni/le compagne, gli/le insegnanti, i segretari/le segretarie, il/la (vice) preside, il/la barista, i bidelli/le bidelle...

Mi piace / piacciono

+++ moltissimo/tantissimo: _____

++ molto/tanto: _____

+ abbastanza: _____

Non mi piace / piacciono

– – – per niente / assolutamente: _____

– – molto / tanto: _____

– abbastanza: _____

13.b *Gira per la classe e domanda ai compagni cosa piace a loro, come nell'esempio. Poi fai una classifica generale delle 5 cose preferite dalla classe.*

Esempio:

○ Ti piace matematica?

● No, non mi piace molto. / Sì, mi piace abbastanza.

Classifica della classe:

1 _____
2 _____
3 _____
4 _____
5 _____

Parole, parole, parole

Preferito

Per indicare che una cosa ti piace più delle altre, puoi usare l'aggettivo *preferito*.

Esempio:

Le mie materie preferite sono storia e geografia. = Storia e geografia mi piacciono più delle altre materie.

14 **PROGETTO FINALE** L'annuario della classe

14.a *Scegli una o due immagini che rappresentano qualcosa di te (ritagliale da un giornale o usa internet).*

14.b *Scrivi una piccola presentazione su di te (chi sei, come ti chiami, cosa (non) ti piace, eccetera).*

14.c *Prepara l'annuario insieme a tutti i compagni: decidete il numero delle pagine e come disporre le presentazioni su ogni pagina.*

14.d *Dividetevi in gruppi (di massimo 4 studenti). Distribuite un foglio bianco a ogni studente. Ogni studente incolla la presentazione e le immagini scelte sul proprio foglio.*

14.e *Unite i fogli e create la copertina. Fate le fotocopie dell'intero annuario per ognuno di voi e conservate l'annuario per ricordare la vostra classe!*

ANNUARIO DELLA CLASSE

Una scuola, tante scuole

2

1 *Abbina i titoli ai testi.*

a. Gli alunni stranieri nella scuola italiana

b. La mia scuola   **c.** Il sistema scolastico italiano

Asilo nido
(fino a 3 anni)

Scuola dell'infanzia
(da 3 anni a 5 anni)

Scuola primaria
(da 5/6 a 11 anni)

Scuola secondaria di 1° (primo)
grado (da 11 a 14 anni)

Scuola secondaria di 2° (secondo)
grado (più di 14 anni)

Università
In Italia è obbligatorio andare
a scuola fino a 16 anni.

Ciao sono Giorgia, ecco la mia scuola. Io sono in II A (quest'anno siamo 27 studenti!). Le mie materie preferite sono italiano, musica e educazione fisica. Odio le scienze!

Aule sempre più multiculturali nelle scuole italiane. Sono 629mila gli studenti stranieri nelle scuole italiane nel 2009, il 7% del numero totale di alunni. La maggioranza degli studenti viene dalla Romania (il 16,8% del totale degli studenti stranieri), dall'Albania (14,59%) e dal Marocco (13,28%).

Adattato da www.istruzione.it

2 *Osserva i tipi di scuola secondaria di secondo grado. La scuola italiana è diversa dalla scuola del tuo paese? Perché?*

SCUOLE SECONDARIE DI SECONDO GRADO

LICEO (5 anni)	ISTITUTI TECNICI (5 anni)	ISTITUTI PROFESSIONALI (2 anni + 2 anni +1 anno)
indirizzi e materie principali **liceo linguistico**: lingue straniere **liceo classico**: latino e greco **liceo scientifico**: matematica e fisica **liceo artistico**: arte e disegno **liceo musicale**: musica **liceo delle scienze umane**: scienze umanistico - sociali	**settori** **economico** **tecnologico** Ogni settore comprende diversi indirizzi specifici.	**settori** **servizi** **industria e artigianato** Ogni settore comprende diversi indirizzi specifici.

Alla fine della scuola secondaria di secondo grado gli studenti devono superare un esame per ottenere il *diploma*. L'esame si chiama *(esame di) maturità*. Con il diploma i ragazzi possono iscriversi all'università o iniziare a lavorare.

3 *Osserva questi voti: anche nel tuo paese la valutazione degli studenti è così?*

Gravemente insufficiente (1-4)   Insufficiente (4,5-5,5)   Sufficiente (6-6,5)   Buono (7-7,5)   Ottimo (8-10)

Musica che passione!

Cosa imparo

Lessico

L'anno

L'indirizzo internet: *www...*

Formule di chiusura
di messaggi informali

Espressioni di frequenza

I saluti/2

Va bene, va benissimo, ok

Strumenti e strumentisti

Comunicazione

Parlare delle principali
attività quotidiane

Rispondere al telefono

Rispondere a una mail

Condurre e rilasciare
un'intervista

Parlare dei propri siti o blog
preferiti

Cercare informazioni in
internet su cantanti italiani
famosi

Fare e rispondere a un test

Grammatica

I numeri oltre 100

La forma singolare
delle parole straniere

Le congiunzioni *o* e *oppure*

Gli articoli determinativi

Il presente dei verbi regolari

Verbi in *-care*, *-gare*
e *-iare*

Gli articoli determinativi
e i giorni della settimana

---

1 **INTRODUZIONE Cantanti italiani**

Osserva le foto e trova i due cantanti italiani famosi da abbinare ai due box.

① ② ③ ④ ⑤ ⑥ ⑦

Laura Pausini

Nasce nel 1974.
Nel 2006 vince il premio
Grammy. Ha successo
in tutta Europa, in Sudamerica
e negli Stati Uniti.
La sua prima canzone famosa è
"La solitudine", del 1993.

Tiziano Ferro

Nasce nel 1980.
Ha successo in tutta
Europa e in Sudamerica.
Vive a Londra.
La sua prima canzone famosa è
"Xdono" (Perdono), del 2001.

A b c Parole, parole, parole

L'anno
Per indicare l'anno in italiano
si dice:

millenovecento (1900) +
un numero da 1 a 99
oppure
duemila (2000) + un numero
da 1 in poi.

*Scrivi in lettere le date dei
due testi del punto **1**.*

2009: _____

1993: _____

1980: _____

2001: _____

Musica che passione!

Come funziona?

I numeri oltre 100

I numeri sono indicati in quest'ordine: miliardi → milioni → migliaia → centinaia → decine → unità.

100	cento	2 000	**duemila**
101	cento**uno**	10 020	**diecimila**venti
116	cento**sedici**	80 415	**ottantamila**quattrocento**quindici**
150	cento**cinquanta**	100 000	**centomila**
195	cento**novanta**cinque	530 600	**cinquecentotrentamila**seicento
200	duecento	972 140	**novecentosettantaduemila**cento**quaranta**
500	cinquecento	1 000 000	un milione
800	ottocento	3 000 000	tre milioni
1 000	**mille**	100 000 000	cento milioni
1 100	**mille**cento	1 000 000 000	**un miliardo**
1 320	**mille**trecento**venti**	10 500 800 250	**dieci miliardi** cinquecento milioni
1 733	**mille**settecento**trentatré**		**ottocentomila**duecento**cinquanta**

2 LEGGERE La posta dei fan

2.a *Leggi la mail che un fan scrive a Laura Pausini e scegli il tema appropriato.*

- **a.** Perché non usi internet?
- **b.** Tu e internet
- **c.** Preferisci le mail o i forum?

> Composizione di: (nessun oggetto)
> Da:
> A: laurapausini@xxxxxxxx.it
> Oggetto: complimenti
>
> Ciao grandissima Laura, sono Sandro.
> Vorrei farti i miei complimenti più vivi e sinceri e sapere cosa pensi di internet: quali sono i siti che preferisci? Usi internet anche per comprare cose che ti piacciono?
> Grazie mille, un abbraccio, Sandro

2.b *Uno dei due testi sotto è la risposta di Laura Pausini. Qual è secondo te? L'altro testo è di Tiziano Ferro.*

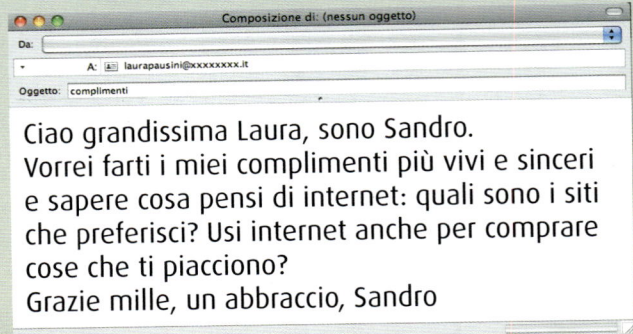

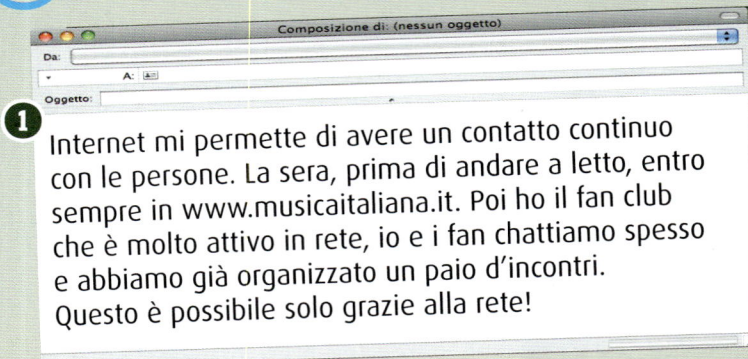

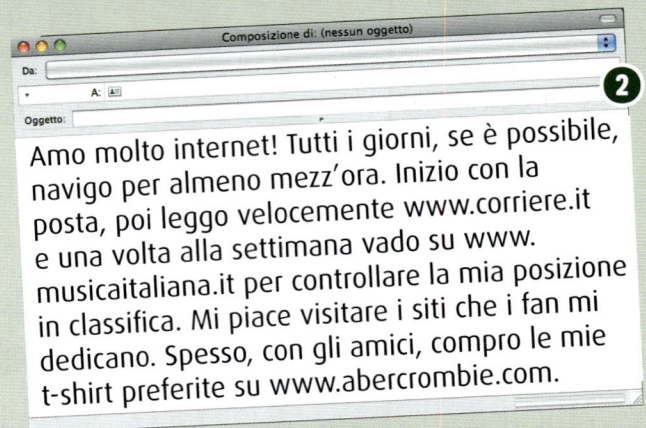

❶
> Composizione di: (nessun oggetto)
> Da:
> A:
> Oggetto:
>
> Internet mi permette di avere un contatto continuo con le persone. La sera, prima di andare a letto, entro sempre in www.musicaitaliana.it. Poi ho il fan club che è molto attivo in rete, io e i fan chattiamo spesso e abbiamo già organizzato un paio d'incontri. Questo è possibile solo grazie alla rete!

❷
> Composizione di: (nessun oggetto)
> Da:
> A:
> Oggetto:
>
> Amo molto internet! Tutti i giorni, se è possibile, navigo per almeno mezz'ora. Inizio con la posta, poi leggo velocemente www.corriere.it e una volta alla settimana vado su www.musicaitaliana.it per controllare la mia posizione in classifica. Mi piace visitare i siti che i fan mi dedicano. Spesso, con gli amici, compro le mie t-shirt preferite su www.abercrombie.com.

Adattato da www.musicaitaliana.it

A b c Parole, parole, parole

L'indirizzo dei siti internet

Per indicare i nomi dei siti internet si dice: *vu vu vu* – nome del sito – *punto* – *it/com/*ecc.

Esempio:
www.musicaitaliana.it → **vu vu vu musica italiana punto it**

2.c *Abbina le attività a Laura e/o a Tiziano, come nell'esempio.*

> navigare in internet
> visitare i siti di musica
> comprare
> leggere il giornale
> chattare con i fan
> controllare la classifica
> visitare i siti dei fan
> controllare la posta elettronica

Come funziona?

Le parole straniere: singolare e plurale
Le parole straniere usate in italiano hanno una forma unica per il singolare e il plurale.

Osserva:

il fan → i fan
la t-shirt → le t-shirt

La parola *euro* non è straniera, ma funziona allo stesso modo:
l'euro → gli euro

3 ANALISI LESSICALE **Formule di chiusura dei messaggi**

"Un abbraccio" è una formula che si usa nelle mail e in altri messaggi. Sotto trovi altre espressioni simili. Scrivile sotto all'emoticon giusta, come nell'esempio.

un bacio | tanti baci | un abbraccio | a presto | un saluto

1.   2.   3.   4.   5. *a presto*

4 ANALISI GRAMMATICALE **Articoli determinativi**

4.a *Rileggi i due testi al punto **2.b** e trova gli articoli determinativi corrispondenti alle parole indicate nella tabella, come nell'esempio.*

siti	persone	*la* sera	fan club	fan
posta	mia posizione	giorni	amici	mie t-shirt

4.b *Quali articoli del punto **4.a** sono maschili e quali femminili? Completa la tabella, come nell'esempio.*

Articoli maschili	Articoli femminili
	la

4.c *Completa la tabella con gli articoli del punto 4.b.*

	Articolo determinativo maschile			Articolo determinativo femminile*	
	si usa prima di nomi che iniziano per *s* + **consonante**, *ps*, *pn*, *z*, *y*	si usa prima di nomi che iniziano per **vocale**	si usa prima di nomi che iniziano per **consonante**	si usa prima di nomi che iniziano per **consonante**	si usa prima di nomi che iniziano per **vocale**
singolare					
plurale					

5 ANALISI LESSICALE Espressioni di frequenza

Abbina le espressioni di tempo a un calendario.

1. tutti i giorni

2. una volta alla settimana

3. spesso

LUNEDÌ	
MARTEDÌ	
MERCOLEDÌ	✓
GIOVEDÌ	
VENERDÌ	
SABATO	
DOMENICA	

◯

LUNEDÌ	✓
MARTEDÌ	✓
MERCOLEDÌ	✓
GIOVEDÌ	✓
VENERDÌ	✓
SABATO	✓
DOMENICA	✓

◯

LUNEDÌ	✓
MARTEDÌ	✓
MERCOLEDÌ	✓
GIOVEDÌ	✓
VENERDÌ	
SABATO	
DOMENICA	✓

◯

Parole, parole, parole

Altre espressioni di frequenza

Mai
○○○○○○○
Esempio: ***Non*** *navigo **mai** in internet.*

Qualche volta
●○○○○●○
Esempio: ***Qualche volta*** *navigo in internet.*

Sempre
●●●●●●●
Esempio: *Navigo **sempre** in internet.*

Una volta { al giorno / alla settimana / al mese / all'anno

6 PARLARE Il mio internet

E tu navighi in internet? Quali siti o blog ti piacciono? Parlane con un compagno.

7 **ASCOLTARE** Un concerto

7.a *Ascolta e decidi per quale annuncio chiama la ragazza.*

cd 10

> A causa di un impegno importantissimo, vendo 3 biglietti per il concerto di J-Ax. Vendo i 3 biglietti insieme.
> Telefono: 0647392876. Chiamate la sera!
> **1**

> A causa di un impegno importantissimo, vendo biglietti (3) per il concerto di J-Ax. Vendo i biglietti anche separatamente: 1, o 2, o 3!
> Telefono: 0647392876
> **2**

> A causa di un impegno importantissimo, vendo 1 biglietto per il concerto di J-Ax.
> Chiamate la mattina: 0647392876
> **3**

7.b *Completa il dialogo con le parole della lista. Poi riascolta e verifica.*

cd 10

perfetto · buongiorno · ciao · pronto · chiamo per

○ **Simone:**
_____ ?

○ **Alice:**
_____ ,
_____
i biglietti in vendita per il concerto di J-Ax.

○ **Simone:**
Ah, _____ !
Quanti biglietti vuoi?

○ **Alice:**
Due, se possibile.

○ **Simone:**
_____ .

7.c *Abbina le espressioni del punto **7.b** alla loro funzione.*

Si usa per:
a. rispondere al telefono:
_____

c. dire il motivo della telefonata:
_____

b. salutare:
_____

d. indicare che va bene:
_____

Come funziona?

La congiunzione *o* e *oppure*
Le congiunzioni *o* e *oppure* si usano per unire elementi che si escludono.

Osserva:
Vendo biglietti anche separatamente: 1, *o* 2, *o* 3!

Parole, parole, parole

Saluti/2

La mattina fino alle 13:00:
Buongiorno!

Il pomeriggio, dalle 13:00 in poi:
Buonasera!

Solo quando si va a dormire:
Buonanotte!

7.d
cd 11

Ascolta il dialogo intero. Poi leggi il promemoria di Alice e trova le 3 informazioni false tra quelle sottolineate. Se necessario ascolta più volte.

Domani ritirare biglietti per concerto J-Ax.
Appuntamento alla libreria-discoteca MelBookStore, a Largo Argentina, alle cinque del pomeriggio.
Cercare Francesco (capelli corti).
Costo biglietti: 60 euro l'uno.
Buoni posti: si vede benissimo il palco.

Parole, parole, parole

Va bene e ok

In italiano *va bene* (o *va benissimo*, più enfatico) si usa per esprimere accordo. In una conversazione informale spesso si usa anche l'espressione inglese *ok*.

9 **PARLARE Occasioni!**

Lavora con un compagno. Dividetevi i ruoli (autore dell'annuncio + cliente interessato). Leggete gli annunci e simulate una conversazione telefonica: il cliente chiama al cellulare e l'autore risponde.

Vendo bicicletta mountain bike, in perfette condizioni a soli 80 euro!
Daniele 3407786332

Vendo scooter Piaggio Liberty. Ottime condizioni. Euro 1200 trattabili.
Claudio 3392542772

Vendo netbook Toshiba – NB250-107. Quasi nuovo. Euro 150.
Marta 3358900765

Vendo raccolta completa di CD di Laura Pausini. Prezzo trattabile.
Nadia 3408897650

Ti ricordi?

Gli aggettivi

Scrivi gli aggettivi tra parentesi nella forma giusta.

NOEMI: esce il 2 ottobre l'album "Sulla mia pelle" della cantante rivelazione di X Factor 2.

La cantante Noemi è sicuramente il (*grande*) _____ talento della seconda edizione del talent show X Factor. Nel suo (*nuovo*) _____ album "Sulla mia pelle" interpreta dieci brani (*inedito*) _____ .
La voce (*intenso*) _____ e (*profondo*) _____ di Noemi rende questo album particolare.
Il primo singolo, "L'amore si odia", è una canzone nata dalla collaborazione con la (*grande*) _____ artista Fiorella Mannoia. Il brano è uno dei migliori di questa stagione (*musicale*) _____ ed è tra i grandi successi (*radiofonico*) _____ del momento.
L'album "Sulla mia pelle" è un disco (*vivo*) _____ e (*intenso*) _____ , interpretato con la passionalità di un'artista (*emergente*) _____ che si è già affermata sulla scena musicale (*italiano*) _____ .

Adattato da *http://festival.blogosfere.it*

10 ANALISI GRAMMATICALE Il presente regolare

10.a Ascolta e <u>sottolinea</u> l'opzione corretta.

cd 12

a. Buongiorno, **chiamo / chiami / chiamiamo** per i biglietti in vendita per il concerto di J-Ax.

b. Ma... Quanto **costa / costano / costi**?

c. **Costa / Costano / Costi** 50 euro l'uno.

d. Da lì **sento / sentono / sentite** e **vedi / vediamo / vedete** benissimo.

e. Eh... Io **abiti / abitiamo / abito** a Monte Mario, tu?

f. Ho un amico che **lavora / lavorate / lavoro** alla *Feltrinelli*.

g. È un grande negozio che **vende / vendono / vendete** libri e CD.

Come funziona?

Gli articoli determinativi e i giorni della settimana
Per indicare un'azione abituale, ricorrente, si usa il giorno della settimana *con* l'articolo prima.
Osserva:
Il sabato studio a casa.

Per indicare un'azione che avviene una volta sola, si usa il giorno della settimana *senza* l'articolo prima.
Osserva:
Sabato studio a casa.

10.b Inserisci nella tabella i verbi che hai sottolineato al punto **10.a**.

	-ARE (prima coniugazione) abitare - chiamare - costare - lavorare	-ERE (seconda coniugazione) vedere - vendere	-IRE (terza coniugazione) sentire
io			
tu			
lui/lei			
noi			
voi			
loro			

10.c Osserva la tabella al punto **10.b** e completa la coniugazione presente dei verbi regolari.

	abitare	vendere	sentire
io		vendo	
tu	costi	vendi	
lui/lei			sente
noi	costiamo	vendiamo	
voi	costate	vendete	
loro		vendono	sentono

11 **GIOCO Trova l'errore**

Trova nei due disegni le quattro parole invertite. Inserisci in ordine alfabetico le iniziali delle quattro parole e scopri il nome di una famosa cantante italiana.

1. violinista

2. violino

3. pianoforte

4. spartito

5. pianista

6. violoncellista

7. violoncello

8. cantante

9. microfono

10. palco

11. batteria

12. batterista

13. chitarrista

14. chitarra

15. pubblico

16. fan

17. palco

18. orchestra

19. tastierista

18. tastiera

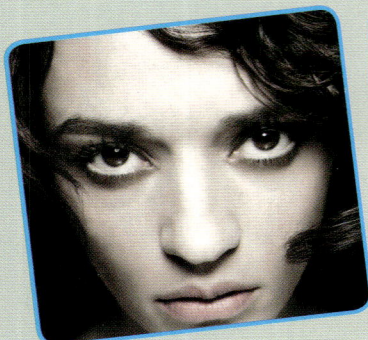

_AR_EN   C_N_OLI

12 **ESERCIZIO** **Test: sei socievole o solitario?**   **Esempio:**

Lavora con un compagno.
Fatevi domande come nell'esempio
e scrivete le risposte nella tabella.
Poi leggete il risultato.

◉ Vedi i compagni
di classe fuori dalla scuola?

◉ Sì, sempre / Sì, spesso /
Sì, qualche volta / No, mai.

	sempre	spesso	qualche volta	mai
(*Vedere*) i compagni di classe fuori dalla scuola?				
(*Studiare*) con i compagni di classe?				
(*Mandare*) SMS ad amici?				
(*Praticare*) sport di squadra?				
(*Scrivere*) in un blog?				
A scuola (*parlare*) con ragazzi di altre classi?				
(*Mangiare*) con i compagni durante la pausa?				
(*Sentire*) musica con gli amici?				

Come funziona?

Verbi in *-care, -gare* e *-iare*

I verbi con queste terminazioni hanno una coniugazione
presente irregolare.

Osserva:

	Verbi in -care/-gare	Verbi in -iare
	praticare	**studiare**
io	pratico	studio
tu	prati**ch**i	stud**i**
lui/lei	pratica	studia
noi	prati**ch**iamo	stud**iamo**
voi	praticate	studiate
loro	praticano	studiano

Risultato

Profilo A (più di 4 "sempre")
Sei una persona molto
socievole.
Profilo B (più di 4 "spesso")
Sei una persona socievole.
Profilo C (più di 4 "qualche
volta") Sei una persona un po'
solitaria.
Profilo D (più di 4 "mai")
Sei una persona solitaria.

13 **SCRIVERE Vita da VIP**

Sei un VIP italiano (reale o immaginario)
e ricevi la mail accanto.
Completa la mail della fan con il tuo
nome da VIP e i saluti finali.
Poi rispondi.

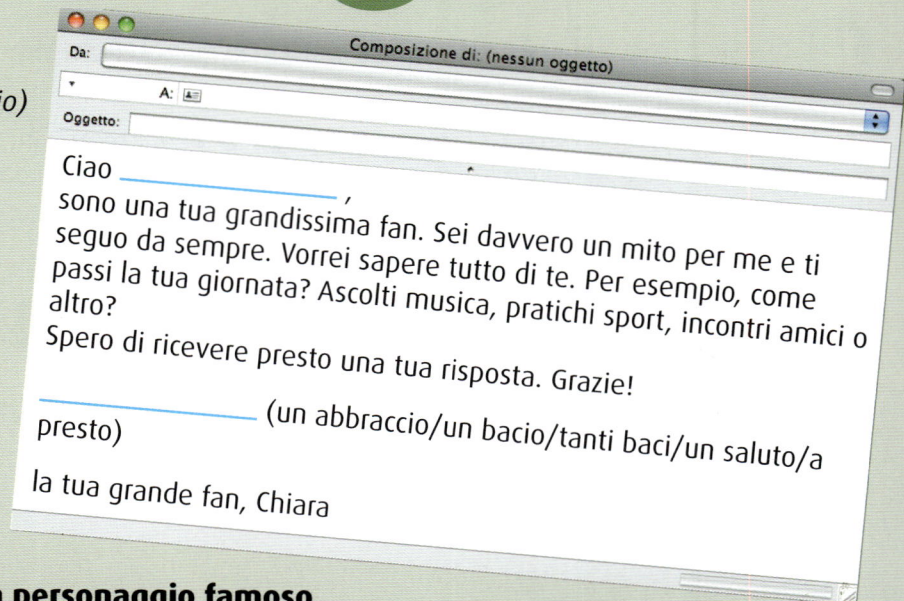

Ciao _____ ,
sono una tua grandissima fan. Sei davvero un mito per me e ti
seguo da sempre. Vorrei sapere tutto di te. Per esempio, come
passi la tua giornata? Ascolti musica, pratichi sport, incontri amici o
altro?
Spero di ricevere presto una tua risposta. Grazie!

_____ (un abbraccio/un bacio/tanti baci/un saluto/a
presto)

la tua grande fan, Chiara

14 **PROGETTO FINALE Intervista a un personaggio famoso**

14.a Lavorate in gruppi di 4. Entrate in internet e cercate informazioni su due o più cantanti
fra quelli presentati sotto. Guardate anche i loro videoclip su YouTube e decidete quali sono
i due cantanti da intervistare.

J-Ax

Tiziano Ferro

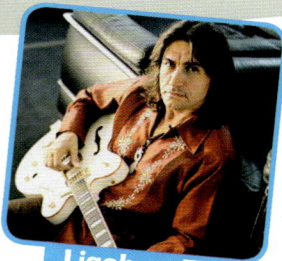

Ligabue

Laura Pausini

Caparezza

Elisa

Giorgia

Eros Ramazzotti

Carmen Consoli

14.b Dividetevi in due coppie: due di voi sono i cantanti del punto **14.a** e gli altri due sono radio DJ.
Leggete le vostre istruzioni e poi fate un'intervista alla radio.

○ Cantante:
Sei un famoso cantante italiano/
una famosa cantante italiana.
Immagina com'è la tua vita.
Preparati a un'intervista per
una radio molto popolare.
Poi vai in radio per essere intervistato/a.

○ Radio DJ:
Lavori in radio e devi intervistare
un famoso cantante italiano/una
famosa cantante italiana.
È il tuo primo giorno di lavoro e vuoi
fare un'intervista brillante.
Prepara le domande. Poi comincia
l'intervista.

Musica senza tempo

3

1 *Leggi il testo e, nella tabella sotto, abbina le informazioni di sinistra a quelle di destra, come nell'esempio.*

"Azzurro" e "Volare": sono ancora loro le italiane più cantate nel mondo

Secondo un sondaggio on line della Società Dante Alighieri, tra le canzoni italiane più famose e cantate nel mondo, al numero 1 c'è "Azzurro", di Adriano Celentano, seguita da "Nel blu dipinto di blu" (conosciuta con il titolo "Volare"), di Domenico Modugno. Nella classifica ci sono molte canzoni classiche e anni Sessanta, con qualche curiosità. Ad esempio, al numero 3 c'è "Musica è" di Eros Ramazzotti (del 1988), seguita da "'O Sole mio" di Enrico Caruso, "Sapore di sale" di Gino Paoli e "Abbronzatissima" di Edoardo Vianello.
I voti più numerosi arrivano da Argentina, Brasile, Messico e Cile. In Europa i voti arrivano principalmente dalla Svizzera, seguita da Francia, Polonia, Germania, Grecia e Olanda. La novità assoluta arriva dall'Oriente, con un notevole numero di contatti da Cina e Giappone.

Adattato da La Repubblica

Azzurro

Nel blu dipinto di blu

Musica è

'O sole mio

Sapore di sale

Abbronzatissima

1. sono le più famose nel mondo		**a.**	il sondaggio sulle canzoni italiane
2. è una canzone degli anni '80		**b.**	"Musica è"
3. è on line		**c.**	le canzoni classiche e anni '60
4. lo organizza la Società Dante Alighieri		**d.**	"Nel blu dipinto di blu"
5. è una canzone diventata famosa con un titolo diverso			

2.a *Vai sul sito di radioitalia (www.radioitalia.it) e guarda la classifica nella sezione "radio". Chi sono i cantanti italiani più amati del momento?*

2.b *Cerca le canzoni dei cantanti del punto **2.a** su YouTube: quali preferisci tu? Componi la tua classifica personale e poi confrontala con quella dei compagni.*

Che look hai?

Cosa imparo

Lessico

Vestiti, accessori e taglie

Le azioni quotidiane

Parole dei sondaggi

I colori

I mobili della camera

Alcuni aggettivi di personalità

Comunicazione

Scrivere una risposta
in un forum

Fare domande sul look

Chiedere e dire il colore

Realizzare un sondaggio

Grammatica

I verbi in *-isco*

*Quanto?, Quando?,
Che?, Cosa?*

Il verbo *metterci*

Gli articoli indeterminativi

I verbi riflessivi

1 **INTRODUZIONE Stile italiano**

*Quali di questi prodotti
rappresentano meglio
la moda italiana?
Parlane con un compagno.*

vestiti

borse

occhiali

scarpe

2 **LEGGERE. Un consiglio**

2.a *Leggi il testo e scegli la risposta alla domanda.*

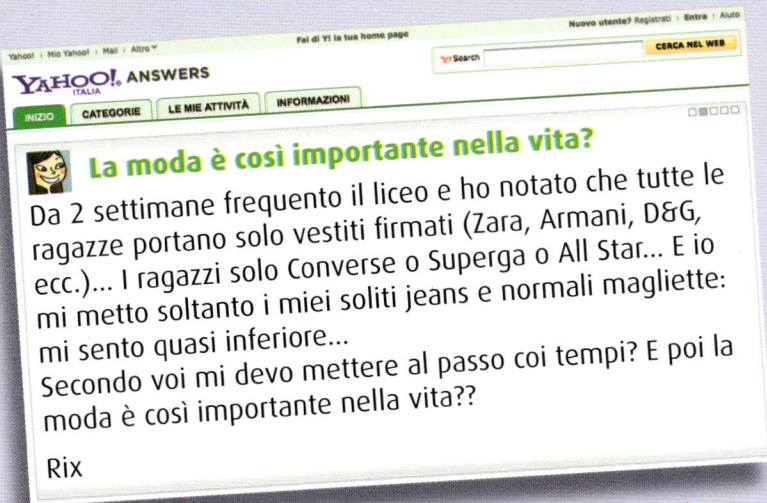

La moda è così importante nella vita?

Da 2 settimane frequento il liceo e ho notato che tutte le ragazze portano solo vestiti firmati (Zara, Armani, D&G, ecc.)... I ragazzi solo Converse o Superga o All Star... E io mi metto soltanto i miei soliti jeans e normali magliette: mi sento quasi inferiore...
Secondo voi mi devo mettere al passo coi tempi? E poi la moda è così importante nella vita??

Rix

Adattato da *it.answers.yahoo.com*

Cos'è un vestito "di marca",
"firmato"?

a. Un vestito dove c'è scritto
il mio nome.

b. Un vestito fatto da uno
stilista famoso.

c. Un vestito unico, che ho
solo io.

Che look hai?

2.b Rileggi il testo del punto **2.a**, usa la fantasia e decidi: la persona che scrive è un ragazzo o una ragazza?

2.c Leggi due risposte alla domanda di Rix e inserisci le frasi al posto giusto. Poi scegli la risposta che preferisci.

> Io odio la moda

> Io adoro la moda

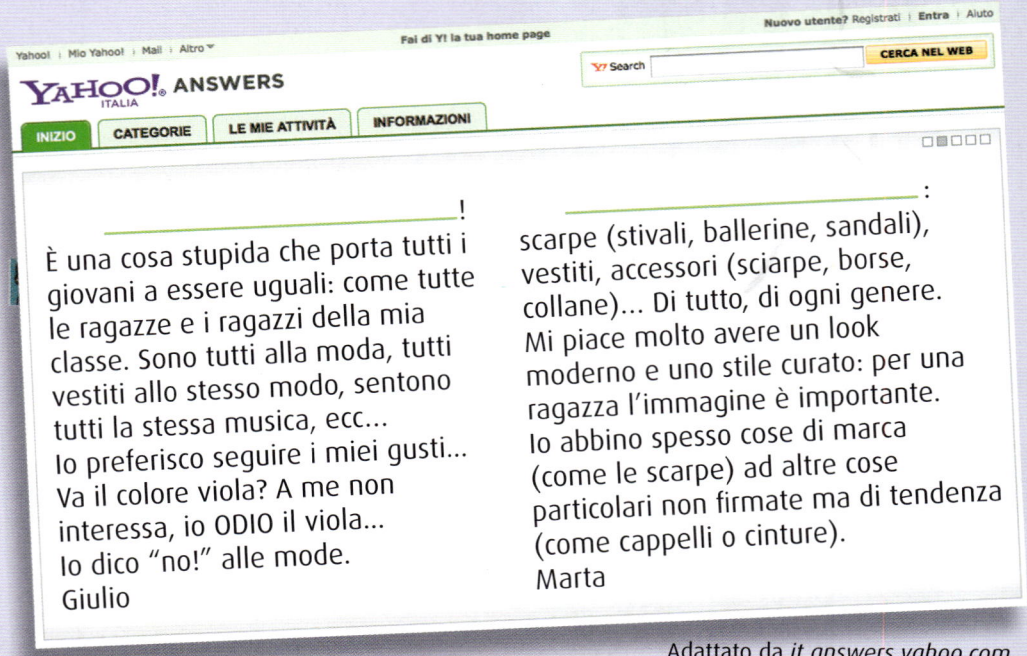

Yahoo! | Mio Yahoo! | Mail | Altro ▾   Fai di Y! la tua home page   Nuovo utente? Registrati | Entra | Aiuto

YAHOO! ANSWERS   Y! Search   CERCA NEL WEB
ITALIA

INIZIO CATEGORIE LE MIE ATTIVITÀ INFORMAZIONI

_____ !

È una cosa stupida che porta tutti i giovani a essere uguali: come tutte le ragazze e i ragazzi della mia classe. Sono tutti alla moda, tutti vestiti allo stesso modo, sentono tutti la stessa musica, ecc... Io preferisco seguire i miei gusti... Va il colore viola? A me non interessa, io ODIO il viola... Io dico "no!" alle mode.
Giulio

_____ :

scarpe (stivali, ballerine, sandali), vestiti, accessori (sciarpe, borse, collane)... Di tutto, di ogni genere. Mi piace molto avere un look moderno e uno stile curato: per una ragazza l'immagine è importante. Io abbino spesso cose di marca (come le scarpe) ad altre cose particolari non firmate ma di tendenza (come cappelli o cinture).
Marta

Adattato da it.answers.yahoo.com

---

3 SCRIVERE *Cara Rix...*

Adesso rispondi tu a Rix. Indica se la moda ti piace o non ti piace e che cosa ami indossare.

Yahoo! | Mio Yahoo! | Mail | Altro ▾   Fai di Y! la tua home page   Nuovo utente? Registrati | Entra | Aiuto

YAHOO! ANSWERS   Y! Search   CERCA NEL WEB
ITALIA

INIZIO CATEGORIE LE MIE ATTIVITÀ INFORMAZIONI

Cara Rix,

Come funziona?

Preferire e i verbi in -isco

Osserva:
Io *preferisco* seguire i miei gusti.

io	prefer -**isc** -o
tu	prefer -**isc** -i
lui/lei	prefer -**isc** -e
noi	prefer -iamo
voi	prefer -ite
loro	prefer -**isc** -ono

Alcuni verbi in *-ire* sono irregolari e si formano come il verbo *preferire*.

I verbi in *-isco* più usati sono: *preferire, finire, pulire, capire, spedire.*

4 ANALISI LESSICALE **Il guardaroba**

*Completa il disegno con le parole dei testi di Marta e Rix del punto **2**.*

1. attaccapanni
2. maglione
3. felpa
4. camicia
5.
6.
13.
12.
11.
10. pantaloni
11. scarpe da ginnastica
8.
7.
26.
25.
24.
23.
22. sedia
21.
14. cappotto
15. armadio
16.
17.
18.
19. gonna
20. calze

Parole, parole, parole

Le taglie

In italiano le taglie si chiamano *grande*, *media* e *piccola*, o (come in inglese) *large*, *medium* e *small*.

Tabella delle taglie internazionali

(abiti, cappotti, giacche, maglie, camicie)

Italia (I)	40	42	44	46	48	50
Svizzera (CH)	31	36	38	40	42	44
Francia (F)	36-38	38-40	40-42	42-44	44-46	46-48
Germania (DE)	36-38	36-38	38-40	40-42	42-44	44-46
Stati Uniti (USA)	10	12	14	16	18	20

Che look hai?

5 **ASCOLTARE Un sondaggio**

5.a *Ascolta l'audio e decidi a quale domanda rispondono i ragazzi intervistati.*
cd 13

a. Quando vai a scuola cosa ti metti?

b. Quando vai a una festa cosa ti metti?

5.b *Ascolta e verifica la tua risposta.*
cd 14

5.c *Ascolta più volte il dialogo intero e riordina le domande, come nell'esempio.*
cd 15

☐ Secondo te un ragazzo ci mette di più o di meno di una ragazza per prepararsi?

☐ Che stile hai?

☐ Ci metti più tempo a vestirti o a pettinarti?

☐ Per andare a una festa tu cosa ti metti?

1 Quanto è importante per te il look?

☐ Secondo te sono più veloci i ragazzi o le ragazze?

☐ Che stile hai?

☐ E tu preferisci sportivo o elegante?

☐ E tu quanto tempo ci metti a prepararti per andare a una festa?

☐ E quando vai a scuola cosa ti metti?

5.d *Abbina le domande alle risposte corrispondenti. Se necessario riascolta e verifica.*
cd 15

❯ Domande

1. **Quanto** è importante per te il look?

2. E **quando** vai a scuola cosa ti metti?

3. **Che** stile hai?

4. E tu **quanto** tempo ci metti a prepararti per andare a una festa?

❯ Risposte

a. Abbastanza.

b. Casual.

c. Eh, ci metto più o meno mezz'ora.

d. Eh, i pantaloni, normali, i jeans e una maglietta.

Come funziona?

Quanto tempo ci metti?
Il verbo *metterci* si usa per domandare quanto tempo serve per fare una cosa ed è generalmente seguito dalle preposizioni *a* o *per*.

Esempio:

◉ **Quanto tempo ci metti** *a/per* **prepararti?**

◉ **Ci metto più o meno 15 minuti.**

	metterci
io	ci metto
tu	ci metti
lui/lei	ci mette
noi	ci mettiamo
voi	ci mettete
loro	ci mettono

6 ESERCIZIO Il verbo *metterci*

Collega le colonne e forma frasi logiche, come nell'esempio. Attenzione: in alcuni casi sono possibili diverse soluzioni.

Io e Gianni		molto tempo per studiare la matematica.
Questo computer	ci metto	per comprare un vestito?
Tu e Salvatore prendete un taxi, così	ci metti	solo 10 minuti per arrivare alla stazione.
Tu quanto tempo	ci mette	un minuto per connettersi a internet!
Gli studenti	ci mettiamo	*5 minuti a preparare la cena.*
In questa pizzeria sono molto lenti,	ci mettete	sempre un'ora per portare da mangiare.
Non prendiamo l'autobus per andare a scuola perché	ci mettono	ci mettiamo troppo tempo per arrivare.
Alberto è molto veloce:		pochi minuti a piedi.

7 PARLARE Scopri la tua classe!

*Gira per la classe e fai le domande del punto **5.d**.*

8 ANALISI GRAMMATICALE Gli articoli indeterminativi

8.a *Sottolinea nel testo tutti gli articoli indeterminativi e inseriscili nella tabella accanto, come nell'esempio.*

> Io amo la moda: scarpe (stivali, ballerine, sandali) vestiti, accessori (sciarpe, borse, collane)... Di tutto, di ogni genere. Mi piace molto avere <u>un</u> look moderno e uno stile curato: per una ragazza l'immagine è importante.
> Io abbino spesso cose di marca (come le scarpe) ad altre cose particolari non firmate ma di tendenza (come cappelli o cinture).
> Marta

Articoli indeterminativi maschili

un

Articoli indeterminativi femminili

8.b *Completa lo schema con gli articoli indeterminativi del punto **8.a**.*

Articoli indeterminativi

Maschile

_____ davanti a nomi singolari che iniziano per **vocale** o per **consonante**

_____ davanti a nomi singolari che iniziano per *s* + **consonante**, *ps, pn, z, y*

Femminile

_____ davanti a nomi singolari che iniziano per **consonante**

un' davanti a nomi singolari che iniziano per **vocale**

Che look hai?

Ti ricordi?

Gli articoli determinativi

Completa il testo con gli articoli determinativi.

Benvenuto nella sezione di Rockol dedicata ai concerti in Italia! Qui puoi informarti sugli eventi della tua città e sui biglietti dei concerti.

Qui trovi _____ calendario degli eventi di tutte _____ città, _____ calendario dei concerti con _____ elenco completo di cantanti, artisti e gruppi in tour e _____ spettacoli della tua zona.

Scopri in anteprima _____ concerti di Torino, _____ concerti di Bologna, _____ eventi di Verona, _____ concerti di Napoli e di tutte _____ località italiane. Scopri quando sono disponibili _____ biglietti dei concerti di Ligabue, del *Madonna tour*, del tour di Vasco Rossi o di qualsiasi altro artista direttamente su www.rockol.it.

www.rockol.it

---

9 ANALISI GRAMMATICALE I verbi riflessivi

9.a *Inserisci i verbi della lista al posto giusto nel dialogo, poi ascolta e verifica.*

cd16

- mi metto
- ti metti
- mi preparo

○ Ragazza:
Beh, per esempio, quando vado alle feste, _____ in più tempo e _____ qualcosa di diverso come un vestito, rispetto a dei soliti pantaloni.

○ Intervistatrice:
E quando vai a scuola cosa _____?

9.b *Osserva la trascrizione del dialogo al punto **9.a** e completa le forme singolari dei verbi "prepararsi" e "mettersi".*
Poi prova a scrivere la prima e la seconda persona singolare ("io" e "tu") del verbo "vestirsi".

Il presente dei verbi riflessivi

	prepararsi	mettersi	vestirsi
io			
tu	ti prepari		
lui/lei	si prepara	si mette	si veste
noi	ci prepariamo	ci mettiamo	ci vestiamo
voi	vi preparate	vi mettete	vi vestite
loro	si preparano	si mettono	si vestono

10 GIOCO Trova gli intrusi

10.a *Lavorate in gruppi. Osservate le immagini e abbinatele ai verbi riflessivi della tabella. I verbi senza immagine non esistono nella forma riflessiva: trasformateli come nell'esempio. Avete 10 minuti di tempo.*

	Non è riflessivo, l'infinito è...	Immagine
alzarsi		☐
svegliarsi		☐
radersi		☐
camminarsi		☐
corrersi		☐
sedersi		☐
vestirsi		☐
sdraiarsi		☐
entrarsi		☐
lavarsi		☐
truccarsi		☐
addormentarsi		☐
uscirsi		☐
scendersi		☐
pettinarsi		☐

Esempio:

	Non è riflessivo, l'infinito è...	Immagine
pettinarsi		1
~~indossarsi~~	indossare	☐

10.b *Restate negli stessi gruppi. Ascoltate le frasi con i verbi riflessivi. Dopo ogni frase, lo studente che alza per primo la mano ha 30 secondi per mimare la frase. Vince il gruppo che mima più verbi correttamente.*

cd17

11 ESERCIZIO Gli articoli indeterminativi

Completa il testo con gli articoli indeterminativi, come nell'esempio.

Parole, parole, parole

L'italiano dei sondaggi

Osserva:

- **circa** = più o meno (±)
- **la maggior parte** = la maggioranza = il gruppo più grande di persone
- **%** = per cento
- **sondaggio** = indagine
- **minoranza** = il gruppo più piccolo di persone

Moda e giovani: <u>un</u> legame sempre più forte in Italia. I ragazzi considerano la moda _____ elemento molto importante della loro vita. È quanto emerge da _____ sondaggio on line organizzato da Habbo, _____ community per teenager. Questo sondaggio ha coinvolto **circa** 2.500 ragazzi italiani tra i 12 e i 17 anni, ma è avvenuto contemporaneamente anche in altri 29 paesi nei cinque continenti per _____ totale di oltre 60mila teenager.

Dai risultati emerge che **la maggior parte** dei ragazzi italiani (67,2%) ritiene la moda molto importante. Questo è _____ risultato in linea con la media nei 30 paesi coinvolti nell'indagine. _____ altra caratteristica è che i ragazzi italiani seguono con grande attenzione la moda, ma spesso cercano _____ look personale e _____ stile personalizzato: _____ ragazzo su due, infatti, si ispira alle ultime tendenze solamente "qualche volta".

Interessante il risultato del **sondaggio** su come i ragazzi italiani scelgono il look giusto: molti cercano _____ ispirazione nei negozi, altri ascoltano gli amici o copiano _____ programma televisivo, guardano su internet, comprano _____ rivista specifica o osservano le persone per la strada, mentre solo _____ **minoranza** dice di non seguire assolutamente le mode.

Adattato da *www.utilitymagazine.it*

Come funziona?

I colori

Aggettivi in *-o/-a*		Aggettivi in *-e*		Aggettivi invariabili
Singolare	Plurale	Singolare	Plurale	Singolare / Plurale
bianco/a	bianchi/e	arancione	arancioni	fucsia
nero/a	neri/e	verde	verdi	rosa
azzurro/a	azzurri/e	marrone	marroni	blu
rosso/a	rossi/e			viola
giallo/a	gialli/e			

Osserva:

verde scuro

verde chiaro

12 LEGGERE Colori e personalità

12.a *Leggi le descrizioni e abbina un colore a ogni paragrafo, come nell'esempio.*

Il colore preferito in assoluto da uomini e donne di tutte le età è il **viola**. Anche l'**arancione** è molto votato, soprattutto da donne tra i 18 e i 24 anni. Gli uomini preferiscono il **verde** o il bianco, in particolare tra i 13 e i 18 anni. Ma che significa scegliere un colore? Ecco cosa dice la cromoterapia.

arancione
bianco
azzurro
viola
verde
giallo

1. È il colore del mare, del cielo, della tranquillità. Se lo preferisci sei dolce, gentile, romantico, ami la natura e gli animali.

2. È il colore della neve. Chi indossa questo colore attira le energie positive.

3. È il colore della speranza. Se lo scegli sei una persona calma e tranquilla, molto onesta, ma competitiva.

4. Le persone a cui piace questo colore sono dolci e romantiche!

5. *Arancione* È un colore allegro: se ti piace sei espansivo, energico, socievole, estroverso, sempre gioioso e molto sicuro.

6. È il colore del sole, della felicità e della fantasia. Chi lo ama è estroverso, divertente e ottimista.

Adattato da *www.giornalilocali.it/riviste/top-girl.htm*

12.b *Rileggi il testo del punto **12.a** e scrivi le caratteristiche delle persone che amano i colori indicati, come nell'esempio.*

colore	caratteristiche
arancione	espansivo, energico
viola	
azzurro	
verde	attira le energie positive
giallo	

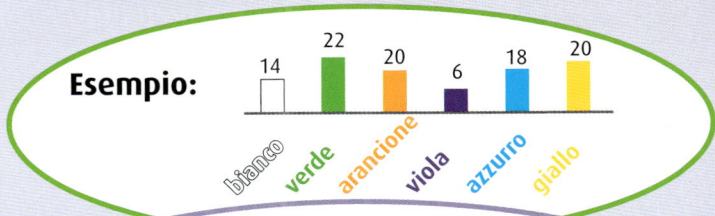

12.c *Osserva l'esempio sotto e disegna un grafico che rappresenti con i colori del punto **12.a** gli aspetti della tua personalità.*

Esempio:
14 22 20 6 18 20
bianco verde arancione viola azzurro giallo

Di che colore sono io:

Che look hai?

13 GIOCO *Di che colore è? Di che colore sono?*

13.a *Gioca con un compagno. Dividetevi i ruoli (studente A e studente B) e leggete le vostre istruzioni. Le istruzioni per lo studente B sono a pagina 143.*

● studente A

13.b *Osserva l'immagine e memorizza i colori degli oggetti indicati. Hai 3 minuti di tempo.*

13.c *Gioca con lo studente B. Copri la tua immagine e rispondi a 10 domande, come nell'esempio. Poi osserva l'immagine del tuo compagno a pagina 143 e invertite i ruoli. Vince chi indovina più colori.*

Esempio:

● studente B: Di che colore è il tappeto?

● studente A: Il tappeto è arancione.

14 PROGETTO FINALE Sondaggiomania!

Lavora con un compagno. Andate in giro per la classe e fate domande come negli esempi (uno studente domanda, l'altro scrive). Con le risposte dei compagni preparate una statistica sui colori, come nell'esempio. Alla fine fate una breve presentazione orale dei risultati.

Esempio: Qual è il tuo colore preferito? Perché? Che colore non ti piace?

Sesso: M = maschio F = femmina	Età	Colore preferito	Perché?	Colore che non piace
F (Laura)	15	Giallo	È il colore del sole	Blu

Il *made in Italy*

4

1.a *L'espressione "made in..." è generalmente associata a caratteristiche tipiche del paese produttore. Abbina i marchi "made in..." della colonna sinistra alle caratteristiche della colonna destra:*

1. made in Japan	a. tecnologico e funzionale
2. made in Italy	b. robusto e affidabile
3. made in Germany	c. moderno e innovativo
4. made in USA	d. creativo e raffinato

ITALIA € 0,60 MADE IN ITALY · FIAT 500
I.P.Z.S. SpA · ROMA · 2007   A. AMONE

1.b *Leggi il testo accanto e verifica la tua risposta al punto **1.a**.*

Nel campo della moda, l'Italia è al primo posto per l'alta qualità dei prodotti, l'eleganza e la raffinatezza dei prodotti e l'originalità delle idee dei suoi stilisti.

2.a *Secondo te "made in Italy" significa:*

1. progettato e realizzato in Italia

2. progettato in Italia e realizzato all'estero o in Italia

3. progettato all'estero e realizzato in Italia

4. progettato in Italia e venduto all'estero

100%
MADE IN ITALY
CERTIFICATE

2.b *Leggi il testo accanto e verifica la tua risposta al punto **2.a**.*

Che cosa significa esattamente il marchio *made in Italy*? In passato, indicava un prodotto totalmente realizzato in Italia, dalla progettazione fino al prodotto finito pronto per la vendita. Sfortunatamente, oggi in molti casi non è così. In realtà molti prodotti possono portare il nome *made in Italy* anche quando sono realizzati quasi completamente all'estero!

3.a *Secondo te, in quale settore il "made in Italy" non è molto diffuso?*

1. Moda   2. Gastronomia   3. Design   4. Informatica   5. Musica

3.b *Leggi il testo sotto e verifica la tua risposta al punto **3.a**.*

4 *Indovina quale di queste "università del made in Italy" esiste veramente. Poi verifica su google.*

Un'occasione unica per conoscere il made in Italy è il Gala Italia di New York. La manifestazione attira operatori e giornalisti internazionali, invitati ad ammirare il design e il know how italiano più importante e prestigioso. Nei saloni sono esposti anche modelli di scooter (in particolare della Vespa), biciclette e un elicottero Augusta. Protagonisti del Gala Italia sono la moda, il vino, la gastronomia, la musica e il design. La parte più spettacolare del programma consiste nell'allestimento di sedici ristoranti con tipiche specialità gastronomiche da tutta Italia. Partecipano i produttori dei migliori vini italiani. Non mancano prodotti tipici come l'olio, i latticini, il Parmigiano Reggiano e il Prosciutto di Parma.

a. Carpigiani Gelato University

b. Versace Fashion University

c. Ferrari Cars University

d. Pavarotti Music University

LA STORIA DEGLI AMANTI BIANCA E LEO È MOLTO FAMOSA.

Sono Bianca, prigioniera di Imelda. Cerco il mio amore Leo. Per tutto il mondo. Solo tu, lettore, puoi annullare la maledizione e aiutarmi a ritrovare Leo.

SECONDO LA LEGGENDA I DUE SI INNAMORANO A PRIMA VISTA.

MA ANCHE LA STREGA IMELDA SI INNAMORA DI LEO...

...LEO RESPINGE IMELDA, NON SA CHE LEI È UNA POTENTE STREGA.

IMELDA È FURIOSA E PREPARA UNA VENDETTA.

Cosa imparo

Lessico
I generi cinematografici

I mesi

In bocca al lupo, buona fortuna, auguri

I dimostrativi

In e con e i mezzi di trasporto

Avverbi di luogo

Qui, lì, destra, sinistra

Grammatica
I verbi irregolari *fare, tenere, dire, andare*

C'è, ci sono

Da... a...

Le preposizioni con i mezzi di trasporto

Comunicazione
Indicare i propri gusti cinematografici

Scrivere la trama di un film

Richiamare l'attenzione

Scusarsi

Chiedere e dare indicazioni stradali

Leggere una cartina e uno stradario

Descrivere la posizione di un oggetto o di una persona

Fare gli auguri

Girare un trailer

1 INTRODUZIONE Il tuo genere preferito

1.a *Abbina il genere di film all'immagine corrispondente.*

a. commedia

b. fantasy

c. horror

d. fantascienza

e. storico

f. noir

g. drammatico

h. sentimentale

i. azione

l. animazione

1

2

3

4

5

6

7

8

9

10

1.b *Quale genere preferisci? Perché? Parlane con un compagno.*

La magia del Cinema

2 **LEGGERE Tre film**

2.a *Qual è il titolo dei tre film?*

a. CATERINA VA IN CITTÀ

b. tre metri sopra il cielo

c. IO NON HO PAURA

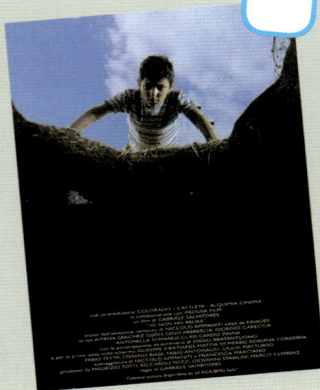

2.b *Completa le trame dei film con le frasi della lista. Poi scrivi il titolo di ogni film.*

a. due diventano segretamente amici e si innamorano

b. suoi genitori si separano

c. due ragazzi si incontrano per caso

1

1 La protagonista ha 15 anni e vive in un piccolo paese, Montalto di Castro. Non conosce la vita di una grande città, così, quando suo
5 padre, insegnante, si trasferisce a Roma con tutta la famiglia, si trova improvvisamente in un mondo estraneo. A scuola diventa amica di una coetanea molto
10 alternativa, che ama le poesie maledette, i Doors e i tatuaggi. E poi finisce fra le compagne "bene", fra feste, ville con piscina e ragazzine innamorate di calciatori.
15 Quando i _____

_____ ,
la ragazza impara a prendere il buono da ogni cosa.

Titolo del film:

2

1 Di giorno, il piccolo paese di Acque Traverse sembra abbandonato. Le scuole sono chiuse per le vacanze e gli
5 adulti, per evitare il caldo, preferiscono restare in casa. Solo un piccolo gruppo di ragazzini gira fra le case e le campagne. Durante una di queste uscite il
10 piccolo Michele, di nove anni, fa una scoperta terribile: gli adulti del paese tengono un suo coetaneo nascosto nel pozzo di una casa abbandonata.
15 Un giorno i _____

_____ .
Perché gli adulti nascondono quel ragazzino?

Titolo del film:

3

1 Lei ha 18 anni, è una studentessa modello, ha un buon rapporto con i genitori e tanti amici. La sua migliore
5 amica si chiama Pallina: a lei dice tutto e parla di tutti i suoi problemi. Lui ha 19 anni ed è un tipo violento che passa il suo tempo tra corse di moto
10 clandestine e piccoli furti. Anche i suoi amici sono tutti teppisti. I _____

_____ .

La loro storia va avanti per circa
15 un anno, ma inevitabilmente crescono seguendo strade differenti e sono destinati a lasciarsi.

Titolo del film:

2.c *Scegli il significato delle parole nella tabella.*

parola	testo	riga	significato		
coetaneo	1	9	**a.** persona più grande	**b.** persona più piccola	**c.** persona della stessa età
coetanea	2	13			
alternativa	1	10	**a.** brava a scuola	**b.** gentile	**c.** che si comporta in modo diverso dagli altri
teppisti	3	11	**a.** ricchi	**b.** violenti	**c.** sportivi

2.d *Indica quali personaggi sono presenti nei film del punto 2.b.*

CATERINA VA IN CITTÀ

1 sì no
2 sì no
3 sì no
4 sì no
5 sì no
6 sì no

IO NON HO PAURA

2 sì no
1 sì no
3 sì no
4 sì no
5 sì no
6 sì no

tre metri sopra il cielo

1 sì no
2 sì no
3 sì no
4 sì no
5 sì no
6 sì no

La magia del cinema

3 ANALISI GRAMMATICALE **I verbi irregolari**

3.a *Completa la tabella con i verbi della lista, come negli esempi.
Attenzione: quattro spazi devono rimanere vuoti.*

tieni andate dite tenete fanno tiene andiamo

dicono *vado* teniamo dici faccio vai dico vanno

tengo fai facciamo fate diciamo

	fare	tenere	dire	andare
io		tengo		vado
tu				
lui/lei				
noi				
voi				
loro				

3.b *Trova nelle trame dei film del punto **2.b** le quattro forme mancanti e completa la tabella del punto **3.a**.*

Come funziona?

Le preposizioni *da... a...*

Le preposizioni *da... a...* (+ l'articolo) si usano per delimitare un periodo di tempo.

Osserva:
con i giorni della settimana
Studiamo dal giovedì al sabato.
(= comincio il giovedì, finisco il sabato)

con la data
Lavoro dal 3 al 20 febbraio.
(= comincio il 3, finisco il 20 febbraio)

Attenzione:
dall'1, dall'8, dall'11
all'1, all'8, all'11

Parole, parole, parole

I mesi dell'anno

1. gennaio		**7.** luglio
2. febbraio		**8.** agosto
3. marzo		**9.** settembre
4. aprile		**10.** ottobre
5. maggio		**11.** novembre
6. giugno		**12.** dicembre

Ti ricordi?

Il presente dei verbi
Completa il testo con i verbi al presente.

Videominuto 2011
Anche quest'anno, dal 4 settembre all'11 settembre, (*svolgersi*) _____ il concorso internazionale di video da 1 minuto al "Centro per l'Arte Contemporanea Luigi Pecci", a Prato. Come nelle edizioni passate, il responsabile artistico del festival, Raffaele Gavarro, (*unire*) _____ la ricerca artistica al cinema e alla televisione dell'animazione e del documentario. Gavarro non (*dimenticare*) _____ però le importanti partecipazioni "amatoriali". Proprio gli amatori infatti (*rendere*) _____ il festival uno dei laboratori più interessanti del nostro paese.
Quest'anno Videominuto (*arricchirsi*) _____ di un nuovo concorso tematico, che (*affiancare*) _____ il tradizionale "1000 euro per 1 minuto" (a tema libero). Il tema per l'edizione 2011 (*essere*) _____: "Diario dall'epoca del presente permanente" (ispirato alla *short novel* di Tommaso Pinci), spunto d'obbligo per i video che (*partecipare*) _____ a questa sezione. Anche il concorso tematico (*avere*) _____ un premio di 1000 euro.

Adattato da *www.intoscana.it*

4 ASCOLTARE Al casting

4.a *Ascolta e scegli l'opzione corretta.*
cd18

4.b *Ascolta tutte le volte che è necessario e ordina le immagini per ricostruire i due percorsi possibili per la ragazza, come nell'esempio.*
cd19

PER TUTTO IL MESE DI DICEMBRE,
CERCHIAMO CAROLINA!

CASTING DEL REGISTA FEDERICO

MOCCIA / MOCCHIA / MOTTA

PER IL SUO ULTIMO **FILM / MUSICAL / VIDEOCLIP**:

"AMORE 16" / "AMORE 14" / "AMORE 15".

Parole, parole, parole

Scusi! e scusa!
Per attirare l'attenzione di una persona in modo **formale** si usa la parola *scusi*.

La versione **informale** è *scusa*.

Attenzione: *scusa* e *scusi* si usano anche per scusarsi.

Scusi, signora!

Scusa!

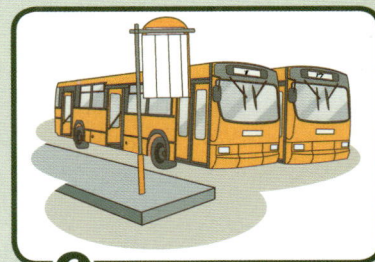

Percorso a piedi

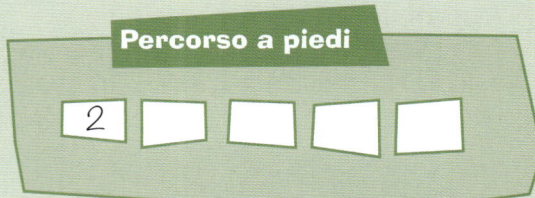

2

Percorso alternativo

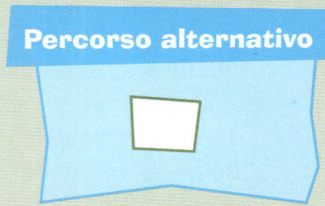

La magia del cinema

5 ANALISI GRAMMATICALE *Questo* e *quello*

5.a
Osserva il disegno e inserisci le parole della lista nelle frasi estratte dal dialogo del punto 4.b.

questa   quella

1. Vai da questa parte, a sinistra, e arrivi fino a _____ porta in fondo.
2. Vedi _____ edicola qui al centro?

6 GIOCO *Questo* o *quello*?

Ogni studente prende un oggetto personale e lo mette in un punto visibile della classe. La classe si divide in due squadre, che si mettono una di fronte all'altra. A turno uno studente di una squadra comincia a camminare liberamente per la classe fino a quando uno studente dell'altra squadra dice forte il nome del suo oggetto collocato in classe (ad esempio: "fazzoletto"). Allora il primo studente si ferma immediatamente e ha 10 secondi per indicare l'oggetto e dire "questo!"(o "questa", "questi", "queste") se è vicino o "quello!" (o "quella", "quelle", "quelli") se è lontano.

Come funziona?

Aggettivi dimostrativi
Gli aggettivi dimostrativi si accordano con il nome che segue. L'aggettivo dimostrativo *quello* segue la regola dell'articolo determinativo.

	singolare	plurale
maschile	quel	quei
	quello	quegli
	quell'	quegli
femminile	quella	quelle
	quell'	quelle

5.b
Completa la regola sugli aggettivi dimostrativi.

Questo
Usiamo **questo** per indicare un oggetto o una persona che si trovano
☐ lontano / ☐ vicino a chi parla.

Quello
Usiamo **quello** per indicare un oggetto o una persona che si trovano
☐ lontano / ☐ vicino dalla persona che parla.

Parole, parole, parole

Fare gli auguri

Osserva:
- Ok, grazie mille allora.
- **Prego. In bocca al lupo!**
- Crepi!

In italiano, per augurare buona fortuna, si usano espressioni differenti:

In bocca al lupo!
si usa per un esame o una prova molto difficile, come una competizione o un'esibizione. La risposta è **crepi!**

Buona fortuna!
si usa per un'esperienza importante, per esempio un viaggio o una lunga separazione. La risposta è **grazie!**

Auguri!
si usa per congratularsi, per i compleanni, per un evento speciale (come un matrimonio o una nascita). La risposta è **grazie!**

7 ANALISI LESSICALE Avverbi di luogo

cd20

Ascolta e completa il dialogo con le parole della lista.

a · a · a · di · alla · dalla · in · nel

○ **Signora:** Ah, in piazza San Marco. No, è semplice. Allora, tu esci _____ stazione... Vai da questa parte, a sinistra, e arrivi fino a quella porta in fondo, va bene?

○ **Ragazza:** Sì.

○ **Signora:** Eh, prendi la strada che è proprio _____ fronte _____ stazione, verso destra, e vai tutto dritto fino _____ piazza Duomo.

○ **Ragazza:** Ok.

○ **Signora:** Quando sei a piazza Duomo, mmm... guardando la facciata, ci sono due strade, una piccola e una grande. Tu prendi quella grande, che trovi sulla sinistra.

○ **Ragazza:** Sì.

○ **Signora:** Eh, quella è via Martelli. Poi prosegui, diventa via Cavour, comunque ti porta direttamente a piazza San Marco. Piazza San Marco la vedi perché c'è... c'è una statua _____ mezzo.

○ **Ragazza:** Ah, ok, quindi... ah, esco _____ sinistra dalla stazione...

○ **Signora:** Esatto.

○ **Ragazza:** Arrivo _____ fondo, in piazza Duomo e, guardando il Duomo, a sinistra e poi tutto in fondo fino _____ piazza San Marco.

Parole, parole, parole

destra

sinistra

Parole, parole, parole

Mezzi di trasporto

Per indicare con quale tipo di mezzo si va in un posto, si usa la preposizione *in* o *con* + l'articolo determinativo. L'unica eccezione è l'espressione: **a piedi**.

Esempi:
in bici(cletta) / con la bici(cletta)
in macchina / con la macchina
in autobus / con l'autobus
**in metropolitana /
con la metropolitana**
in treno / con il treno
in aereo / con l'aereo
in nave / con la nave

8 GIOCO Rubabandiera

La classe si divide in due squadre. A ogni studente di ciascuna squadra corrisponde un numero. Gli studenti osservano l'immagine sotto. L'insegnante è in mezzo alla classe, tra le due squadre, con un fazzoletto in mano: chiama un numero (= uno studente) per ogni squadra e dà indicazioni per individuare un oggetto nell'immagine (per esempio: "È di fronte alla chiesa sulla panchina"). I due studenti chiamati corrono verso l'insegnante per prendere il fazzoletto: chi arriva per primo dice qual è l'oggetto/la persona/l'edificio. Se la risposta è giusta, la squadra guadagna un punto e il gioco va avanti. Se è sbagliata, i due studenti tornano a posto e l'insegnante chiama un altro numero e dà una nuova indicazione. Vince la squadra con più punti.

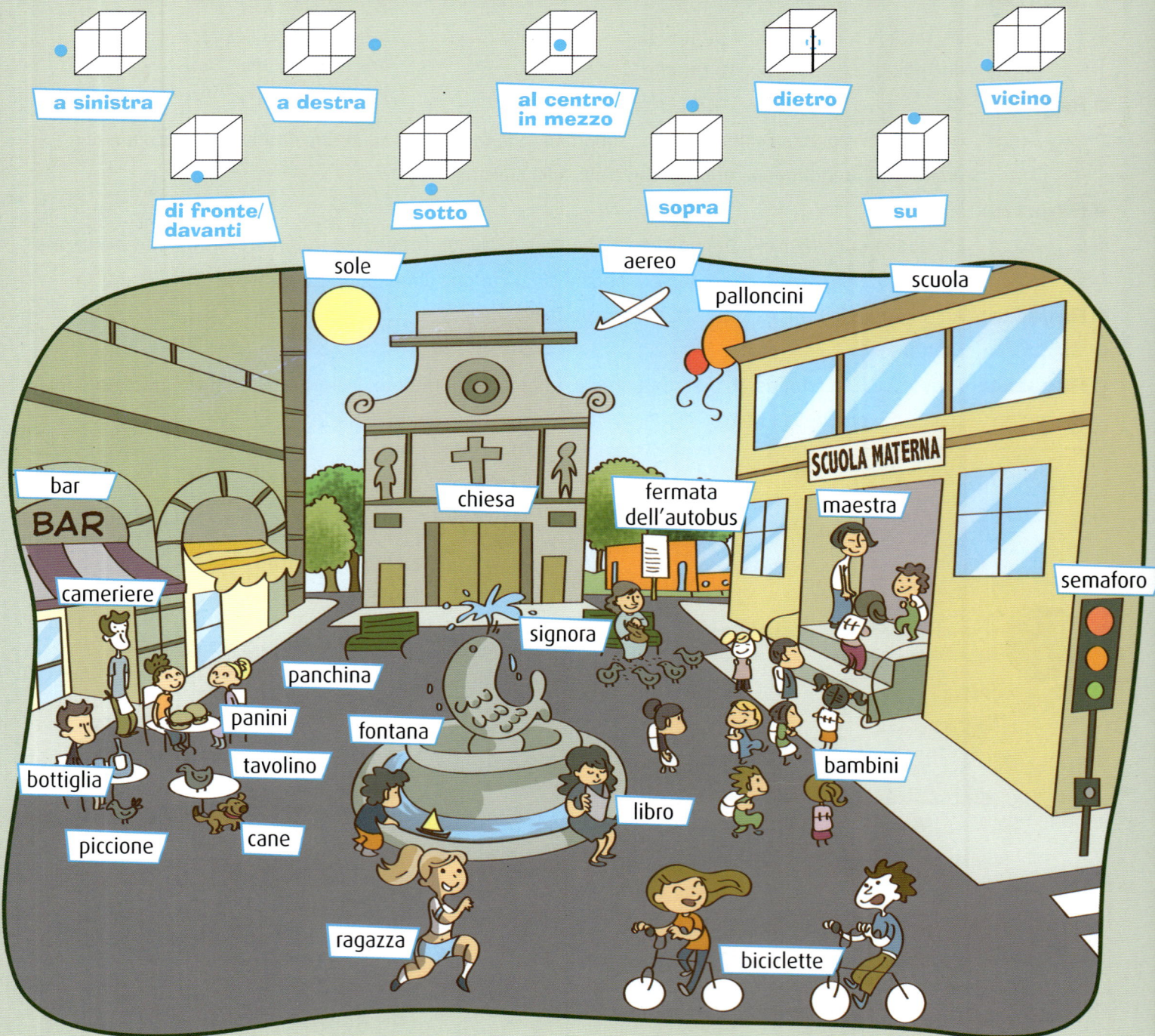

a sinistra · a destra · al centro/in mezzo · dietro · vicino

di fronte/davanti · sotto · sopra · su

sole · aereo · palloncini · scuola · bar · chiesa · fermata dell'autobus · SCUOLA MATERNA · maestra · semaforo · cameriere · signora · panchina · panini · fontana · bambini · bottiglia · tavolino · libro · piccione · cane · ragazza · biciclette

9 SCRIVERE Film in concorso!

Dividetevi in coppie. Tirate il dado* 3 volte (una per ogni riga) e osservate l'immagine (il/i personaggio/i e la scena) corrispondenti. Ritirate il dado* e guardate il genere corrispondente in basso. In base a questi elementi, scrivete la trama di un nuovo film e decidete il titolo. Leggete a tutti la vostra trama: la classe vota la storia più originale.**

1

2

3

4

5

6 Scegli il personaggio che preferisci!

1

2

3

4

5

6 Scegli il personaggio che preferisci!

1

2

3

4

5

6 Scegli il personaggio che preferisci!

1. commedia   2. horror   3. drammatico   4. storico   5. fantascienza   6. sentimentale

10 ANALISI GRAMMATICALE C'è/ci sono

10.a
cd21
Osserva le immagini e completa l'estratto del dialogo del punto 4 con i verbi della lista. Poi ascolta e verifica.

c'è prendere attraversi

Scendi dalle scale, _____ la strada e subito sulla destra _____

una fermata dell'autobus. Lì ferma l'1 o il 17, puoi _____ l'uno o l'altro.

10.b *Osserva la trascrizione al punto **10.a** e completa la regola e le frasi con "c'è" o "ci sono".*

c'è/ci sono

Per indicare una cosa in un posto uso:

per il singolare ○   **per il plurale** ○○○

Esempio: Di fronte al bar _____ una fontana.   Esempio: In fondo _____ cinque alberi.

11 ESERCIZIO Indicazioni stradali

Osserva le immagini e inserisci i verbi della lista nei testi corrispondenti.

attraversi c'è ci sono
prendi
esci arrivi giri

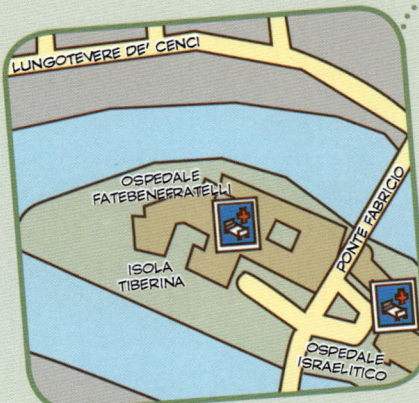

Roma

Cammini sul Lungotevere De' Cenci, _____ fino al Ponte Fabricio, attraversi il ponte e _____ a destra.
Lì _____ l'ospedale Fatebenefratelli e l'ospedale israelitico.

Venezia

_____ da San Giacomo di Rialto, _____ il ponte, e a destra _____ la fermata del vaporetto. Lì fermano l'82 e il 4, tu _____ l'uno o l'altro.

Parole, parole, parole

Qui   Lì

BLA

12 PARLARE **Agenzia turistica: la Roma del cinema**

Lavora con un compagno. Dividetevi i ruoli (studente A e studente B) e leggete le vostre istruzioni.
Le istruzioni per lo studente B sono a pagina 76.

○ **studente A:**
Lavori per l'agenzia turistica "Roma e il cinema". Devi aiutare i turisti a scegliere le attrazioni della città e l'albergo dove dormire tra quelli proposti qui. Devi anche spiegare come arrivare dall'albergo al luogo di interesse del quartiere.

Flaminia House
Bed and Breakfast
Via Flaminia, 484

Via della Farmnesina

Piazzale del Ponte Milvio

via Flaminia

Ponte Milvio

Hotel Farnesina
Via della Farnesina, 23

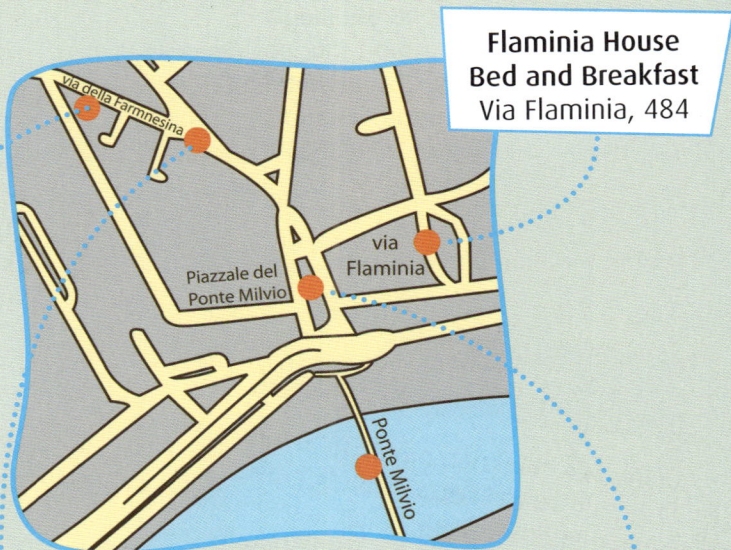

Spaghetteria g28
Viale San Giovanni Bosco, 28

Gnegno Ristorante-trattoria
Via della Farnesina, 12

Amoroma Cocktail Bar
Piazzale di Ponte Milvio, 5

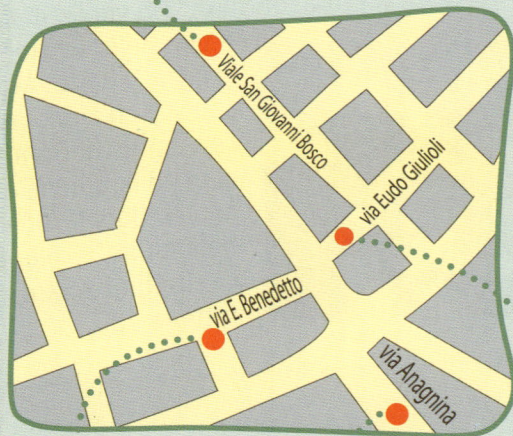

Antica Fontana di Trevi
cucina tipica romana
Via dei Crociferi, 36

Boutique Hotel Trevi
Via delle Muratte, 90/92

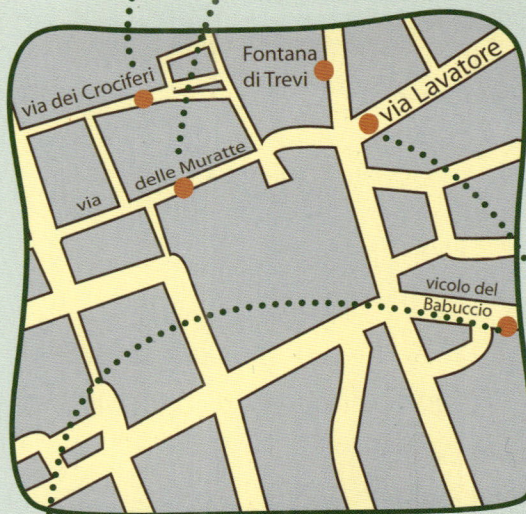

Viale San Giovanni Bosco

via Eudo Giulioli

via E. Benedetto

Via Anagnina

via dei Crociferi

Fontana di Trevi

via Lavatore

via delle Muratte

vicolo del Babuccio

Ciak si sforna pizza
Via E. Benedetto, 5A

Hotel Cinecittà
Via Eudo Giulioli, 13

Residence Gra 21
Via Anagnina, 21

Hotel Trevi
Vicolo del Babuccio, 20/21

Er buco a Fontana di Trevi
Specialità: carne, pizza
Via Lavatore, 91

● studente B:
Vuoi andare a Roma a visitare i luoghi più interessanti del cinema. Leggi la descrizione dei luoghi cinematografici più importanti, poi vai in un'agenzia specializzata che ti aiuta a organizzare il tuo viaggio.

Fontana di Trevi

La più artistica e famosa fontana di Roma è conosciuta in tutto il mondo grazie al film di Federico Fellini "La dolce vita" in cui Anita Ekberg fa il bagno vestita.

Cinecittà

A Cinecittà sono nati più di 3000 film. 47 hanno vinto l'Oscar. Grandi registi, nazionali e internazionali, ci hanno lavorato: da Federico Fellini a Francis Ford Coppola, da Luchino Visconti a Martin Scorsese.

Ponte Milvio

È uno dei ponti fuori dalla città antica di Roma. Qui ci sono centinaia di lucchetti attaccati ai lampioni. Questo fenomeno nasce dai protagonisti di "Ho voglia di te" (libro e film dello scrittore e regista Federico Moccia) che si dichiarano amore con un lucchetto attaccato al terzo lampione di Ponte Milvio. Oggi il "ponte dell'amore" è pieno di lucchetti di innamorati di tutte le età.

13 PROGETTO FINALE **Ciak si gira!**

Dividetevi in gruppi di 4. Seguite le istruzioni.

Istruzioni

a. Scegliete uno dei tre film del punto **2**.
b. Procuratevi una telecamera digitale (in alternativa usate un telefono cellulare o uno smart phone).
c. Dividetevi i ruoli (un regista e tre attori) e preparate un trailer del film (di un minuto circa).
e. Preparate un testo da leggere per accompagnare le scene del film ("voce fuori campo").
f. Quando il video è pronto, presentatelo alla classe.
g. Quando tutti hanno presentato il trailer alla classe, entrate in www.mymovies.it e guardate il trailer originale.

Scheda culturale

I mille volti del cinema italiano

5

1.a *Abbina i nomi dei generi cinematografici alle definizioni.*

1. neorealismo	**a.** In questo tipo di cinema è molto importante l'impronta artistica del regista, spesso anche sceneggiatore. Il regista incide profondamente sullo stile del film.
2. western all'italiana spaghetti western	**b.** Questa parola indica film comico-demenziali che escono al cinema durante il periodo natalizio. È un fenomeno tipico degli ultimi venti anni.
3. cinema d'autore	**c.** Film degli anni Sessanta e Settanta con la partecipazione di attori internazionali (come Clint Eastwood). Questi film sono girati principalmente in Italia e parlano di cow-boy e di banditi.
4. commedia all'italiana	**d.** Film degli anni '50-'70. Sono principalmente commedie brillanti, che fanno satira sulla classe media. Spesso c'è una parte comica mista a una parte seria.
5. cinema commerciale	**e.** Produzione di film poco impegnati, fatti per intrattenere il pubblico, come i peplum (o kolossal), i film horror e la commedia sexy.
6. cinepanettone	**f.** Questi film hanno come protagonisti persone delle classi più povere, spesso interpretate da attori non professionisti. Parlano della difficile situazione socioeconomica in Italia nel primo dopoguerra (tra la fine degli anni Quaranta e l'inizio degli anni Cinquanta).

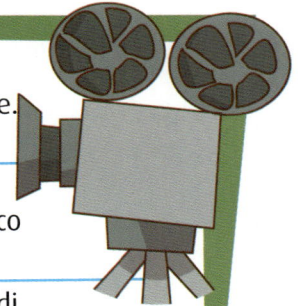

Adattato da *www.wikipedia.it*

1.b *Osserva le locandine dei film e abbinale a uno dei generi del punto 1.a.*

2 *Leggi il testo accanto. Conosci questi registi? Vai sul sito www.cinemaitaliano.info e cerca i titoli dei loro film più recenti. Quale ti sembra interessante?*

Negli ultimi 50 anni, molti sono i registi italiani emersi a livello internazionale: da Moretti e Bertolucci a Olmi, da Amelio a Bellocchio e Salvatores, da Tornatore a Giordana, senza dimenticare registi ancora giovani come Crialese, Sorrentino, Garrone, Ozpetek, Placido e Muccino. Il cinema italiano sembra essere tornato a creare opere originali e appassionanti, degne dell'attenzione del pubblico e della critica.

Sono Leo.
Cerco il mio amore,
Bianca.
Solo tu, lettore,
puoi aiutarmi.
Tu puoi
sconfiggere
la magia
della terribile
Imelda.

IMELDA CAPISCE CHE LEO AMA SOLO BIANCA.

ALLORA, PER VENDETTA FA UN INCANTESIMO.

VERSA UN LIQUIDO MAGICO...

... E PROVOCA UNA TERRIBILE TEMPESTA.

LA TEMPESTA DIVIDE BIANCA E LEO PER SEMPRE.

Questioni di famiglia

Cosa imparo

Lessico
La famiglia e i nomi di parentela

Mamma e *papà*

L'ora

Le parti della giornata

Anche / neanche

Luoghi di svago

Suoni onomatopeici

Grammatica
I verbi *sapere* e *venire*

I verbi modali

Gli aggettivi possessivi

I possessivi con i nomi di parentela

I numeri ordinali da 1° a 10°

Comunicazione
Capire un brano di letteratura

Chiedere e dire l'ora

Ottenere il permesso di fare qualcosa

Descrivere la propria famiglia

Creare un fumetto

1 **INTRODUZIONE La tua famiglia**

Quali sono per te le persone importanti della tua famiglia? Perché? Parlane con un compagno.

padre

madre   nonna

nonno   sorella

fratello   zio

figlio

cugino

cugina   zia

figlia

2 LEGGERE Un famiglia particolare

2.a *Leggi le descrizioni e scrivi le parole **evidenziate** negli spazi corrispondenti, come nell'esempio.*

Ora vi presento la mia famiglia.

a.

b. padre

1
Mio **padre** si chiama Fausto, è alto, magro e meteoropatico. Sarebbe un bell'uomo, ma ha pochi capelli e cerca di mascherarlo col **riporto**.

a.

b.

2
Mia madre si chiama Emma e fa sempre un buon odore di **caffè** e di **brodo**.

a.

b.

4
Mio fratello maggiore Giacinto ha diciotto anni, è robusto, biondiccio, infestato dai **brufoli** e ha tatuato sulla spalla *Ultras forever* e lo **stemma** della sua squadra.

a.

b.

c.

a.

b.

3
È una brava casalinga e una cuoca eccellente, le sue specialità sono le **patatine** canore, la **frittata** disperata e soprattutto il **polpettone** yesterday.

5
Nella vita ha due grandi interessi: il **calcio** e il **pallone**.

a.

b.

a.

b.

6

Mio **nonno** Socrate è un grande personaggio. È magro con gli **occhi** azzurri, ha fatto tutto nella vita.

7

Il nonno non ha televisione, ma sa tutto quello che succede. Guarda dalla **finestra** con il **cannocchiale**.

a.

b.

8

Riscalda la stanza col **camino** e legge a lume di **candela**.

Poi ci sono io, Margherita Dolcevita.

a.

b.

9

La cosa più moderna che possiede è un **grammofono** con vecchi **dischi**.

Come funziona?

I verbi *sapere* e *venire*

	sapere	venire
io	so	vengo
tu	sai	vieni
lui/lei	sa	viene
noi	sappiamo	veniamo
voi	sapete	venite
loro	sanno	vengono

Adattato da *Margherita Dolcevita*, di Stefano Benni

Questioni di famiglia

2.b *Secondo te come è Margherita Dolcevita? Parlane con un compagno.*

2.c *Guarda la copertina del libro di Stefano Benni.
Hai immaginato così Margherita? Parlane con un compagno
e ricostruite insieme l'albero della sua famiglia.*

3 ASCOLTARE Che problema!

3.a *Secondo te chi sono le due persone che parlano?*

cd22

a. Mamma e figlio ☐
b. Due amici ☐
c. Fratello e sorella ☐

3.b *Ascolta e scegli il titolo più adatto.*

cd23

a. Il ragazzo timido e la ragazza innamorata. ☐
b. Una festa e tanti problemi. ☐
c. Non voglio andare a scuola! ☐
d. Organizziamo una festa insieme? ☐

3.c *Ascolta e decidi a chi si riferiscono le frasi della lista.*

cd23

		Luca	Martina
a.	Forse non va alla festa.	☐	☐
b.	Deve tornare a casa presto.	☐	☐
c.	Suo fratello Piero può andare alle feste senza problemi.	☐	☐
d.	Ha visto Piero a una festa.	☐	☐
e.	Deve prendere l'autobus.	☐	☐
f.	Ha la macchina.	☐	☐
g.	Chiama i genitori nel pomeriggio.	☐	☐
h.	Ha un amico più grande.	☐	☐

3.d *Abbina i problemi di Luca ai consigli di Martina. Poi riascolta e verifica.*

cd 23

Problemi di Luca	Consigli di Martina
a. Deve tornare a casa alle 11:30.	**1.** Luca deve dire ai suoi genitori che la festa comincia alle 10:00. **2.** Nessuna soluzione.
b. Deve dare ai suoi genitori il numero di telefono della casa dove c'è la festa.	**1.** Luca deve dire che alla festa non c'è il telefono. **2.** Nessuna soluzione.
c. Non ha un mezzo di trasporto.	**1.** Luca può andare in motorino con Martina. **2.** Luca può andare in macchina con Martina.
d. Deve convincere i suoi genitori.	**1.** Luca invita alla festa anche suo fratello Paolo. **2.** Martina parla con i genitori di Luca.

4 **GIOCO** *A che ora?*

4.a *Disegna gli orari, come negli esempi, poi confrontati con un compagno.*

a. *le ventidue* **b.** le dieci e quarantacinque **c.** le nove e quindici **d.** le otto e mezza **e.** le diciotto e trenta

f. le undici meno dieci **g.** *mezzanotte* **h.** le venti e quaranta **i.** le sedici **l.** *le cinque e un quarto*

Come funziona?

Chiedere l'ora

Per chiedere e dire l'ora:

● **Che ora è? / Che ore sono?**

● **(Sono) le due.**

Attenzione: **(È) l'una / mezzanotte / mezzogiorno.**

Per sapere quando inizia un evento:

● **A che ora arriva Fabio?**

● **Alle due.**

Attenzione: **All'una / A mezzanotte / A mezzogiorno.**

Per sapere da che ora a che ora si svolge un evento:

● **Da che ora a che ora è la lezione?**

● **Dalle nove alle tredici.**

4.b Gioca contro lo stesso compagno del punto *4.a*. A turno, recitate il dialogo, come nell'esempio.
Lo studente A sceglie un luogo e una parte della giornata nella lista **Luoghi** e l'ora nella lista **Orari**.
Poi formula una domanda.
Quando dice l'ora, lo studente B chiede conferma usando la forma equivalente contenuta nella lista **Orari equivalenti**. Se è giusto, lo studente A conferma e lo studente B prende un punto.

Esempio:

In pizzeria (stasera)

Alle venti e quindici.

○ **studente A:**
Vieni *in pizzeria stasera*?

○ **studente B:**
A che ora?

○ **studente A:**
Alle venti e quindici?

○ **studente B:**
Alle otto e un quarto.

○ **studente A:**
Esatto!

Luoghi	Orari	Orari equivalenti
Al concerto (stasera)	Alle nove e cinquanta.	Alle dieci meno un quarto.
In pizzeria (stasera)	Alle dieci meno cinque.	Alle otto meno cinque.
A pranzo (oggi pomeriggio)	A mezzogiorno.	Alle cinque e un quarto
A fare shopping (oggi pomeriggio)	Alle tredici.	All'una.
In discoteca (stanotte)	Alle diciassette e dieci.	Alle dieci meno venti.
A fare una passeggiata (stamattina)	Alle diciassette e quindici.	Alle nove meno venti.
Al cinema (stasera)	Alle diciannove e cinquantacinque.	Alle dodici.
Al mare (stamattina)	Alle venti e quaranta.	Alle nove e cinquantacinque.
A mangiare un gelato (oggi pomeriggio)	Alle venti e quindici.	Alle cinque e dieci.
A casa mia (stamattina)	Alle ventuno e quarantacinque.	Alle otto e un quarto.

A·b·c **Parole, parole, parole**

Le parti della giornata (oggi)

Stamattina	→	06.00 – 12.30
Oggi pomeriggio	→	12.30 – 19.00
Stasera	→	19.00 – 23.00
Stanotte	→	23.00 – 06.00

5 PARLARE Una festa speciale

Lavora con un compagno. Organizzate una festa per tutta la classe. Stabilite dove, a che ora, che caratteristiche ha la festa (tipo di musica, cibo, abbigliamento, ecc.) e come andarci (in macchina, in autobus, ecc.).

6 ANALISI GRAMMATICALE I verbi modali

6.a *Scegli l'opzione corretta tra quelle **evidenziate**. Poi ascolta e verifica.*

cd 24

Luca

- Eh, **voglio / devo / posso** tornare prestissimo.
- E poi non ho un mezzo di trasporto. **Voglio / Devo / Posso** venire con l'autobus.
- Eh, lo so , ma che **voglio / devo / posso** fare.
- Eh, sì, ma forse perché è più grande, non lo so. Poi, **vogliono / devono / possono** il numero di telefono per rintracciarmi.

Martina

- Ma non **vogliono / devono / possono**?
- ... in macchina c'è un mio amico più grande, quindi **vogliono / devono / possono** stare tranquilli.

Come funziona?

I verbi modali

	dovere	potere	volere
io	devo	posso	voglio
tu	devi	puoi	vuoi
lui/lei	deve	può	vuole
noi	dobbiamo	possiamo	vogliamo
voi	dovete	potete	volete
loro	devono	possono	vogliono

Abc Parole, parole, parole

Anche / neanche

Osserva:
- I miei genitori non mi fanno problemi quando c'è una festa.
- *Neanche* i miei.

- In macchina con noi c'è *anche* un mio amico più grande. (= ci siamo noi + un mio amico più grande)

6.b *Osserva le frasi del punto **6.a** e scegli le opzioni corrette.*

Dopo i verbi *dovere, potere* e *volere* è possibile usare:

☐ un altro verbo al presente.

☐ una preposizione + un altro verbo all'infinito.

☐ un articolo + un nome.

☐ un altro verbo all'infinito.

Questioni di famiglia

7 SCRIVERE Continua la storia

Lavora con un compagno. Completate il fumetto con le battute dei personaggi. Disegnate la vignetta vuota. Poi recitate tutto il fumetto davanti alla classe.

8 ANALISI GRAMMATICALE Gli aggettivi possessivi

8.a *Cerca nel testo al punto **2** le parole mancanti e completa le frasi.*

a. Ora vi presento la ＿＿＿＿＿＿ famiglia.
b. ＿＿＿＿＿＿ padre si chiama Fausto.
c. ＿＿＿＿＿＿ madre si chiama Emma.
d. Le ＿＿＿＿＿＿ specialità sono le patatine canore.
e. ＿＿＿＿＿＿ fratello maggiore Giacinto ha diciotto anni.
f. ... e lo stemma della ＿＿＿＿＿＿ squadra.

8.b *Completa la tabella con gli aggettivi possessivi. Poi confrontati con un compagno.*

	io	tu	lui/lei	noi	voi	loro
Maschile singolare		tuo	suo	nostro		loro
Maschile plurale			suoi	nostri	vostri	loro
Femminile singolare						loro
Femminile plurale	mie					loro

8.c *Osserva le frasi al punto **8.a** a e completa la tabella.*

Prima del possessivo	si usa l'articolo	non si usa l'articolo
con la parola *famiglia*	☐	☐
con i nomi di famiglia (*padre, madre, zio, fratello*, ecc.) al singolare	☐	☐
con gli altri nomi	☐	☐

Parole, parole, parole

Mamma e papà

I figli di solito chiamano la madre *mamma* e il padre *papà*.

Attenzione: prima del possessivo seguito da *mamma* o *papà* si deve usare l'articolo:

- **la mia mamma**
- **il mio papà**

Ti ricordi?

Il presente dei verbi riflessivi

Completa il testo con i verbi al presente.

Roma, ore 07:17, stamattina.

Mi sveglio, (*io - fermare*) _____ la sveglia, (*mettere*) _____ un piede in una ciabatta,

(*cercare*) _____ di capire chi sono, dove sono, cosa faccio. Alla fine (*io - alzarsi*) _____ ,

(*vestirsi*) _____ di corsa e sono già in ritardo... Esco, (*faccio*) _____ qualche passo, (*girarsi*)

_____ per chiudere la porta ma dalla tasca (*cadere*) _____ le chiavi.

(*Io - abbassarsi*) _____ per prendere le chiavi ma (*cadere*) _____ lo zaino che non ho

chiuso per pigrizia. I fogli (*spargersi*) _____ su tutto il pavimento! (*Io - mettersi*) _____ in

ginocchio per terra e (*cominciare*) _____ a raccogliere tutto, (*prendere*)_____ le chiavi e

(*chiudere*) _____ la porta. (*Squillare*) _____ il telefonino, ma è dentro casa! (*Io - riaprire*)

_____ la porta e (*prendere*) _____ il telefonino. È tardissimo. (*Io - girarsi*) _____

verso il portone e vedo la signora che (*abitare*) _____ sopra di me. "È qui da molto?" chiedo. Lei

(*mettersi*) _____ a ridere e (*rispondere*) _____ : "Sì, da quando ti sono cadute le chiavi!".

(*Noi - uscire*) _____ insieme in strada. Penso: "Che figuraccia!".

Adattato da *www.forum.teamplay.it*

9 GIOCO Come suona l'italiano?

9.a Dividetevi in squadre e abbinate il suono all'immagine giusta, come negli esempi. Avete 5 minuti di tempo.

1. Ah, ah!
2. Smack!
3. Bau!
4. Ahia!
5. Drin!
6. *Bum!*
7. Uèèèè!
8. Grrrr!
9. Zzzzzz.
10. Bla, bla...
11. Eccì!
12. *Grat, grat...*
13. Clap, clap!
14. Tic, tac...
15. Ciuf, ciuf!
16. Pum!
17. Chicchirichì!!
18. Miao!
19. Ooooh!
20. Aaaah!
21. Eh?

9.b Decidete come pronunciare i suoni del punto **9.a**. Avete 5 minuti di tempo.

9.c L'insegnante indica un'immagine e gli studenti, a turno, pronunciano il suono corrispondente. Vince la squadra che indovina più suoni.

10 PARLARE Una festa

Lavorate in gruppi di tre. Scegliete uno dei personaggi (studente A, o B, o C) e parlate.

studente A: Vuoi andare alla festa di un tuo amico/di una tua amica. È la festa più bella dell'anno e ci sono tutti i tuoi amici. Convinci i tuoi genitori a dire di sì.

studente B: Sei il padre di un ragazzo/una ragazza. Tuo figlio/Tua figlia vuole sempre uscire, ma non va molto bene a scuola. Questa settimana niente feste!

studente C: Sei la madre di un ragazzo/una ragazza. Tuo figlio/Tua figlia vuole sempre uscire, ma non va molto bene a scuola. Tuo marito dice: "Niente feste per lui/lei!". Tu vuoi aiutare tuo figlio/tua figlia: prova a convincere tuo marito.

11 PROGETTO Un concorso

Lavora con due compagni.
Leggete il regolamento del concorso e create il vostro fumetto.

Informagiovani,
Scuola Internazionale di Comics,
Emergency Firenze

Promuovono
Matite per la Pace

Concorso nazionale per giovani disegnatori
5ª edizione

Articolo 1
Al quinto concorso nazionale MATITE per la PACE possono partecipare tutti i giovani dai 10 ai 35 anni.

Articolo 2
Il tema del concorso è la Pace.
Il concorso si articola in due sezioni: a) sezione fumetto; b) sezione illustrazione.
Le tavole (max 5) devono essere complete di titolo e nomi degli autori.

Articolo 3
Una giuria di esperti esaminerà tutti i lavori pervenuti entro la data di scadenza e premierà le opere migliori.

Parole, parole, parole

I numeri ordinali

1° = **primo**
2° = **secondo**
3° = **terzo**
4° = **quarto**
5° = **quinto**
6° = **sesto**
7° = **settimo**
8° = **ottavo**
9° = **nono**
10° = **decimo**

La lingua italiana tra passato e presente

6

1 Unisci le parti di destra a quelle di sinistra e ricomponi il testo.
Attenzione: la colonna di sinistra è in ordine.

Dante Alighieri

1. L'Italia diventa una nazione nel 1861. Prima di quell'anno, però,	**a.** agli inizi del XIV secolo.
2. Quest'unità ideale è sostenuta da Dante nell'opera "De vulgari eloquentia"	**b.** hanno questo stesso ideale: da Petrarca e Boccaccio a Ariosto e Tasso, fino a Leopardi e Manzoni.
3. Questo trattato difende l'ideale di un'Italia attraverso la lingua degli scrittori toscani, ma anche	**c.** esiste già un'unità linguistico-letteraria nazionale.
4. Dopo Dante, tutti i grandi scrittori della tradizione italiana	**d.** dei siciliani (al tempo di Federico II), e di un bolognese, Guido Guinizelli.

Adattato da *www.italica.rai.it*

2.a Abbina agli autori le opere **evidenziate**, come nell'esempio.

Il 900 italiano

Caratteristiche	Autori	Opere
La scrittura interiore	Italo Svevo	*Mistero buffo*
Il racconto fantastico	Dino Buzzati	Il segreto del Bosco Vecchio
Il genio del teatro	Luigi Pirandello	Sei personaggi in cerca di autore
L'orrore della seconda guerra mondiale	Primo Levi	*Ragazzi di vita*
Il giallo italiano	Leonardo Sciascia	Il giorno della civetta
Uno stile perfetto	Italo Calvino	Se una notte d'inverno un viaggiatore
Uno scrittore e regista ribelle	Pier Paolo Pasolini	*Se questo è un uomo*
Il romanzo storico	Giuseppe Tomasi di Lampedusa	*Il nome della rosa*
Uno scrittore internazionale	Umberto Eco	*Il gattopardo*
Il Nobel della satira	Dario Fo	*La coscienza di Zeno*

2.b Quali sono gli autori italiani tradotti nel tuo paese? Cerca su internet le loro opere tradotte nella tua lingua.

3 Cosa scrive principalmente Dario Fo? Rispondi, poi leggi e verifica.

1. poesie   **2.** opere teatrali

3. saggi   **4.** romanzi

Fo è rappresentato in tutto il mondo. Forse è il drammaturgo più rappresentato oggi e la sua influenza è enorme. È un autore teatrale satirico incredibile, che usa un misto di comicità e serietà per risvegliare le coscienze e indicare le ingiustizie sociali.

Adattato da *www.nobelprize.org*

Sono la potente Imelda. Nessuno può vincere contro di me. Solo la magia della parola può sconfiggere il mio potere.

DOPO L'INCANTESIMO, BIANCA E LEO DEVONO VIVERE DIVISI PER MESI... ANNI... SECOLI*!

BIANCA NON SI SCORAGGIA E CONTINUA A CERCARE LEO.

ED ECCO IMELDA.

*SECOLI: 1 SECOLO = 100 ANNI

MA SENZA FORTUNA...

ANCHE LEO CONTINUA A CERCARE, MA INUTILMENTE. I DUE AMANTI SONO DESTINATI A CERCARE IN ETERNO, SE QUALCUNO NON SPEZZA L'INCANTESIMO...

...QUALCUNO CHE È CAPACE DI LEGGERE QUESTA STORIA E VUOLE RACCONTARLA.

RiCerche in rete

Cosa imparo

Comunicazione
Comprendere e dare istruzioni

Orientarsi sul web

Redigere un regolamento

Capire e scrivere un rebus

Lessico
Il mondo di internet

Comandi del computer

Parole inglesi in informatica

Istruzioni al computer

Grammatica
Le preposizioni articolate

L'imperativo informale affermativo e negativo

L'infinito (come imperativo)

---

1 **INTRODUZIONE Io e internet**

Indica per cosa è o non è importante internet. Poi confronta le tue risposte con un compagno.

Parole, parole, parole

Internet

Internet = il web = la rete

Internet è importante per...

	per niente	abbastanza	molto	moltissimo
giocare	☐	☐	☐	☐
scrivere mail	☐	☐	☐	☐
guardare siti	☐	☐	☐	☐
chattare	☐	☐	☐	☐
cercare informazioni	☐	☐	☐	☐
cercare immagini	☐	☐	☐	☐
imparare	☐	☐	☐	☐
ascoltare musica	☐	☐	☐	☐
vedere video	☐	☐	☐	☐

2 ASCOLTARE Google Earth

2.a

cd 25

Ascolta e scegli la presentazione giusta di Google Earth.

☐ Visita Google Earth per trovare mappe di tutto il mondo, indicazioni stradali e incontrare tutti gli amici che vuoi! **a**

☐ Visita Google Earth per esplorare il mondo, vedere immagini storiche e registrare i tuoi viaggi! **b**

☐ Visita Google Earth per inviare immagini del mondo ad amici e scaricare mappe per i tuoi tour! **c**

2.b

cd 26

Ascolta e ordina le immagini, come nell'esempio. Poi confrontati con un compagno, riascolta e verifica.

a

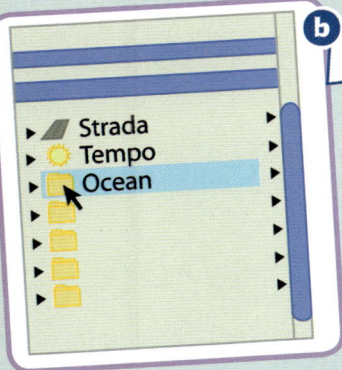

b

> Strada
> Tempo
> Ocean

c 2

Dicembre 1990

1940   Oggi

COUSTEAU

d

earth.google.it

e

> Strada
> Tempo
> ▼ Ocean
>   Esplora l'oceano

f

g

h

Ricerche in rete

2.c *Indica a quale disegno del punto* **2.b** *si riferiscono le istruzioni sotto, come nell'esempio. Se necessario riascolta e verifica. Attenzione: devi indicare solo 6 disegni.*

cd26

| a | Fare click sull'orologio | | Selezionare il livello | | Registrare |

| | Spostare il dispositivo di scorrimento | | Aprire la cartella | | Scaricare |

3 LEGGERE Il sito giusto

3.a *Leggi le descrizioni di alcuni siti web italiani utili per fare ricerche e studiare e inserisci il nome dei siti al posto giusto, come nell'esempio.*

| luce.it | dienneti.it | mymovies.it | italianissima.net | e-book.it | balloogle.it |

1.

Questo sito vuole diffondere la cultura del libro su internet. Una biblioteca digitale con più di 500 libri (in italiano e in inglese) da scaricare e leggere gratis sul tuo computer. Offre uno spazio gratuito nel quale i giovani scrittori possono presentare le proprie opere (racconti e poesie).

2.

Archivio on line che raccoglie 12.000 cinegiornali, 6.000 documentari e vari film che vanno dalla cinematografia delle origini fino alla documentazione della vita politica, sociale e culturale degli ultimi decenni. Ha un motore di ricerca interno.

3.

Acronimo di "Didattica e Nuove Tecnologie", è un portale di didattica multimediale, dove potete trovare le migliori risorse in rete (testi, software didattici, attività on line, ipertesti, giochi) su diverse materie, in particolare riguardo a scienze, storia, filosofia, letteratura, matematica e musica.

4.

Il modo migliore per trovare fumetti italiani on line. Potete cercare un fumettista oppure il vostro personaggio preferito su oltre 500 siti web di editori, eventi, blog, portali e forum specializzati sui fumetti.

5.

Il portale dedicato al cinema e ai film. È una vera miniera di informazioni su tutti i film dal 1895 a oggi, con un motore di ricerca per la biblioteca del cinema, recensioni, trailer, colonne sonore, dizionario dei termini cinematografici, spazio riservato ai film nelle sale e in televisione.

6. *italianissima.net*

Il sito giusto per essere sempre informati sulle novità della musica italiana. Potete cercare nell'archivio tutte le informazioni sul vostro artista preferito, leggere le recensioni dei nuovi dischi e vedere i videoclip da YouTube.

3.b *Rileggi i testi del punto **3.a** e scegli i siti utili per fare le ricerche elencate sotto (indica nella tabella uno o due siti per ogni ricerca). Poi confrontati con un compagno e motiva la tua scelta.*

Oggetto della ricerca　　　　　　　　　　　　　　　　　　　**Sito utile**

Roberto Benigni, un artista completo:
televisione, cinema e teatro. 〉

Dylan Dog: il più grande eroe italiano del fumetto. 〉

Caparezza e la nuova musica italiana. 〉

CIAO Qual è l'origine e l'uso di questa parola? 〉

Alla scoperta di giovani scrittori italiani. 〉

BLA

4 **PARLARE E tu come studi?**

Cosa usi per studiare (dizionari, libri, computer, ecc.) e quali strumenti preferisci (video, musica, libri, ecc.)? Quando preferisci studiare e come (a letto, in cucina, fuori, con un compagno...)? Parlane con un compagno.

5 **GIOCO E in italiano?**

*Dividetevi in squadre e abbinate le parole inglesi alla loro traduzione in italiano.
Quando la vostra squadra ha finito, chiamate l'insegnante. Se è tutto giusto, la squadra vince, altrimenti il gioco continua.*

⌄ Parole inglesi
- Software
- Hard disk
- On-line
- Off-line
- Download
- Update
- Notebook
- Monitor
- Webcam
- Pendrive
- E-mail
- Mousepad
- Screensaver
- Wireless
- Touch screen

⌄ Parole italiane
- Programma
- Schermo tattile
- Computer portatile
- Videocamera
- Posta elettronica
- Tappetino
- Senza filo
- Scaricare
- Connesso/In linea
- Non connesso/ Non in linea
- Aggiornamento
- Pennetta
- Salvaschermo
- Disco rigido
- Schermo

6 ANALISI LESSICALE **Il mondo di internet**

Abbina le parole sottolineate alle definizioni della lista, come nell'esempio.

---

e-book.it

Questo *sito* vuole diffondere la cultura del libro su internet. Una biblioteca digitale con più di 500 libri (in italiano e in inglese) da **scaricare** e leggere gratis sul tuo computer. Offre uno spazio gratuito nel quale i giovani scrittori possono presentare le proprie opere (racconti e poesie).

luce.it

Archivio **on line** che raccoglie 12.000 cinegiornali, 6000 documentari e vari film che vanno dalla cinematografia delle origini fino alla documentazione della vita politica, sociale e culturale degli ultimi decenni. Ha un **motore di ricerca** interno.

dienneti.it

Acronimo di "Didattica e Nuove Tecnologie", è un **portale** di didattica multimediale, dove potete trovare le migliori risorse della **rete** (testi, **software** didattici, attività **on line**, **ipertesti**, giochi) su diverse materie, in particolare riguardo a scienze, storia, filosofia, letteratura, matematica e musica.

balloogle.it

Il modo migliore per trovare fumetti italiani **on line**. Potete cercare un fumettista oppure il vostro personaggio preferito su oltre 500 siti web di editori, eventi, **blog**, portali e **forum** specializzati sui fumetti.

mymovies.it

Il **portale** dedicato al cinema e ai film. È una vera miniera di informazioni su tutti i film dal 1895 a oggi, con un **motore di ricerca** per la biblioteca del cinema, recensioni, trailer, colonne sonore, dizionario dei termini cinematografici, spazio riservato ai film nelle sale e in televisione.

italianissima.net

Il **sito** giusto per essere sempre informati sulle novità della musica italiana. Potete cercare nell'**archivio** tutte le informazioni sul vostro artista preferito, leggere le recensioni dei nuovi dischi e vedere i videoclip da YouTube.

programmi

insieme di pagine multimediali

prendere da internet

sistema per cercare informazioni

sito di introduzione a informazioni e contenuti di vario tipo

su internet

pagina su internet dove discutere con altri utenti

raccolta di documenti organizzati

documenti elettronici con link su vari argomenti

internet

diario su internet

7 ANALISI GRAMMATICALE **Le preposizioni articolate**

7.a *Leggi il box "Come funziona?", poi sottolinea nei testi tutte le preposizioni articolate, come negli esempi. Alla fine confrontati con un compagno.*

e-book.it

1 Questo sito vuole diffondere la cultura *del* libro su internet. Una biblioteca digitale con più di 500 libri (in italiano e in inglese) da scaricare e leggere gratis *sul* tuo computer. Offre uno spazio gratuito nel quale i giovani scrittori possono presentare le proprie opere (racconti e poesie).

Come funziona?

Le preposizioni articolate

In molti casi un articolo e una preposizione formano un'unica parola, chiamata preposizione articolata.

Esempio:
di + il = **del**
su + il = **sul**

2 luce.it
Archivio on line che raccoglie 12.000 cinegiornali, 6000 documentari e vari film che vanno dalla cinematografia delle origini fino alla documentazione della vita politica, sociale e culturale degli ultimi decenni. Offre la possibilità di ricerca mediante motore interno.

3 mymovies.it
Il portale dedicato al cinema e ai film. È una vera miniera di informazioni su tutti i film dal 1895 a oggi, con un motore di ricerca per la biblioteca del cinema, recensioni, trailer, dizionario dei termini cinematografici, spazio riservato ai film nelle sale e in televisione.

7.b *Completa la tabella con le preposizioni che hai sottolineato al punto **7.a**, come negli esempi.*

	il	la	l'	lo	i	gli	le
di +	del						
a +							
da +							
in +							
su +	sul						

7.c *Lavora con un compagno. Completate la tabella del punto **7.b** con le preposizioni della lista.*

all' / nei / dallo / nella / dall' / sugli / dalle / sulle / negli / sulla / nell' / nello / dell' / dagli / dello / agli / dai / sui / allo / sull' / alle / sullo

8 GIOCO Rebus

Lavora con un compagno. Risolvete insieme due rebus con l'aiuto del dizionario. Vince la coppia che trova le soluzioni per prima.

Rebus 1

Scoprite la frase legata alla foto tratta da www.alinariarchives.it, poi completate il testo con la frase che avete ricostruito.

La  è una  (di + gli)  '50

Frase 2, 5, 1, 3, 4, 5, 4, 9

___ ___ ___ ___ ___ ___ ___ ___ ___

___ ___ ___ ___ ___ ___ ___

È un modello di scooter storico. Nasce nel 1946 ad opera dell'ingegner Corradino D'Ascanio e diventa subito famosa in tutto il mondo.

Rebus 2

Scoprite il titolo del film nella foto tratta da www.luce.it, poi completate il testo con la frase che avete ricostruito.

 di

Frase: 5, 2, 10

Il film "___ ___ ___ ___ ___ ___ ___ ___ ___ ___ ___ ___ ___", di Vittorio de Sica, è uno dei film italiani più conosciuti al mondo. Girato a Roma nel 1948, racconta l'Italia povera del dopoguerra.

9 SCRIVERE Rebusmania!

Lavora con un compagno. Seguite le istruzioni.

1. Scegliete il titolo di un film nella lista "Film" e costruite un rebus. Se è necessario, potete usare il dizionario on line www.treccani.it.

2. Cercate una foto del film sul sito www.mymovies.it o su un altro sito.

3. Con l'aiuto di www.mymovies.it, aggiungete al rebus un breve testo di presentazione (simile a quello del rebus 2 del punto 8).

4. Lavorate in gruppo con altri compagni. Loro risolvono il vostro quiz e viceversa.

Film

Nuovo cinema Paradiso

Per un pugno di dollari — LA VITA È BELLA

La dolce vita

LA NOSTRA VITA — IL POSTINO

LA RAGAZZA CON LA PISTOLA

La ragazza del lago — Le chiavi di casa

Le mani sulla città

La stanza del figlio — IERI, OGGI, DOMANI

L'ultimo bacio — La prima cosa bella

IL LADRO DI BAMBINI — Pane e cioccolata

Ti ricordi?

I verbi modali

Completa il regolamento con le parole della lista.

deve arrivare · possono usare · vuole avvicinare · possono partecipare · deve superare · deve avere · possono spedire · devono inviare · deve avere · vuole diffondere

Prima edizione del concorso nazionale d'illustrazione a fumetti
"Tra le stelle 2011"
riservato agli studenti di tutte le scuole

Regolamento concorso

Il concorso _____ i giovani studenti all'uso del fumetto, come forma di comunicazione e come arte e _____ l'interesse per l'astronomia.

- La partecipazione al concorso è gratuita.
- Le scuole _____ con lavori di classe o di gruppo; _____ più di un fumetto.
- I partecipanti _____ una storia a fumetti.

- I partecipanti _____ qualsiasi tecnica grafica e pittorica su carta dalle dimensioni A4.
- La storia _____ il numero minimo di 4 tavole e non _____ il numero massimo di 8 tavole.
- Il fumetto _____ il linguaggio tipico del fumetto.

Tutto il materiale _____ al seguente indirizzo: Edizioni Didattiche Gulliver S.r.l. - Via Incoronata 157/B - 66054 Vasto (CH)

10 ANALISI GRAMMATICALE L'imperativo

10.a
cd27

Inserisci i verbi negli spazi _____ e le preposizioni articolate negli spazi __ __ __. Poi ascolta e verifica.

Verbi

seleziona · apri · esplora

Preposizioni articolate

del · nell' · dello · nel

Ora immergiamoci __ __ __ oceano: _____ la cartella "ocean" __ __ __ riquadro "livelli" a sinistra __ __ __ schermo; _____ il livello "_____ l'oceano" in cui sono disponibili i video __ __ __ National Geographic e altri contenuti interessanti.

10.b *Rileggi la trascrizione del punto **10.a** e inserisci nella tabella i verbi all'imperativo, come nell'esempio.*

Infinito		Imperativo affermativo (*tu*)	Ultima lettera dell'imperativo
-are	Selezionare Esplorare		
-ere	Prendere	*Prendi*	-i
-ire	Aprire		

Ricerche in rete

10.c *Osserva l'ultima parte dell'audio del punto **2.b**: come si costruisce l'imperativo negativo?*

> **Non perdere** questa occasione!
> Scarica Google Earth dal sito earth.google.it.

non + INFINITO ☐   **non** + IMPERATIVO AFFERMATIVO ☐

10.d *Completa la tabella sull'imperativo negativo, come nell'esempio.*

Verbo	Imperativo negativo
esplor**are**	non
perd**ere**	non *perdere*
apr**ire**	non

10.e *Perché usiamo l'imperativo? Seleziona l'opzione corretta/le opzioni corrette.*

In italiano usiamo l'imperativo per:

dare ordini ☐   fare un'ipotesi ☐   dare istruzioni ☐   descrivere un oggetto ☐

BLA BLA BLA

11 **PARLARE Istruzioni per...!**

Lavora con un compagno. A turno scegliete dalla lista una delle situazioni. Date tutte le istruzioni necessarie senza rivelare la vostra scelta. A turno provate a indovinare la situazione del vostro compagno.

- fare amicizia con una persona nuova
- passare una giornata divertente
- imparare una nuova lingua
- studiare ma perdere tanto tempo
- non imparare una nuova lingua
- studiare senza perdere tempo
- non fare amicizia con persone nuove
- passare una giornata terribile

12 **ANALISI GRAMMATICALE Dare istruzioni**

12.a *Ricostruisci i consigli.*

Consigli per la salute degli occhi davanti al computer

2 Evitare la luce diretta negli occhi, come ☐

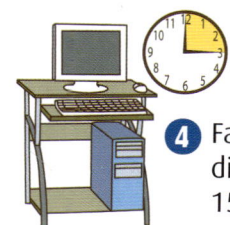

4 Fare delle pause di minimo 15 minuti ☐

1 Usare lacrime artificiali, soprattutto ☐

3 Tenere lo schermo a una distanza minima dagli occhi ☐

5 Staccare spesso lo sguardo dal computer per evitare ☐

a. con le lenti a contatto.

b. ogni due ore.

c. di affaticare troppo la vista.

d. quella di una finestra davanti al PC.

e. di 50, 70 cm.

Adattato da *www.iobenessereblog.it*

100 • cento

12.b *Osserva il punto **12.a** e completa la regola.*

Dare istruzioni, consigli, indicazioni

Osserva:
Clicca *sul simbolo della cartella =* **Cliccare** *sul simbolo della cartella.*

In italiano per dare istruzioni si possono usare due modi: l'**imperativo** o l'_____.

L'imperativo è più frequente nella **lingua parlata.**
L'_____ è usato soprattutto nelle **istruzioni scritte** (per esempio, nei manuali d'uso).

13 GIOCO **Indovina il comando!**

13.a *Lavorate in coppia. Dividetevi i ruoli (studente A e studente B) e leggete le vostre istruzioni. Le istruzioni per lo studente B sono a pagina 144.*

studente A

*Inserisci sotto ogni icona (sulla riga **a.**) il comando corrispondente. Poi completa scrivendo sulla riga **b.** l'altra forma, come nell'esempio.*

Icone studente A

 **1**

a. _____
b. _____

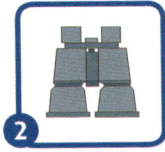 **2**

a. _____
b. _____

 **3**

a. _____
b. _____

 **4**

a. _____
b. _____

 **5**

a. _____
b. _____

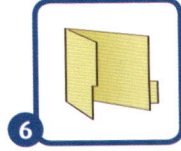 **6**

a. *Apri la cartella*
b. *Aprire la cartella*

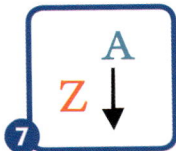 **7**

a. _____
b. _____

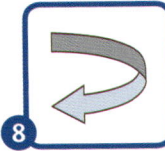 **8**

a. _____
b. _____

Comandi studente A

- Stampare
- *Apri la cartella*
- Tornare indietro
- Mettere in ordine alfabetico
- Incolla
- Evidenziare il testo
- Inserisci immagine
- Trova

13.b *Gioca contro uno studente B. Chiedi allo studente B a quale comando corrisponde una delle icone della sua lista, come nell'esempio. La risposta corretta è la forma **b.** nella lista "Icone studente B". Verifica se la risposta è corretta (sia la scelta che la forma). Poi rispondi alla sua domanda, sempre con la forma **b.** nella tua lista "Icone studente A".*
Vince la prima coppia che completa tutta la lista correttamente.

Esempio:

○ **studente A:**
Cne comando è il numero **4**?

○ **studente B:**
Chiudere!

○ **studente A:**
☺ Esatto! (☹ Sbagliato, è...)

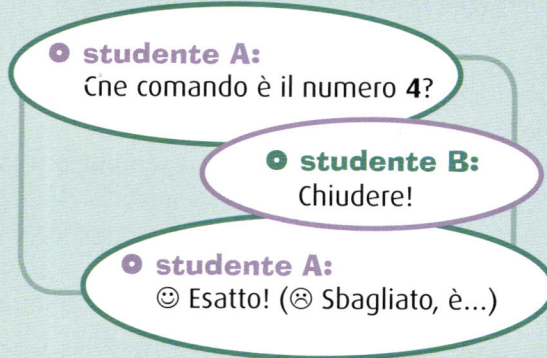

Icone studente B

1.
a. Taglia
b. Tagliare

2.
a. Salvare
b. Salva

3.
a. Copiare
b. Copia

4.
a. Chiudi
b. Chiudere

5.
a. Bloccare il computer
b. Blocca il computer

6.
a. Cambia il colore del testo
b. Cambiare il colore del testo

7.
a. Cercare file
b. Cerca file

8.
a. Inserire tabella
b. Inserisci tabella

14 SCRIVERE **La scuola**

Quali sono le regole più importanti da seguire per andare bene a scuola? Scrivi cinque cose da fare e cinque da evitare. Poi confrontati con un gruppo di compagni e insieme compilate una nuova lista comune di cinque cose da fare e cinque da non fare.

15 PROGETTO FINALE **Il club degli studenti**

Dividetevi in gruppi. Immaginate di fondare un club di studenti: decidete il nome, l'obiettivo e i requisiti per potere entrare nel club e per rimanere soci. Alla fine presentate la vostra idea alla classe e votate quella degli altri gruppi. Per finire, aprite le iscrizioni!

L'italiano in giro per l'Europa

7

1.a *Completa il testo con le parole della lista.*

banca — tiramisù — paparazzo — Chianti — pianoforte — gazzetta — chiaroscuro

Le parole italiane più conosciute nell'Unione Europea

Le parole italiane più conosciute e usate in Europa? *Pizza, cappuccino, spaghetti* ed *espresso*. È il risultato di un sondaggio realizzato on line dalla Società Dante Alighieri sulle parole italiane più importanti fuori dall'Italia. L'indagine include 27 stati dell'Unione Europea.
Tutte le parole proposte nel sondaggio fanno parte di una lista di cento parole tratte dal "Dizionario degli italianismi nel mondo".
Vincono i termini "mangerecci" come *pizza* (votato dall'8% dei partecipanti), *cappuccino* (7%), *spaghetti* (7%) ed *espresso* (6%). Seguono *mozzarella* e _____, con il 5%.
Molto conosciuto è *dolce vita*, grazie allo straordinario successo internazionale del film "La dolce vita" (1960) di Federico Fellini. Sempre dal film di Fellini viene il termine _____, (è il nome del fotografo che lavora insieme al protagonista del film),

che oggi in tutto il mondo significa "fotografo alla ricerca di scoop".
La cultura italiana (in particolare la poesia) vince in Lettonia con le parole *virtuoso* e *sonetto* al primo posto, mentre in seconda posizione c'è _____ (7%), parola artistica che indica il passaggio dalla luce all'ombra.
I vini italiani conquistano lussemburghesi e belgi e la parola _____ ottiene il 7% dei voti (in Lussemburgo) e il 4% (in Belgio).
L'aspetto economico domina in Estonia, con il primo posto a *lotteria* seguito da _____ (5%) e *credito* (5%).
La musica ha spazio in tutti i paesi: *bravo, allegro,* _____, *adagio, quintetto* e *violino* sono parole conosciute un po' ovunque.
Un caso particolare è Malta dove è molto conosciuto un termine tipico del giornalismo: _____.

Adattato da *www.fondazioneitaliani.it*

1.b *Completa la tabella con le informazioni del testo del punto 1.a.*

	Parole conosciute in tutti i paesi	Lettonia	Lussemburgo	Belgio	Estonia	Malta
cibo						
cinema						
musica						
arte						
economia						
giornalismo						

1.c *Quali parole italiane si usano nella tua lingua? Parlane con un compagno.*

Musica è vita

Cosa imparo

Lessico

I generi musicali

Le parole straniere in musica

Le professioni

Le espressioni *tocca a me*, *mettere bocca* e *preferito*

Comunicazione

Parlare dei generi musicali preferiti

Capire e scrivere una biografia

Collocare azioni ed eventi nel tempo

Esprimere preferenze

Creare il testo di una canzone adatta alla base

Grammatica

Il presente narrativo

I verbi irregolari *uscire* e *salire*

Il verbo *stare*

Il soggetto del verbo

---

1 **INTRODUZIONE** **Generi musicali**

1.a *Guarda il sondaggio. Conosci tutti i generi elencati? Quale preferisci? Parlane con un compagno. Se necessario usate il dizionario.*

Qual è la musica preferita dai giovani?

classica	11.06%	pop	20.60%
elettronica	26.63%	rock	46.23%
popolare/etnica	5.53%	new age	2.51%
jazz	8.54%	ska	6.03%
heavy metal	30.15%	da discoteca	31.66%

da *www.forum.giovani.it*

1.b *Quale lingua straniera è principalmente usata per indicare i generi musicali?*

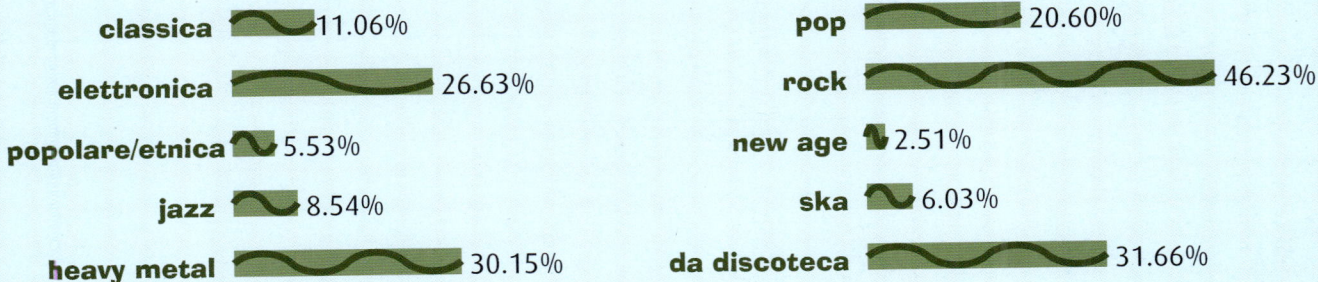

☐ inglese   ☐ francese   ☐ tedesco   ☐ spagnolo

Musica è vita

2 LEGGERE Vita e vite

2.a *I paragrafi qui sotto appartengono alle biografie di quattro cantanti. Completali con le parole della lista.*

- album
- lingua
- musica
- vince
- posto
- canzoni
- testi
- canzone

1 Il più famoso rocker italiano nasce il 7 febbraio 1952 a Zocca, sull'Appennino, tra Modena e Bologna. La madre Novella si occupa della casa, mentre il padre gira l'Italia con il suo camion.

2 Fin da piccolissima il suo principale interesse è la _____, così inizia a studiare pianoforte e a suonare la chitarra. Ascolta soprattutto musica internazionale e impara presto l'inglese, lingua che usa nelle sue canzoni.

3 Come ha cantato in una sua famosa _____ ("Voglio una vita spericolata", 1983), non è una persona facile, è un ribelle che vuole esprimere la sua creatività. Nel 1972 comincia a interessarsi di teatro sperimentale e di musica.

4 Inizia a lavorare come DJ su diverse radio locali e in varie discoteche, proponendo musica dance e rap. Nel 1989 esce "La mia moto", il suo secondo _____, che vende circa 600.000 copie. Il successo lo porta al Festival di Sanremo*, con la canzone "Vasco", che dedica a Vasco Rossi, uno dei suoi idoli.

5 Le dolci melodie della sua musica piacciono soprattutto in Spagna e così nel 1994 esce il suo primo disco in _____ spagnola. Da questo momento ottiene un grande successo internazionale. La sua "Strana amori", in versione spagnola, sale in cima alle più importanti hit parade del mondo e la porta a diventare una delle principali rivelazioni femminili del pop mondiale.

6 Con il passare degli anni e delle canzoni, cambiano i suoi _____, i suoi ideali e il suo sound: "Lorenzo 1994" non è solo un album ma un modo di vedere la vita. Da questo momento le sue _____ diventano un inno alla vita, (si pensi alla celebre "Penso positivo") e affrontano spesso temi politici e sociali in chiave funky e hip hop.

7 Nel 2001 canta la sua prima canzone in italiano: "Luce", tradotta dal testo originale in inglese. Con questa canzone _____ il Festival di Sanremo di quell'anno.

* Per maggiori informazioni sul festival di Sanremo, leggi la scheda culturale a pagina 140.

Come funziona?

Il presente narrativo

Osserva:

Le dolci melodie della sua musica *piacciono* soprattutto in Spagna e così nel 1994 *esce* il suo primo disco in lingua spagnola.

Per parlare del passato nelle biografie si usa spesso il presente indicativo.
Questo uso del presente si chiama presente narrativo ed è molto usato anche in testi orali.

2.b *Abbina ogni paragrafo del punto 2.a a un cantante, come nell'esempio.*

Una delle più grandi star italiane nel mondo con oltre 40 milioni di dischi venduti e 160 dischi di platino vinti.

Laura Pausini

Uno dei rocker italiani di maggior successo e fama. Una carriera di oltre 35 anni, sempre al vertice delle classifiche.

Vasco Rossi

Lascia presto il genere rap dei primi successi per avvicinarsi alla world music interpretata in chiave hip hop e funky.

Jovanotti

Cantautrice e compositrice molto raffinata, scrive quasi tutti i testi in inglese.

Elisa

1.

2.

3. *Vasco Rossi*

4.

5.

6.

7.

3 ANALISI LESSICALE **Parole inglesi in musica**

Trova nei testi del punto 2.a e 2.b tutte le parole straniere che si usano in italiano per parlare di musica e scrivile sul quaderno. Poi confrontati con un compagno.

4 GIOCO **Che lingua parla la musica?**

Dividetevi in gruppi di 3 o 4 studenti e abbinate le parole inglesi al loro significato in italiano. Quando avete finito chiamate l'insegnante. Vince il gruppo che abbina tutte le parole correttamente per primo.

Parole inglesi

1. hit parade
2. performance
3. titletrack
4. track
5. hit
6. live
7. cover
8. collection
9. unplugged
10. on-air
11. backstage
12. single

Parole italiane

a. dal vivo
b. brano
c. esibizione
d. raccolta
e. acustico
f. dietro le quinte
g. classifica
h. successo
i. in onda
l. canzone che dà il titolo all'album
m. singolo
n. copia di una canzone

1. 2. 3. 4. 5. 6. 7. 8. 9. 10. 11. 12.

Musica è vita

5 SCRIVERE Biografia immaginaria!

Immagina di essere un musicista famoso e scrivi la tua biografia. Usa la fantasia!

Ti ricordi?

L'imperativo informale

Coniuga i verbi tra parentesi all'imperativo informale, come nell'esempio.

La regole per diventare star del web

(*Girare*) _____ Gira _____ un video con il telefonino o con una fotocamera amatoriale e (*diventare*) _____ famoso.

È questa la filosofia del successo del sito YouTube, uno spazio virtuale dov'è possibile pubblicare i propri video. Ecco le regole da seguire:

Karaoke fatto in casa. (*Immaginare*) _____ di diventare membro di una band di successo per un giorno. (*Prendere*) _____ chitarra, basso e microfono e con l'aiuto di alcuni amici (*provare*) _____ a simulare una performance dal vivo. Fantasia e tanta energia: il successo è garantito.

Gli animali piacciono a tutti. (*Filmare*) _____ i tuoi amici a quattro zampe e (*ricordare*) _____ che quelli che hanno più successo sono i gatti.

Parola d'ordine: originalità. (*Riprendere*) _____ qualcosa di particolare che altri non possono fare. (*Pensare*) _____ a un video che altri vorrebbero copiare, ma difficile da replicare.

Gare, competizioni da strada o scommesse da Guinness dei primati. Non (*esagerare*) _____: (*scegliere*) _____ episodi emozionanti, ma (*ricordare*) _____ di non fare niente di proibito!

Scoop o quasi. (*Trovare*) _____ cartoon mai visti in tv o backstage inediti. Una gaffe può diventare facilmente cult.

Consigli generali. Non (*inserire*) _____ video troppo lunghi. (*Fare*) _____ attenzione alla qualità: è sempre molto importante per i navigatori di YouTube.

Adattato da *www.corriere.it*

6 PARLARE **Andiamo al concerto?**

*Lavora con un compagno. Dividetevi i ruoli (studente A e studente B)
e leggete le vostre istruzioni.*

🔵 **studente A:**
Vai pazzo per il rock. Per il tuo compleanno ti regalano due biglietti per il concerto del tuo cantante preferito. Il concerto però è a Milano e tu abiti a Roma. Vuoi andare con il tuo migliore amico ma a lui non piace il rock. Cerchi di convincerlo.

🔵 **studente B:**
Il tuo migliore amico vuole convincerti ad andare con lui a un concerto rock. Ti regala il biglietto, ma il problema è che a te non piace il rock e inoltre il concerto è lontano (è a Milano e tu abiti a Roma). Anche se ti dispiace deludere il tuo amico, devi dirgli che non vuoi andare.

7 ASCOLTARE **Una canzone**

7.a *Ascolta l'inizio della canzone e scegli l'immagine corrispondente.*

cd28

a.

b.

c.

d.

7.b *Ascolta tutta la canzone. Sei sempre della stessa opinione?*

cd29

Musica è vita

Parole, parole, parole

Tocca a...

*Tocca a me / tocca a te / tocca a lui, ecc. significa:
è il mio turno / è il tuo turno / è il suo turno, ecc.
È molto usato durante i giochi.*

Esempi:
Tocca a me tirare il dado.
Tocca a te rispondere alle domande.

7.c *Ascolta una volta il ritornello della canzone, poi prova a ricostruire il testo. Alla fine ascolta e verifica.*

cd 30

Parole, parole, parole

In una canzone il **ritornello** è la parte che si ripete molte volte. Generalmente è molto facile da cantare. Tra un ritornello e l'altro ci sono le **strofe**.

Zero tempo per giocare sai perché, c'è che...
Tocca a me, tocca tocca a te, tocca a te

1.

TOCCA TOCCA A NOI, TOCCA A NOI!
Loro c'han detto* di star** buoni qua - Tocca a noi

2.

Io dico NO NO NO NO NO NO NO - Tocca a noi
Io dico NO NO NO NO NO NO NO - Tocca a noi

3.

4.

Io dico NO NO NO NO NO NO NO - Tocca a noi
Io dico NO NO NO NO NO NO NO - Tocca a noi

a. Che la politica è per chi la fa - Tocca a noi

b. Zero tempo per giocare anche per Voi - Oi

c. Che niente cambia e niente cambierà - Tocca a noi

d. Che tanto tutto è uguale a come sta - Tocca a noi

*c'han detto: ci hanno detto
**star: stare

7.d *Rileggi il ritornello al punto **7.c** e decidi qual è il messaggio della canzone. Poi verifica alla pagina successiva.*

La canzone:

☐ **a.** parla di una storia d'amore.

☐ **b.** incoraggia i giovani a studiare di più.

☐ **c.** incoraggia i giovani a interessarsi di politica.

☐ **d.** parla di come si divertono i giovani.

7.e *Completa la parte centrale della canzone con le frasi della lista, poi ascolta e verifica.*
Alla fine canta insieme alla classe sulla base musicale!

cd29
cd31

Zero tempo per giocare sai perché, c'è che...
Tocca a me, tocca tocca a te tocca a te
Zero tempo per giocare anche per Voi - Oi
TOCCA TOCCA A NOI, TOCCA A NOI!
Loro c'han detto di star buoni qua - Tocca a noi
Che la politica è per chi la fa - Tocca a noi
Io dico NO NO NO NO NO NO NO - Tocca a noi
Io dico NO NO NO NO NO NO - Tocca a noi
Che tanto tutto è uguale a come sta - Tocca a noi
Che niente cambia e niente cambierà - Tocca a noi
Io dico NO NO NO NO NO NO NO - Tocca a noi
Io dico NO NO NO NO NO NO - Tocca a noi

Ritornello

Tocca a noi, tocca a te, tocca tocca a me
Metto bocca bocca anche se se mi chiamano mostro
Non mi conformo al consueto contorno
Prima m'informo e riformo

1.

2.

Ma tu lo sai che il tuo paese è tuo
Nel senso vero del termine: t'appartiene (zio)!
È un generale, un presidente, un'autorità

3.

Ma tu lo sai che 'sta* legge la si può cambiare

4.

* 'sta = questa

b. E non potranno fare finta di non ascoltare

c. Conta quanti siamo, guardati intorno

e. È un tuo dipendente, lo paghi a fine mese

f. Cambia lo sguardo, prospettiva: il mondo

Ritornello

Prendo la parola, è il Capo che manovra
Scusa sono già in onda, ti spiego questa cosa
È inutile che fate brutto nei quartieri se poi vi fanno tutto nei cantieri
Se poi ve ne fregate, sono anche tuoi problemi
Dal pianeta delle scimmie a quello degli scemi
Che sia per l'ecosistema e per un sistema equo
Tocca a noi o toccherà a voi, toccherà!
Zio, lo so che è scoraggiante
Che sembra tutto inutile
Così lontano da te che t'interessano
Le ragazze, le marche e le macchine
Ma se ignori il tuo nemico non lo puoi battere!!!

Ritornello

Musica è vita

Come funziona?

Il verbo *stare*

	stare
io	sto
tu	stai
lui/lei	sta
noi	stiamo
voi	state
loro	stanno

Il verbo *stare* si usa:

1. per dare un ordine
   > *Stai* zitto!

2. con il significato di *abitare*
   > Dove *stai*?
   > *Sto* in Via Fratti.

3. per descrivere condizioni di salute
   > Come *stai*?
   > *Sto* bene.

4. per indicare dove si trova qualcosa o qualcuno
   > Le forbici *stanno* nel cassetto.

5. per dire qual è la situazione
   > Le cose *stanno* così, non possiamo fare niente.

6. come sinonimo di *restare*
   > Stasera non vengo al cinema, *sto* a casa.

---

8 **ANALISI GRAMMATICALE** Il verbo *stare*

Leggi il riquadro sul verbo "stare" e indica quali sono i due usi del verbo nelle frasi estratte dalla canzone.

a. Loro c'han detto di **star** buoni qua. ☐

b. Che tanto tutto è uguale a come **sta**. ☐

---

9 **ANALISI LESSICALE** *Metto bocca*

Ricostruisci le espressioni della canzone e scegli il significato giusto, come nell'esempio.

1. metto
2. fare
3. a fine
4. prendo la
5. ve ne
6. tutto

○ parola
○ mese
○ inutile
○ fregate
○ finta
♪ ○ *bocca*

a. Senza soluzione.
b. Negli ultimi giorni del mese.
c. Non vi interessate.
♪ **d.** *Mi inserisco in una discussione/Dico la mia opinione.*
e. Comincio a parlare.
f. Simulare.

---

10 **ANALISI LESSICALE** Le professioni

10.a *Trova nella canzone del punto **7.e** la professione dei due personaggi accanto.*

Dalla Chiesa

Napolitano

10.b *Conosci alcune di queste professioni? Parlane con un compagno.*

○ architetto   ○ ingegnere   ○ giornalista   ○ cameriere   ○ tassista   ○ baby-sitter
○ segretario   ○ farmacista   ○ operaio   ○ medico   ○ cassiere   ○ meccanico
○ commesso   ○ insegnante   ○ barista   ○ infermiere   ○ cuoco

10.c *Scrivi le professioni della lista sotto l'immagine corrispondente, come negli esempi.*

- architetto
- cuoco
- insegnante
- baby sitter
- dottoressa
- meccanico
- barista
- farmacista
- *operaio*
- cameriera
- giornalista
- segretaria
- cassiere
- infermiere
- tassista
- *commessa*
- ingegnere

a. COMMESSA

b.

c.

d.

e.

f. operaio

g.

h.

i.

l.

m.

n.

o.

p.

q.

r.

s.

11 ANALISI GRAMMATICALE Il "sesso" dei mestieri

11.a *Inserisci nelle tabelle i nomi delle professioni del punto **10.c**, come negli esempi.*

Maschile	Femminile
operaio	
	COMMESSA

Maschile	Femminile

11.b *Completa la tabella del punto **11.a** con le forme mancanti.*

12 PARLARE Colloquio di lavoro

Lavora con un compagno. Dividetevi i ruoli (candidato ed esaminatore). A turno scegliete la professione che preferite e simulate un colloquio di lavoro. L'esaminatore è il responsabile di un'agenzia di collocamento e deve fare tutte le domande necessarie al candidato per capire se ha le caratteristiche giuste per quel lavoro specifico.

13 GIOCO Città italiane, cose, professioni

Dividetevi in coppie o gruppi di tre. Ogni gruppo scrive su un foglio una tabella come quella sotto. L'insegnante dice una lettera dell'alfabeto e tutti i gruppi hanno un minuto per trovare tutti i nomi che iniziano con quella lettera e appartengono alle categorie indicate. Al termine del tempo ogni gruppo legge alla classe le parole trovate e l'insegnante assegna i punti: 10 punti per ogni parola trovata da un solo gruppo; 5 punti per ogni parola trovate da più gruppi; 0 punti per ogni parola sbagliata. Vince il gruppo con più punti.

Città italiane	Professioni	Cose	Titoli di Film	Nomi di persona	Colori	Verbi

14 SCRIVERE Ritornelli in libertà!

cd 32

Lavora con un compagno. Dovete cambiare il significato della canzone "Tocca a noi" e scrivere un nuovo ritornello con un nuovo messaggio. Potete scegliere un messaggio fra quelli scritti sotto o uno diverso. Provatelo più volte solo con la base musicale e quando siete pronti cantate il vostro ritornello alla classe.

_____ - Tocca a noi
_____ - Tocca a noi
Io dico _____ - Tocca a noi
Io dico _____ - Tocca a noi
_____ - Tocca a noi
_____ - Tocca a noi
Io dico _____ - Tocca a noi
Io dico _____ - Tocca a noi

**un messaggio ecologico - un messaggio per far rispettare gli spazi della città
un messaggio per convincere a non guidare troppo veloce**

15 ANALISI GRAMMATICALE I verbi irregolari

15.a *Leggi il testo e sottolinea, per ogni verbo, le forme al presente. Poi inseriscile nella tabella sotto.*

Le dolci melodie della sua musica piacciono soprattutto in Spagna e così nel 1994 esce il suo primo disco in lingua spagnola. Da questo momento ottiene un grande successo internazionale.
La sua "Strana amori", in versione spagnola, sale in cima alle più importanti hit parade del mondo e la porta a diventare una delle principali rivelazioni femminili del pop mondiale.

	io	tu	lui/lei	noi	voi	loro
uscire						
salire						

15.b *Completa tutta la tabella del punto 15.a con le forme della lista, poi confrontati con un compagno.*

usciamo sali esco saliamo salgo uscite salgono escono salite esci

16 **ANALISI GRAMMATICALE Il soggetto**

Trova nei testi il soggetto dei verbi sottolineati, come nell'esempio.

verbo	soggetto
Jovanotti inizia a proporsi come DJ su diverse radio locali e in varie discoteche. Nel 1989 esce "La mia moto", il suo secondo album, che vende circa 600.000 copie. Con il passare degli anni e delle canzoni, cambiano i suoi interessi, i suoi ideali e il suo sound: "Lorenzo 1994" non è solo un album ma un modo di vedere la vita. Da questo momento le sue canzoni diventano un inno alla vita e affrontano spesso temi politici e sociali in chiave funky e hip hop.	Jovanotti
Le dolci melodie della sua musica piacciono soprattutto in Spagna e così nel 1994 esce il suo primo disco in lingua spagnola. Da questo momento ottiene un grande successo internazionale. La sua "Strana amori", in versione spagnola, sale in cima alle più importanti hit parade del mondo e la porta a diventare una delle principali rivelazioni femminili del pop mondiale.	

17 **PROGETTO FINALE Videoclip!**

Lavorate in gruppi di quattro. Preparate il videoclip della canzone "Tocca a noi".

istruzioni

a. Procuratevi una telecamera digitale (in alternativa, usate un telefonino).
b. Dividetevi i ruoli (un regista e tre attori) e preparate il videoclip.
c. Quando il video è pronto, presentatelo alla classe.
f. Alla fine confrontate il vostro videoclip con quello originale su YouTube.

L'Italia unita

8

1 *Leggi il testo e scegli il titolo giusto.*

L'Italia unita compie 150 anni. La sua storia, iniziata nel 1861, è breve, ma ricca di eventi. Un cammino che possiamo ripercorrere attraverso le biografie di alcuni dei maggiori personaggi storici italiani: Garibaldi, Mazzini, Mussolini e Pertini, Falcone e Borsellino.

a. Storia di un grande impero

b. Storia di una giovane nazione

c. Storia di un'antica nazione

2.a *Inserisci nelle biografie le espressioni della lista, come nell'esempio.*

a. eroe dei due mondi

b. padre della patria

c. il dittatore

d. il presidente partigiano

e. due eroi del nostro tempo

Giuseppe Mazzini (1805-1872)
Politico e filosofo, considerato il _____ . Lotta tutta la vita per creare una Repubblica italiana.

Sandro Pertini (1896-1990) _____
Durante la seconda guerra mondiale combatte da partigiano contro i nazisti e i fascisti. Nel 1978 diventa presidente della Repubblica italiana.

Benito Mussolini: _____
(1883-1845)
Nel 1921 fonda il partito fascista, nel 1922 diventa capo del governo, nel 1925 instaura la dittatura fascista e nel 1940 entra in guerra come alleato della Germania nazista. Viene ucciso dai partigiani[1] nel 1945.

Giuseppe Garibaldi (1807-1882)
Generale e patriota, chiamato anche l'_____ per le sue imprese militari in Europa e in America latina per la libertà e l'indipendenza dei popoli. Protagonista del Risorgimento[1] italiano, combatte e vince molte battaglie per l'indipendenza dell'Italia.

1. Movimento politico e filosofico che aspira all'unità e all'indipendenza dell'Italia.

Giovanni Falcone (1939-1992) e Paolo Borsellino (1940-1992): *due eroi del nostro tempo*
Magistrati siciliani assassinati dalla mafia. Nel 1987, con il "maxiprocesso", fanno condannare potenti boss mafiosi, ma nel 1992 la mafia uccide, con una bomba, Falcone e, a distanza di due mesi, anche Borsellino.

1. Uomini e donne della resistenza che combattono contro il regime fascista e l'occupazione nazista.

2.b *Completa la cronologia con le informazioni dei testi ai punti 1 e 2.a.*

seconda guerra mondiale

La Repubblica democratica

dittatura fascista

Unità d'Italia

1861 _____
(monarchia)

1925-45 _____
1940-45 _____
1943-45 resistenza contro i nazifascisti

(1915-18) prima guerra mondiale

1946 → giorni nostri _____

3 *Cosa succede nel tuo paese in questo periodo storico? Scrivi una cronologia con i principali eventi e personaggi storici e raccontali a un compagno.*

ANDREA VA A CERCARE LA GUIDA.

MA DOV'È QUELLA RAGAZZA?

ECCOLA!

QUESTI SONO TRE BELLISSIMI RITRATTI DEL MEDIOEVO.

NESSUNO CONOSCE I PERSONAGGI RAPPRESENTATI.

CHE COSA C'È SCRITTO?

NESSUNO CAPISCE LE PAROLE SCRITTE NEI QUADRI. SONO IN UNA LINGUA SCONOSCIUTA E *INCOMPRENSIBILE*.

COSA? MA IO CAPISCO TUTTO! ALLORA L'INCANTESIMO...

Per chi tifi?

Cosa imparo

Lessico
Lo sport

Espressioni di tempo: *poi, dopo, all'inizio, alla fine*

Ecco

Giochi e scommesse

Azzurro, gli Azzurri

Comunicazione
Parlare di sport e atleti

Capire e preparare una cronaca sportiva

Collocare azioni ed eventi nel tempo/2

Leggere e scrivere un breve articolo sportivo

Grammatica
I numeri ordinali/2

Il presente progressivo

Il gerundio

Più / Meno... di...

---

1 **INTRODUZIONE** Gli sport preferiti dagli italiani

1.a *Lavora con un compagno. Secondo voi quali sono gli sport preferiti dagli italiani? Ordinate la lista.*

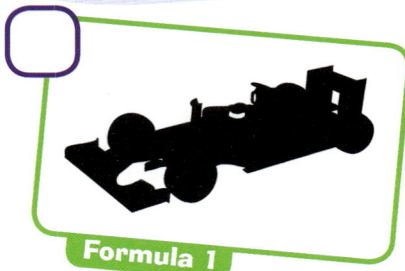
Formula 1

Calcio

Ciclismo

Pallavolo

Motociclismo

Tennis

1.b *Leggete la soluzione qui sotto. Avete indovinato?*

1. Calcio, 2. Formula 1, 3. Motociclismo, 4. Ciclismo, 5. Tennis, 6. Pallavolo

2 LEGGERE Sport e risate

2.a *Abbina le parole della lista alle immagini.*

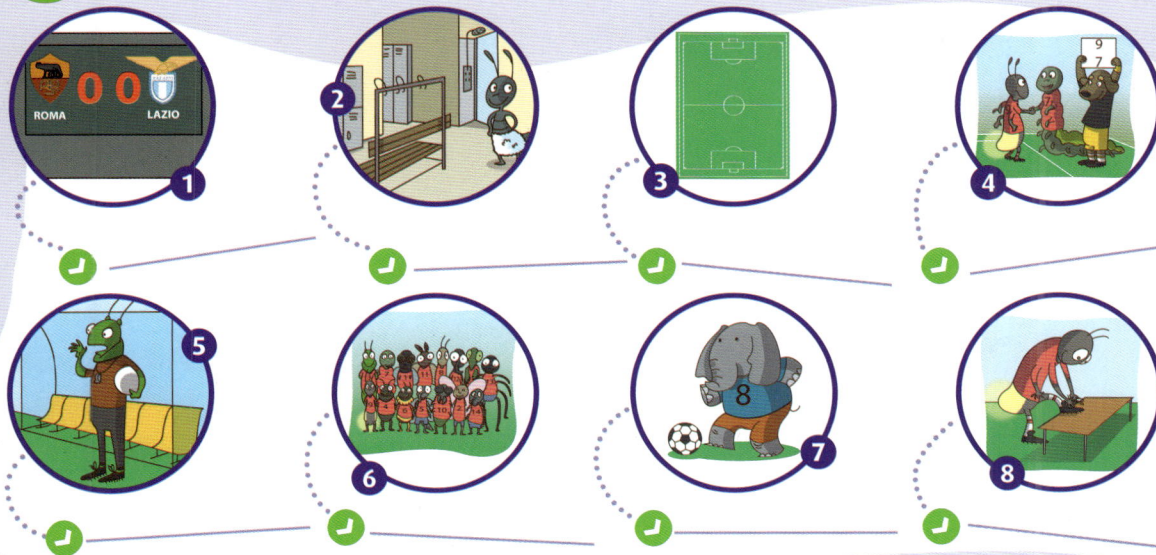

1 — ROMA 0 0 LAZIO

2

3

4

5

6

7 — 8

8

a. allacciare

b. allenatore

c. campo

d. giocatore

e. punteggio

f. sostituzione

g. spogliatoio

h. squadra

2.b *Completa la barzelletta con le parole del punto 2.a.*

Elefanti contro Insetti

1 Al fischio d'inizio gli Elefanti partono all'attacco e in breve il _____ è di 2 a 0.
Gli Elefanti continuano il pressing e alla fine del primo tempo il risultato è 9 a 0.
Nello _____ l'allenatore degli Insetti cerca di fare coraggio ai suoi
giocatori e prima di ritornare in _____ annuncia la _____

5 del _____ più importante, il centravanti: al posto della lucciola entra
il millepiedi.
Nel secondo tempo c'è la rimonta degli Insetti, proprio grazie all'abilità del
millepiedi. La partita finisce con la vittoria finale degli Insetti per 9 a 10.
L'_____ degli Elefanti va a congratularsi con l'allenatore della

10 squadra avversaria: "Bravi, siete i migliori, grazie soprattutto al giocatore
che avete inserito in _____ nel secondo tempo. Ma come mai un
giocatore così formidabile, non lo mettete in campo già nel primo tempo?".
E l'allenatore degli Insetti risponde: "È impossibile! Prima si deve _____
le scarpe!".

A c b ...Parole, parole, parole

Raccontare una barzelletta, scherzare, prendere in giro

Raccontare una barzelletta = raccontare una storia divertente, ma immaginaria.
Scherzare = dire una cosa che sembra seria, ma non lo è.
Prendere in giro = dire qualcosa per ridicolizzare una persona.

Per chi tifi?

2.c *Rileggi il testo del punto 2.b e riordina la cronaca della partita, come nell'esempio.*

a. Gli Insetti vincono.
b. Inizia la partita.
c. L'allenatore degli Insetti parla con l'allenatore degli Elefanti.
d. Gli Elefanti vincono.
e. L'allenatore degli Insetti parla con i suoi giocatori.
f. Il millepiedi comincia a giocare.

b - ☐ - ☐ - ☐ - ☐ - ☐

2.d *Rileggi la barzelletta e indica cosa significano le parole o le espressioni indicate nella tabella.*

Elefanti contro Insetti

1 Al fischio d'inizio gli Elefanti partono all'attacco e in breve il risultato è di 2 a 0.
Gli Elefanti continuano il pressing e alla fine del primo tempo il risultato è 9 a 0.
Nello spogliatoio l'allenatore degli Insetti cerca di fare coraggio ai suoi giocatori e prima di ritornare in campo annuncia la sostituzione del giocatore più importante, il centravanti: al posto della lucciola entra
5 il millepiedi.
Nel secondo tempo c'è la rimonta degli Insetti, proprio grazie all'abilità del millepiedi. La partita finisce con la vittoria finale degli Insetti per 9 a 10.
L'allenatore degli Elefanti va a congratularsi con l'allenatore della squadra avversaria: "Bravi, siete i migliori, grazie soprattutto al giocatore che avete inserito in squadra nel secondo tempo. Ma come mai
10 un giocatore così formidabile, non lo mettete in campo già nel primo tempo?".
E l'allenatore degli Insetti risponde: "È impossibile! Prima si deve allacciare le scarpe!".

Riga	Parola o espressione	Significato			
1	in breve	a. ☐ in poco tempo		b. ☐ in poco spazio	
2	primo tempo	a. ☐ il tempo più importante		b. ☐ la prima parte della partita	
4	annuncia	a. ☐ comunica		b. ☐ rifiuta	
6	rimonta	a. ☐ recupero		b. ☐ sconfitta	
8	congratularsi	a. ☐ fare i complimenti		b. ☐ arrabbiarsi	
8	avversaria	a. ☐ rivale		b. ☐ amica	
10	come mai	a. ☐ chi		b. ☐ perché	
11	formidabile	a. ☐ bravissimo		b. ☐ alto	

2.e *Rileggi la barzelletta e rispondi alle domande confrontandoti con un compagno.*

In italiano questa storia è divertente. Perché? Quali elementi comici ci sono nel testo?

3 ASCOLTARE Che partita straordinaria!

3.a *Leggi i quattro titoli di giornale. Poi ascolta l'audio e decidi a quale partita si riferisce.*

cd33

Tennis

Un'italiana per la prima volta in finale agli Internazionali di Francia. È Francesca Schiavone.

a. ☐

Rugby

Gli Azzurri centrano la prima vittoria nel torneo delle Sei Nazioni 2010.

b. ☐

CALCIO

MONDIALI 2006:
Italia e Francia in finale.

c. ☐

BASEBALL

Storica vittoria azzurra: l'Italia batte il Giappone 6 a 4.

d. ☐

Parole, parole, parole

In contesti sportivi:

azzurro = italiano
gli Azzurri = la squadra italiana

3.b *Ascolta e indica con una "X" le parole presenti nel brano audio.*

cd34

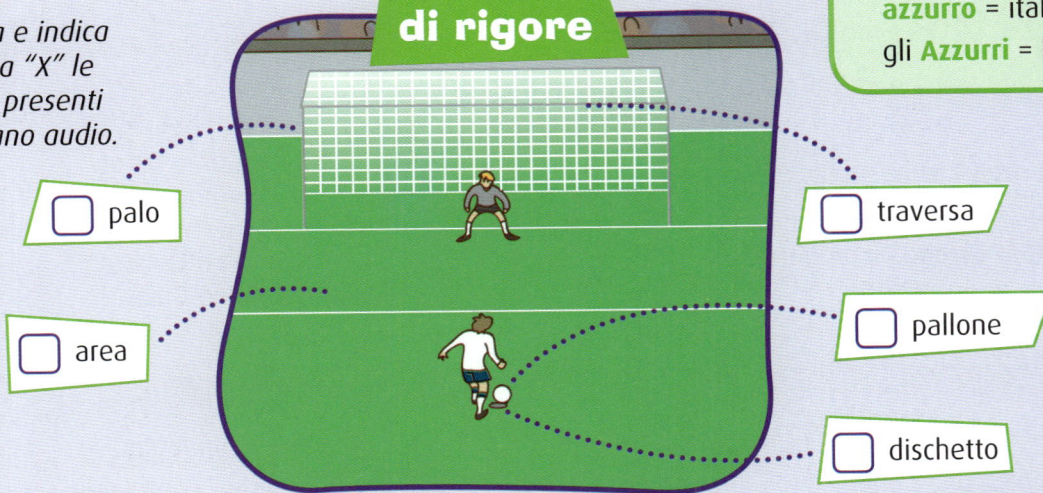

Calcio di rigore

☐ palo

☐ area

☐ traversa

☐ pallone

☐ dischetto

3.c

cd34

Riascolta e seleziona la lavagna corretta.

MONDIALI 2006
Finale: Francia - Italia

1° TEMPO: 1-1
5° MINUTO: ZIDANE
18° MINUTO: MATERAZZI

2.° TEMPO: 1-1

TEMPI
SUPPLEMENTARI: 1-1

ESPULSO:
ZIDANE

CALCI DI RIGORE:
ITALIA 5 – FRANCIA 3

PIRLO   WILTORD
MATERAZZI   ABIDAL
DE ROSSI   SAGNOL
DEL PIERO
GROSSO

1° TEMPO: 1-1
5° MINUTO: MALOUDA
16° MINUTO: PIRLO

2.° TEMPO: 1-1

TEMPI
SUPPLEMENTARI: 1-1

AMMONITO:
MATERAZZI

CALCI DI RIGORE:
ITALIA 5 – FRANCIA 4

PIRLO   WILTORD
MATERAZZI   TREZEGUET
DE ROSSI   ABIDAL
DEL PIERO   MALOUDA
TOTTI

1° TEMPO: 1-0
PER LA FRANCIA
3° MINUTO: ZIDANE

2.° TEMPO: 1-2
18° MINUTO: PIRLO

TEMPI
SUPPLEMENTARI: 1-1

ESPULSO:
ZIDANE

CALCI DI RIGORE:
ITALIA 5 – FRANCIA 3

PIRLO   WILTORD
MATERAZZI   ABIDAL
DE ROSSI   SAGNOL
DEL PIERO
GROSSO

1° TEMPO: 1-1
3° MINUTO: ZIDANE
18° MINUTO: PIRLO

2.° TEMPO: 1-1

TEMPI
SUPPLEMENTARI: 1-1

AMMONITO:
ZIDANE

CALCI DI RIGORE:
ITALIA 5 – FRANCIA 5

PIRLO   WILTORD
MATERAZZI   TREZEGUET
DE ROSSI   ABIDAL
DEL PIERO   SAGNOL
GROSSO   GALLAS

Parole, parole, parole

I numeri ordinali/2

I numeri ordinali funzionano come normali aggettivi.

Osserva:

Al *quinto* minuto: calcio di rigore per la Francia.

È l'Italia la *prima* squadra a tirare.

Completa la lista degli ordinali.

11° undicesimo	**16°** sedic_____	**40°** quarantesimo
12° dodicesimo	**17°** diciassettesimo	**50°** _____
13° tredicesimo	**18°** diciott_____	**100°** _____
14° quattordicesimo	**19°** diciannovesimo	**1000°** millesimo
15° quindicesimo	**20°** vent_____	

4 **ANALISI LESSICALE** *Ecco*

4.a *Osserva le due frasi e indica il significato delle due frasi* **evidenziate**.

1. Ecco Andrea Pirlo! È gol!

a. Arriva Andrea Pirlo!
b. Dov'è Andrea Pirlo?

2. Ecco Fabio Grosso! Si prepara a calciare il quinto rigore azzurro.

a. Arriva Fabio Grosso!
b. Dov'è Fabio Grosso?

4.b *Perché si usa "ecco"? Seleziona la risposta corretta.*

a. Per indicare una persona / un oggetto **visibile** che arriva o è presente in un luogo.

b. Per indicare una persona / un oggetto **non visibile** che arriva o è presente in un luogo.

4.c *Osserva le situazioni e formula una frase appropriata al contesto con "ecco", come nell'esempio.*

① ② ③ ④

♩ *Ecco l'autobus!*

♩ ♩ ♩

5 **PARLARE** **Una cronaca sportiva**

5.a *Dividetevi in gruppi di quattro: due giornalisti radiofonici, un giornalista in trasferta che fa le interviste e un giocatore intervistato. Scegliete il vostro sport di squadra preferito. Dovete commentare una partita immaginaria tra la vostra classe-squadra e la squadra degli Azzurri. Cominciate con la cronaca dei giornalisti (durante la partita) e proseguite con l'intervista in trasferta (dopo la partita).*

5.b *Preparate il servizio giornalistico sulla partita. Provate i tempi e la pronuncia e pensate a come unire la cronaca in studio all'intervista in trasferta. Avete 30 minuti di tempo. Il servizio deve durare 2 minuti in tutto.*

5.c *Un gruppo estratto a sorte presenta alla classe il suo programma radiofonico!*

6 **ANALISI LESSICALE** **Espressioni di tempo**

*Leggi l'articolo e inserisci le espressioni **evidenziate** nella linea del tempo, come nell'esempio.*

Ghiaccio d'oro per Carolina Kostner

Carolina Kostner, pattinatrice italiana, vince la medaglia d'oro a Tallin, in Estonia. **Prima** di questa gara, Carolina aveva conquistato il titolo nel 2007 e nel 2008.

La Kostner dimostra di essere ancora la migliore italiana sul ghiaccio con la sua bellissima esibizione. **All'inizio** della gara, Carolina propone un programma molto complesso (flip e triplo toeloop, triplo lutz, doppio axel e doppio toeloop). **Poi**, in un momento di incertezza, la campionessa si deconcentra e cade. Ma è solo un attimo: **dopo qualche secondo** Carolina si fa forza e completa il programma in modo eccellente. **Alla fine**, riceve il punteggio più alto: 173,46 punti. **Adesso** è il momento di pensare alle Olimpiadi.

LINEA DEL TEMPO

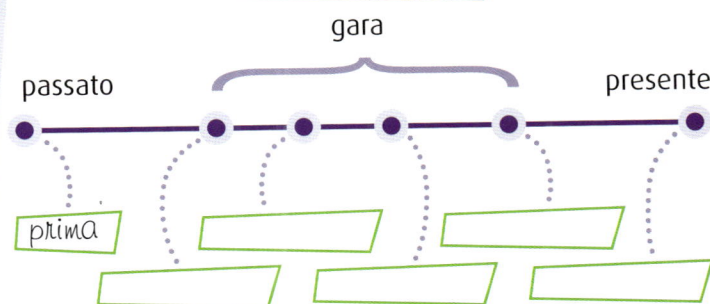

gara

passato — presente

prima

Parole, parole, parole

gara = competizione sportiva

medaglia d'oro

medaglia d'argento

medaglia di bronzo

Per chi tifi?

7 ESERCIZIO Espressioni di tempo

Inserisci le espressioni della lista nei testi.

- alla fine
- dopo
- fin dall'inizio
- alla fine
- alla fine
- all'inizio
- prima
- poi
- adesso
- poi

Sci: l'indimenticabile Alberto Tomba

Originario di un paese vicino Bologna, _____ della carriera Tomba impara a sciare sugli Appennini. Partecipa alla Coppa del Mondo nel 1985 e _____ gareggia a Kitzbühel, in Austria, nel 1986. Ai Mondiali del 1987 vince il bronzo in slalom gigante, _____ di una gara eccezionale. _____ della stagione seguente (1987-1988) arrivano i primi successi (vince nove gare): Tomba conclude la Coppa del Mondo al secondo posto. Nel 1994-1995 vince 11 gare in Coppa del Mondo e conquista due medaglie d'oro ai Mondiali di Sierra Nevada. _____ dieci anni di vittorie, nel 1998 Tomba si ritira, ma _____ partecipa ai Mondiali del 1997, vincendo una medaglia di bronzo. _____ socio dell'associazione Laureus per la promozione dell'attività sportiva contro il disagio sociale.

Federica Pellegrini: una nuotatrice unica

Nata a Mirano nel 1988, inizia a nuotare nel 1995. _____ si rivela un'atleta straordinaria. Attualmente detiene il record del mondo dei 200 e 400 metri femminili stile libero. _____ dei Mondiali di nuoto 2009 a Roma, Federica Pellegrini diventa la prima donna al mondo a scendere sotto i 4 minuti nei 400 metri stile libero con il tempo di 3'59"15. _____ vince anche la finale dei 200 metri stile libero. Stabilisce nel 2009 il record di 1'54"47.

8 ESERCIZIO Le parole dello sport

Abbina le immagini ai nomi degli sport a pagina 125, come nell'esempio.

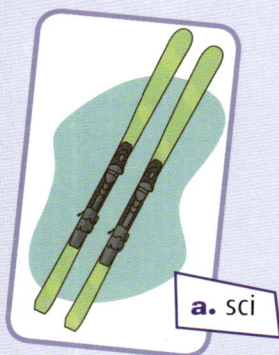

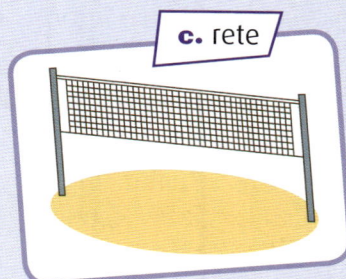

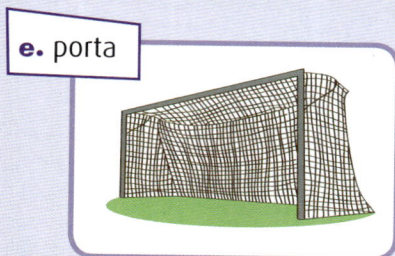

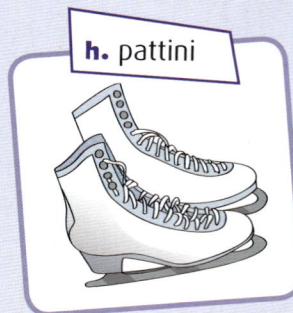

c. rete

d. bicicletta

b. canestro

f. trampolino

a. sci

g. racchetta

h. pattini

e. porta

1. il calcio   **2.** la pallavolo   **3.** la pallacanestro/il basket   **4.** il nuoto

5. il ciclismo   **6.** il pattinaggio   **7.** il tennis   **8.** lo sci

1./e.

9 GIOCO **Taboo sportivo**

9.a *Dividetevi in due squadre. Ogni squadra cerca sul dizionario il nome di 10 sport e crea delle carte: su ogni carta scrive il nome dello sport e due parole associate, come nell'esempio. Le due parole e il nome dello sport sono tabù (vietate)!*

> Tennis
>
> *racchetta*
>
> *rete*

9.b *Ogni giocatore, a turno, prende una carta della squadra avversaria. Ha 2 minuti di tempo per fare indovinare lo sport ai suoi compagni. Attenzione: il giocatore non può dire il nome dello sport e le due parole associate. Se pronuncia una parola tabù (vietata), il turno passa alla squadra avversaria. Vince la squadra che indovina più sport.*

10 ANALISI GRAMMATICALE **Il presente progressivo**

10.a *Ascolta e* <u>*sottolinea*</u> *l'opzione corretta.*

cd35

a. Il capitano francese **gioca / sta giocando** con tutte le sue forze.
b. Nella metà campo azzurra accade qualcosa, ma la diretta televisiva non **sta riprendendo / riprende** quella parte del campo...
c. Le due squadre **stanno perdendo / perdono** concentrazione ed energia.

10.b *Rileggi le frasi del punto **10.a** e seleziona il significato della forma verbale che hai scelto.*

La forma verbale si usa per sottolineare:
☐ che un'azione si svolge in questo preciso momento.
☐ che un'azione è finita.

10.c *Leggi e completa la regola.*

Il presente progressivo

Il presente progressivo si forma con il presente del verbo _____ + il **gerundio**.

Esempio:
giocare = **Io** _____ **giocando**.

Gerundio dei verbi in   -are =   **-ando**   **andare** = _____
                        -ere =   **-endo**   **perdere** = _____
                        -ire =   **-endo**   **partire** = _____

Alcuni verbi, come *fare,* hanno un gerundio irregolare:

Esempio:
- Cosa stai *facendo?*
- **Sto *facendo* i compiti.**

Il presente progressivo dei verbi riflessivi si forma così: pronome riflessivo + *stare* + gerundio.

Esempio:
vestirsi = **Io *mi sto vestendo*.**

11 **SCRIVERE Il gigante e il bambino**

Osserva la fotografia a destra e immagina di essere un giornalista. Scrivi un articolo su questo memorabile match. Chi sono i due avversari? Perché lottano? Usa la tua immaginazione!

Ti ricordi?

I possessivi
Inserisci nel testo gli aggettivi possessivi.

Francesco Totti, leader dell'A.S.* Roma, è un famoso *Goodwill Ambassador* dell'UNICEF Italia.

Grazie alla popolarità del _____ sport e alla _____ simpatia, Totti ha una capacità unica di comunicare con gli adolescenti, con messaggi positivi sulla solidarietà, l'importanza dello sport e della lealtà. Totti dedica la _____ nomina *"a tutti i bambini vittime delle guerre"*.

Ma l'impresa più popolare di Francesco è quella del _____ primo libro, *"Tutte le barzellette su Totti - raccolte da me"*, subito diventato un best-seller. Giovanni Micali, autore dell'introduzione al libro, dice: *"La _____ esperienza con Totti è stata molto positiva: è un uomo sensibile, timido e deciso a fare qualcosa per le persone meno fortunate"*. Nel 2005, a giugno, Francesco e Ilary Blasi (che oggi è _____ moglie) decidono di dare all'UNICEF il ricavato del servizio fotografico del _____ matrimonio. Infine, nel 2007, Francesco Totti, Paolo Maldini e Gianfranco Zola (due famosi ex calciatori) diventano testimonial della prima Giornata Nazionale per i Diritti dell'Infanzia e dell'Adolescenza. Il _____ messaggio è trasmesso in tutti gli stadi di calcio.

Adattato da *www.unicef.it*

* A.S.= Associazione Sportiva

BLA

12 **PARLARE Una strana schedina**

12.a *Lavora con un compagno. Osserva la tabella sotto: qual è l'attività/il luogo più interessante, secondo voi? Decidete i risultati e scriveteli nella schedina.*

1 = vince la prima attività/il primo luogo
X = pareggio (sono tutte e due interessanti)
2 = vince la seconda attività/il secondo luogo

Esempio:

○ **studente A:**
È più interessante la matematica o l'italiano?

○ **studente B:**
Per me l'italiano. Risultato: 2.

○ **studente A:**
Sono d'accordo. / Non sono d'accordo perché...

Attività/Luogo	1	X	2
Matematica - Italiano	◯	◯	◯
Musica - Sport	◯	◯	◯
Biologia - Geografia	◯	◯	◯
Internet - Libri	◯	◯	◯
Feste - Concerti	◯	◯	◯
Scuola - Casa	◯	◯	◯
Cinema - Piscina	◯	◯	◯
Lavori di casa - Compiti	◯	◯	◯
Visite ai musei - Visite ai monumenti	◯	◯	◯
Mare - Montagna	◯	◯	◯
Città - Campagna	◯	◯	◯

A c b **Parole, parole, parole**

La schedina, il *gratta e vinci* e il Superenalotto

In Italia esistono diversi modi per giocare e vincere dei soldi.

Per esempio, tutte le settimane è possibile provare a indovinare i risultati delle partite di calcio.

I giocatori compilano la **schedina del Totocalcio** e scrivono il loro pronostico (**1** se vince la prima squadra, **X** se le due squadre pareggiano, **2** se vince la seconda squadra).

Per vincere bisogna indovinare 13 risultati.

Molto popolari sono anche il **gratta e vinci** e il **Superenalotto**, una specie di tombola moderna.

Come funziona?

Più/meno... di...

In italiano per fare un confronto tra cose, persone o idee si usano le espressioni *più/meno* + aggettivo + *di*. La preposizione *di* si usa con l'articolo (o senza articolo con i nomi di persona).

Osserva:

L'Italia è *più piccola della* Germania.
Il tennis è *meno popolare del* calcio.
Chiara è *più alta di* Lucia.

12.b *Formate due gruppi. Confrontate le schedine e discutete dei risultati.*

13 PROGETTO **Tutto il mondo è sport!**

13.a Esiste uno sport o un atleta molto popolare nel tuo paese? Quale? Come sono i tifosi? Descrivi lo sport, i suoi eventi principali e la sua organizzazione.

13.b Cerca su internet immagini per il tuo testo e stampale.

ABC **Parole, parole, parole**

tifare = sostenere una squadra

tifoso = fan di una squadra

13.c La classe appende una cartina geografica del mondo: in corrispondenza della tua nazione inserisci la tua descrizione per far conoscere a tutti uno sport amato nel tuo paese!

I re della risata

9

1 Leggi i testi e abbina le affermazioni al personaggio giusto, come nell'esempio.

Comici di ieri e di oggi a confronto

Totò nasce nel 1898 in un quartiere molto povero di Napoli e diventa il "principe" dei comici italiani grazie ai suoi film, ai suoi modi di dire, ai suoi personaggi e alla sua faccia che sembra una maschera. La sua comicità nasce dalla povertà, come racconta: "Io conosco bene la miseria, è la base della vera comicità. Non possiamo far ridere, se non conosciamo bene il dolore, la fame, il freddo, l'amore senza speranza... e la vergogna dei pantaloni bucati, il desiderio di un caffellatte, la prepotenza dei ricchi. Insomma non possiamo essere veri comici senza aver fatto la guerra con la vita".

a. i veri comici conoscono la povertà

b. i comici sono ribelli

c. i comici sanno commuovere

d. i comici sanno soffrire

e. i comici conoscono l'amore disperato

f. dobbiamo rispettare la libertà dei comici

Benigni è oggi il più internazionale dei comici italiani, e rappresenta una sintesi dell'idea di comicità all'italiana: geniale, dissacrante, dolce, divertente, amara, malinconica. Ecco chi sono i comici secondo Benigni: "Bisogna proteggere i comici, perché sono come i santi, sono un regalo del Cielo. I comici non rispettano le regole, fanno quello che vogliono come i bambini, ma sono ricchi d'amore. Loro hanno il potere di far piangere e ridere. Dobbiamo volere bene ai comici e non possiamo imprigionarli".

Adattato da *http://eoisagunt.org*

2 Leggi il testo e abbina le caratteristiche della lista ai personaggi interpretati dai due attori comici, come nell'esempio.

Cetto e Zalone: la comicità del momento

Antonio Albanese con il film "Qualunquemente" e Luca Pasquale Medici (alias Checco Zalone) con "Che bella giornata" ottengono il record di pubblico nei cinema italiani. L'ironia e la satira dei due comici si riferiscono a una realtà amara, come nella migliore tradizione della comicità italiana. Zalone è un ragazzo ingenuo e sfortunato che ha successo solo grazie alle raccomandazioni[1] dei familiari. Il suo film è una fotografia dei difetti della nostra "Bellitalia" e illustra tutti i desideri dell'italiano medio: il posto di lavoro fisso, la fidanzata "seria", la casetta comoda, l'auto sportiva (ma a metano!). Albanese incarna invece il politico Cetto, corrotto, furbo, ignorante, attratto dall'illegalità e indifferente verso i problemi degli altri esseri umani. Il suo film è una riflessione sulla situazione italiana. Pura e attualissima satira.

_____
1. Si dice che una persona è raccomandata se ottiene qualcosa (un lavoro, una promozione, un premio) non per le proprie qualità, ma grazie all'aiuto di una persona potente (un politico, un personaggio famoso, ecc.).

furbo

ignorante

ingenuo

sfortunato

raccomandato

indifferente

corrotto

Cetto

Zalone

ingenuo

3 Vai su www.areazelig.it e scopri i nuovi comici italiani nella sezione "artisti". Sono simili ai comici del tuo paese? Quale ti piace di più?

Cinema: giovani stelle

Cosa imparo

Lessico
Il mondo del cinema

Espressioni di tempo/2

Segnali discorsivi: *invece, ma come no, dai, ah sì, eh sì*

Comunicazione
Raccontare fatti passati

Scrivere una storia al passato

Usare il linguaggio del corpo

Indovinare un personaggio famoso

Convincere qualcuno

Scrivere il soggetto di un film muto

Grammatica
Il passato prossimo

L'accordo del participio passato con l'ausiliare *essere*

I participi passati irregolari

Il superlativo assoluto (aggettivi)

Da + pronome o nome di persona

1 **INTRODUZIONE** **Cinema italiano**

Conosci il cinema italiano? Guarda i poster e decidi quale film è italiano e quale no.

Sono film italiani:

2 **ASCOLTARE** **A te chi piace?**

2.a *Ascolta la prima parte del dialogo tra Elisa e Massimo. Secondo te cosa ha fatto Elisa ieri?*

cd36

a. È stata a un concerto.

b. È stata a teatro.

c. È stata al cinema.

d. È stata a casa a guardare la televisione.

2.b *Ora ascolta il dialogo completo. Sei sempre della stessa opinione?*

cd37

2.c cd37 *Riascolta il dialogo e indica quali attori piacciono a Elisa e quali a Massimo.*

	Piace a Elisa?			Piace a Massimo?		
Elio Germano	☐ sì	☐ no	☐ nessuna informazione	☐ sì	☐ no	☐ nessuna informazione
Riccardo Scamarcio	☐ sì	☐ no	☐ nessuna informazione	☐ sì	☐ no	☐ nessuna informazione
Monica Bellucci	☐ sì	☐ no	☐ nessuna informazione	☐ sì	☐ no	☐ nessuna informazione
Jasmine Trinca	☐ sì	☐ no	☐ nessuna informazione	☐ sì	☐ no	☐ nessuna informazione

2.d cd37 *Riascolta dialogo e abbina gli attori ai titoli dei film.*

1 Riccardo Scamarcio

2 Elio Germano

3 Jasmine Trinca

a. MIO FRATELLO È FIGLIO UNICO

b. Io e Napoleone

c. ROMANZO CRIMINALE

3 GIOCO **Indovina l'attore**

Gioca con un compagno. Pensa a un attore molto famoso. Il tuo compagno deve indovinare chi è. Puoi rispondere solo "sì" o "no" alle sue domande. Poi invertite i ruoli (tu fai le domande, lui risponde, tu indovini).

Ti ricordi?

Il presente progressivo
Coniuga i verbi tra parentesi al presente progressivo.

Fabio Volo ci parla del film che (*lui - girare*) _____: "Figli delle stelle". Il film racconta la storia di un gruppo di uomini che, delusi dalla loro vita, decidono di rapire un ministro... ma, per errore, rapiscono invece un semplice sottosegretario.
Parlaci del film che (*tu - girare*) _____.
Il mio personaggio è un operaio veneto, un precario che perde il suo migliore amico mentre (*lui-lavorare*) _____ e poi arriva a Roma per rispondere alle domande di una giornalista televisiva. Cerca di parlare della sua condizione, ma poi si ritrova davanti all'ipocrisia della politica e decide di non dire nulla.
Il film è fortemente malinconico. Come (*tu - vivere*) _____ questa storia?
Beh, anche io (*contribuire*) _____ alla malinconia del film: in quasi tutte le scene porto una favolosa giacca jeans con all'interno una pelliccia (*ride*). Il mio personaggio appare in modo discontinuo però indossa sempre la stessa giacca con la pelliccia... Forse va ancora molto di moda qui a Roma (*ride*).
Come scegli i tuoi personaggi?
Io mi considero molto fortunato, perché ho il privilegio di scegliere. Per ora (*io - scegliere*) _____ solo i personaggi che mi piacciono veramente e se decido di non fare un film riesco, comunque a fare altro.

Adattato da *www.eclipse-magazine.it*

4 LEGGERE **Un attore internazionale**

Leggi l'intervista e riordina le risposte, come nell'esempio.

Pierfrancesco Favino

☐ I miei genitori mi hanno portato al Gianicolo, a Roma. Siamo andati a vedere le marionette, e io sono rimasto lì, rapito.

Questa, per un po' di tempo, è stata la principale caratteristica della tua carriera, no?

☐ Alla fine ho deciso di rifiutare i ruoli più piccoli. Per "El Alamein", per esempio, all'inizio il regista, Enzo Monteleone, mi ha offerto due parti minori. Sono andato da lui e gli ho detto di darmi la parte di uno dei protagonisti.

☐ Sì. Ho fatto tantissimi provini, sono andati sempre bene, ma per molto tempo non ho avuto ruoli da protagonista.

☐ Comunque secondo me non sono diventato così famoso. Certo, adesso qualche volta mi fermano per strada e conoscono il mio nome, ma quando succede sono ancora un po' sorpreso.

☐ Lui ci ha pensato un po', e poi ha detto sì. Il primo protagonista vero l'ho fatto in "Bartali", un film per la tv. Quell'esperienza è stata importantissima.

Pierfrancesco Favino: tutti lo vogliono, Hollywood chiama. E lui risponde (senza montarsi l'ego). Com'è iniziata la tua carriera di attore?

☐ Poi mi hanno regalato il teatrino e io ho inventato tantissime storie. Per la recita di Natale ho scritto la storia del bue di Betlemme.

☐ È interessante questo animale: non ha capito perché è lì, ma sa che deve fare caldo, e così mi sono immaginato la sua storia. Non so perché. Ho spostato l'accento su un personaggio meno importante.

1️⃣ Ho sempre pensato di fare l'attore, anche a sette anni.

Come funziona?

Da + pronome personale o nome di persona

Osserva:
Sono andato da lui = sono andato a casa sua / sono andato a parlare con lui
Sono andato da Elisa = sono andato a casa di Elisa / sono andato a parlare con lei

Cinema: giovani stelle

5 ESERCIZIO Cruciverba

Trova nell'intervista del punto **4** le parole corrispondenti alle definizioni.

Orizzontali
- 2. non accettare
- 6. uomo che recita
- 7. terza persona singolare del verbo *sapere*
- 10. molto importante (f.)
- 12. animale presente alla nascita di Gesù
- 14. conosciuto, noto
- 15. attratto, affascinato

Verticali
- 1. personaggio principale di un film
- 3. audizione per ottenere una parte
- 4. plurale di *parte*
- 5. pupazzi
- 8. festività del 25 dicembre
- 9. contrario di *freddo*
- 13. sinonimo di *dopo*
- 15. chi dirige un film

6 PARLARE Dal regista

Lavora con un compagno. Dividetevi i ruoli (regista e Pierfrancesco Favino) e leggete le vostre istruzioni.

● Regista
Sei un importante regista italiano. Vuoi l'attore Favino per un piccolo ruolo in un tuo film. Per la parte del protagonista preferisci un attore più famoso e internazionale.

● Pierfrancesco Favino
Sei Pierfrancesco Favino. Nel tuo prossimo film vuoi una parte da protagonista. Convinci il regista che sei l'attore più adatto alla parte.

Come funziona?

Il superlativo assoluto
Il superlativo assoluto si forma così: aggettivo (- l'ultima vocale) + -issimo/a/i/e.

Esempio:
un'esperienza *importantissima* = molto importante

7 ANALISI GRAMMATICALE Il passato prossimo

7.a Inserisci accanto agli infiniti della tabella i corrispondenti verbi al passato prossimo che trovi al punto **4**, come nell'esempio. I verbi seguono l'ordine dell'intervista ricostruita.

prima domanda e risposte 1 - 4
- iniziare = è iniziata
- pensare =
- portare =
- andare =
- regalare =
- inventare =
- capire =
- spostare =

seconda domanda e risposte 5 - 8
- andare =
- avere =
- andare =
- pensare = ha pensato
- diventare =

7.b *Osserva i verbi del punto **7.a** e completa le frasi con i participi passati.*

Il passato prossimo

Il passato prossimo si costruisce con il presente di *essere* o *avere* (ausiliare) + il participio passato.

Esempio:

| ausiliare | participio |

Ieri ho organizzato una festa.

Martedì sono andato al cinema.

| ausiliare | participio |

Il participio passato regolare si forma dall'infinito.

-are ⟶ **-ato**

a. Giorgio è (*tornare*) _____ a casa alle 2.
b. Io ho (*inventare*) _____ una storia.

-ere ⟶ **-uto**

c. Silvia e Costanza hanno (*vendere*) _____ una bici su e-bay.
d. Marco ha (*avere*) _____ la parte da protagonista.

-ire ⟶ **-ito**

e. Non abbiamo (*capire*) _____ l'esercizio.
f. Il treno è (*partire*) _____ alle 13.

Come funziona?

I participi irregolari

Nel testo al punto **4** ci sono diversi verbi che hanno un participio irregolare:

rimanere: **rimasto**
scrivere: **scritto**
fare: **fatto**
decidere: **deciso**
offrire: **offerto**
dire: **detto**

Altri participi irregolari

bere: **bevuto**
conoscere: **conosciuto**
crescere: **cresciuto**
essere: **stato**
leggere: **letto**
perdere: **perso**
prendere: **preso**
vedere: **visto**
venire: **venuto**

Il passato prossimo dei verbi riflessivi si forma con il **pronome riflessivo** + **l'ausiliare *essere*** + il **participio passato.**

Osserva:
immaginarsi: **(io) mi sono immaginato**

Altri verbi riflessivi

divertirsi: **mi sono divertito**
lavarsi: **mi sono lavato**
vestirsi: **mi sono vestito**

7.c *Osserva tutti i verbi al passato prossimo del punto **4** e rispondi alla domanda.*

Quando cambia l'ultima lettera del participio passato?

a. Quando l'ausiliare è formato con il verbo ***avere***.
b. Quando l'ausiliare è formato con il verbo ***essere***.
c. Sempre, sia con ***essere*** che con ***avere*** nell'ausiliare.

7.d *Osserva ancora il participio passato: perché cambia l'ultima lettera?*

a. Perché il participio passato concorda con il soggetto:

› maschile singolare = **-o**   femminile singolare = **-a**
› maschile plurale = **-i**   femminile plurale = **-e**

b. Perché dopo il verbo c'è un sostantivo maschile o femminile, singolare o plurale.

Cinema: giovani stelle

Come funziona?

La scelta dell'ausiliare
L'ausiliare si forma con **essere** con i verbi seguenti: andare   arrivare   entrare   partire

tornare   uscire   venire   restare/rimanere   essere   +   tutti i verbi riflessivi

8 **PARLARE** **Una giornata "no"**

Lavora con un compagno. Ordinate la sequenza degli eventi e raccontate la storia coniugando i verbi tra parentesi al passato prossimo, come nell'esempio. Poi mettete in scena la storia: uno studente racconta e l'altro rappresenta. Alla fine ogni coppia rappresenta la propria sequenza e la classe vota quella che preferisce.

(fermarsi)

(ricordare)

(arrivare)

(entrare)

(sedersi)

(perdere)

(tornare a casa)

(svegliarsi)

1

(svegliarsi)
Quel giorno Niccolò si è svegliato tardi...

(prendere)

(decidere)

(uscire - dimenticare)

(arrabbiarsi)

(addormentarsi)

9 ANALISI LESSICALE Espressioni di tempo

Leggi l'estratto del testo del punto **4** e inserisci le espressioni <u>sottolineate</u> in corrispondenza del simbolo giusto, come nell'esempio.

○ **Questa, <u>per un po' di tempo</u>, è stata la caratteristica della tua carriera, no?**

○ Sì. Ho fatto tantissimi provini, sono andati <u>sempre</u> bene, ma <u>per molto tempo</u> non ho avuto ruoli da protagonista.

a. ▬▬▬ _____

b. ▬▬▬▬ _____

c. ▬▬▬▬▬▬ Sempre _____

10 ESERCIZIO Abitudini presenti e passate

Lavora con un compagno. Ognuno nomina al compagno tre sue abitudini: una che ha avuto per molto tempo, una che ha avuto per un po' e un'altra che ha ancora, senza specificare la durata di ognuna. Il compagno deve indovinare quanto sono durate queste abitudini.

Esempio:

○ **studente A:**
Avere una ragazza, giocare a calcio, andare in bicicletta.

○ **studente B:**
Vai ancora in bicicletta, hai avuto una ragazza per un po', hai giocato a calcio per molto tempo.

○ **studente A:**
Una giusta, due sbagliate!

○ **studente B:**
Giochi ancora a calcio...

A b c Parole, parole, parole

Espressioni di tempo/2

Ancora indica che un'azione iniziata nel passato continua nel presente.

Osserva:
Non frequento più il corso, ma studio ancora l'italiano. = ho iniziato a studiare nel passato e continuo nel presente

Altre espressioni di tempo per parlare del passato

data immaginaria: oggi è il 15 giugno 2011

un anno fa: il 15 giugno 2010

l'anno scorso: il 2010

un mese fa: il 15 maggio 2011

il mese scorso: maggio 2011

due settimane fa: il 1° giugno 2011

l'altroieri: il 13 giugno 2011

ieri: il 12 giugno 2011

11 SCRIVERE **Racconti al passato**

Leggi la frase sotto. È la fine di una storia. Usa la tua immaginazione e scrivi cosa è successo prima. Prova a usare alcune delle espressioni di tempo che hai imparato.

.. e così sono diventato una vera celebrità!

12 ANALISI LESSICALE **Segnali discorsivi**

12.a *Inserisci le battute di Elisa prima di quelle di Massimo, come nell'esempio. Poi confrontati con un compagno. Alla fine ascoltate e verificate.*

cd38

Massimo

c — 1. *Qual è?*

___ 2. Non so chi sia.

___ 3. "Mio fratello è figlio unico"...

___ 4. Ah, sì lo conosco, ma non è tanto bravo, però.

___ 5. A me non piace.

___ 6. Eh, sì, lui mi piace.

___ 7. Ma invece sì, è molto espressivo.

Elisa

a. Dai! Ha fatto anche "Mio fratello è figlio unico".

b. E invece... Chi è bravo? Scamarcio?

c. *C'è Elio Germano.*

d. Quello... giovane... ricciolino, con i capelli scuri, gli occhi scuri, un po' di lentiggini, è bravissimo, è.

e. Ma cosa... Non è bravo.

f. Ma come no... È bravissimo!

g. È quello con Riccardo Scamarcio.

12.b *Rileggi la trascrizione del dialogo al punto **12.a** e seleziona la funzione o il significato delle espressioni indicate.*

1. Dai!
   a. Esprime sorpresa.
   b. Esprime tristezza.

2. Ah, sì.
   a. Significa: *adesso ricordo*.
   b. Significa: *come, scusa?*

3. Ma come no! (dopo una frase negativa)
   a. Esprime disaccordo.
   b. Esprime accordo.

4. Invece...
   a. Introduce un'affermazione in accordo con la precedente.
   b. Introduce un'affermazione contraria alla precedente.

5. Eh, sì.
   a. Significa: *forse*.
   b. Significa: *esatto*.

6. Ma cosa...
   a. Significa: *che stai dicendo?*
   b. Significa: *non lo so*.

13 GIOCO **Duello**

*Lavora con un compagno. Uno studente sceglie una casella e reagisce alla frase indicata con un'espressione appropriata (da scegliere fra le espressioni del punto **12.b**). Ha 10 secondi di tempo. Se l'espressione è appropriata e corretta, lo studente conquista la casella e va avanti seguendo una delle frecce. Poi gioca il compagno. Vince chi alla fine ha più caselle. Attenzione: è possibile ripassare su una casella già conquistata. Se è tua, puoi usarla come passaggio per arrivare a una casella libera; se è del tuoi avversario, devi prima formulare la frase.*

Esempio:

Non mi piace
Tiziano Ferro.

○ **studente**
Ma come no!

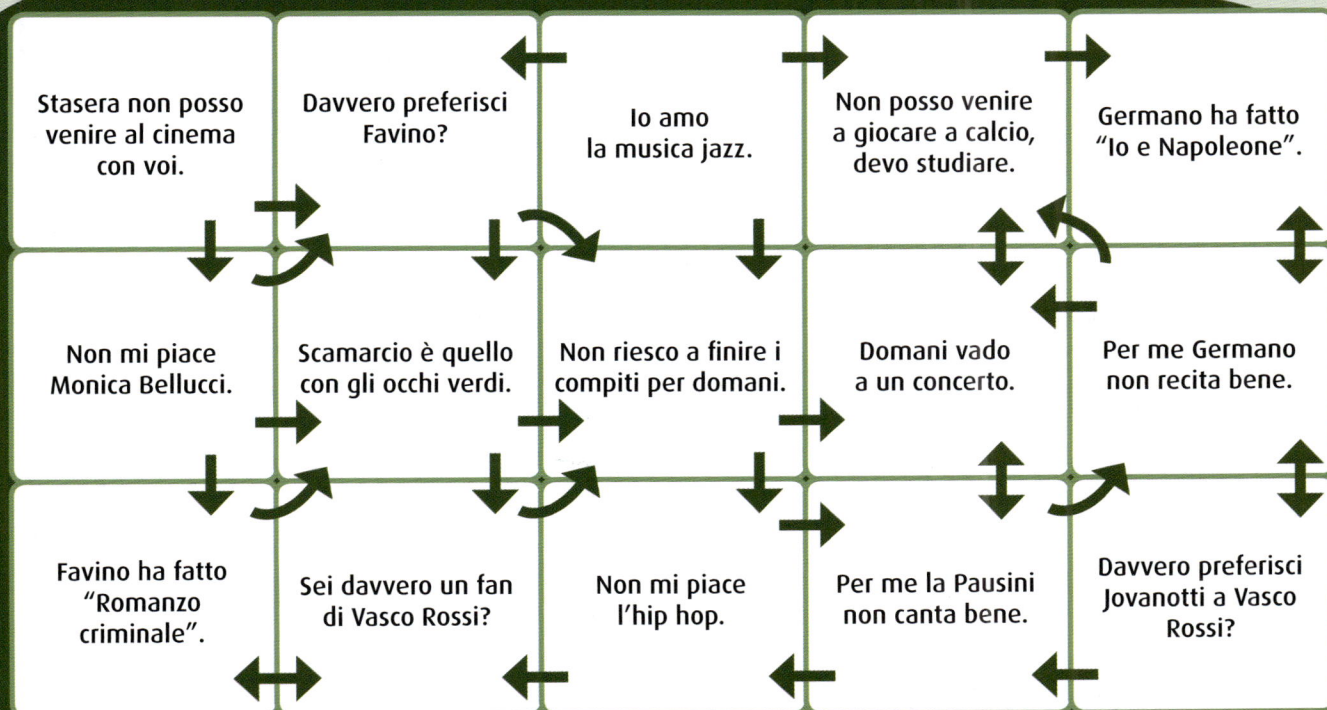

Stasera non posso venire al cinema con voi.	Davvero preferisci Favino?	Io amo la musica jazz.	Non posso venire a giocare a calcio, devo studiare.	Germano ha fatto "Io e Napoleone".
Non mi piace Monica Bellucci.	Scamarcio è quello con gli occhi verdi.	Non riesco a finire i compiti per domani.	Domani vado a un concerto.	Per me Germano non recita bene.
Favino ha fatto "Romanzo criminale".	Sei davvero un fan di Vasco Rossi?	Non mi piace l'hip hop.	Per me la Pausini non canta bene.	Davvero preferisci Jovanotti a Vasco Rossi?

14 PROGETTO FINALE **Film muto**

14.a *Lavorate in gruppi di quattro. Osservate le foto: secondo voi di che situazioni si tratta? Abbinate le foto alle espressioni della lista e poi rispondete alla domanda: questi gesti ed espressioni esistono anche nel vostro paese?*

a. Speriamo!

b. Tutto OK.

c. Basta!

d. Vai via!

e. Aaah!

14.b *Create un film muto di due minuti. Uno di voi è il regista e gli altri sono gli attori. Seguite le istruzioni.*

1. Guardate su YouTube qualche scena di film muto per ispirarvi (per es. "Metropolis", "Tempi moderni" o "Luci della città").
2. Scrivete il soggetto del vostro film (decidete il titolo, dove e quando si svolge la storia, chi sono i personaggi e cosa succede).
3. Decidete il numero di scene (una o più scene) e l'ambientazione di ognuna.
4. Preparate le didascalie che accompagnano il film muto.
5. Studiate bene i movimenti, i gesti e la mimica dei personaggi.
6. Procuratevi una telecamera o un telefonino. Dividetevi i ruoli e iniziate a girare il film.
7. Quando il film è pronto, mostratelo alla classe.

1 Leggi le descrizioni degli eventi. Secondo te, quale non esiste? Poi vai su internet e verifica.

Festival della letteratura
A Mantova, ogni settembre si tiene il Festival della letteratura: cinque giorni di incontri con scrittori e critici, letture e workshop per immergersi nel fantastico mondo della lettura.

Vinitaly
Salone internazionale dei vini e dei distillati. Sede: Verona. Cinque giorni per incontrare i produttori di vini di tutte le regioni d'Italia e gustare e comprare i migliori vini italiani.

Festival della filosofia
Il festival della filosofia di Modena ha compiuto 10 anni e in questi anni ha avuto più di un milione di visitatori. Il tema del festival del prossimo settembre è la Natura. Gli ospiti sono, come sempre, grandi filosofi e intellettuali di fama internazionale.

Salone internazionale del libro di Torino
La più grande esposizione di libri in Italia, dove trovare le ultime novità dell'editoria e incontrare i grandi nomi nazionali e internazionali del mondo della cultura.

Festival della pittura
Per una settimana Bologna si ricopre di mille colori grazie ad artisti provenienti da tutto il mondo. Possiamo ammirare la pittura in tutte le sue forme, da quella più classica fino alla street art.

2 Ricostruisci il testo, come nell'esempio.

SanRemo

Il Festival della canzone italiana di Sanremo

1. Il Festival di Sanremo è la manifestazione
2. È una gara fra cantanti che dura tre o quattro giorni e
3. I cantanti in gara presentano canzoni
4. In sessant'anni di storia, il festival ha lanciato
5. Il Festival di Sanremo è uno dei principali eventi mediatici della televisione italiana e

a. originali in prima assoluta.
b. molti nomi celebri della canzone italiana come Domenico Modugno, Celentano, Vasco Rossi, Laura Pausini, Eros Ramazzotti e Andrea Bocelli.
c. di musica leggera più famosa in Italia.
d. va in onda in televisione, su uno dei canali RAI.
e. accende sempre discussioni e polemiche.

1. _____
2. _____
3. _____
4. _____
5. _e_

3 Leggi i testi e scegli il titolo corrispondente. Poi completa i testi con i nomi delle città.

a. Festival di **Venezia**: tradizione e avanguardia

b. Festival Internazionale di **Roma**: tra cinema e cultura

MOSTRA INTERNAZIONALE D'ARTE CINEMATOGRAFICA la Biennale di Venezia

La **Mostra Internazionale** di _____ nasce nel 1932. Dopo la seconda guerra mondiale il festival si apre all'estero, prima a livello europeo e poi includendo paesi come gli Stati Uniti, il Giappone e l'India. Negli anni Sessanta la Mostra ospita il free cinema inglese e la nouvelle vague francese. Oggi è un evento che attira moltissimi visitatori, VIP e non da tutto il mondo.

Il **Festival Internazionale del Film di** _____ è un festival cinematografico internazionale che si tiene in autunno a _____. La prima edizione è del 2006. Grazie all'importanza della città di _____, il festival riceve grande attenzione da parte dei media ed accoglie importanti anteprime e star internazionali. La manifestazione offre anche numerose iniziative, rassegne parallele, incontri e dimostrazioni dedicate a musica, moda e letteratura.

CINEM
INTERNATIONAL ROME FILM FESTIV

4 Quali sono i festival più famosi del tuo paese? Ci sono festival simili a quelli italiani?

Grazie.
Io e Leo ti siamo
grati
per l'eternità.
In bocca al lupo
per la tua storia,

Bianca.

SONO LA STESSA PERSONA!

SÌ, È UNA STORIA FANTASTICA!

BUONA FORTUNA AMICI MIEI!!!

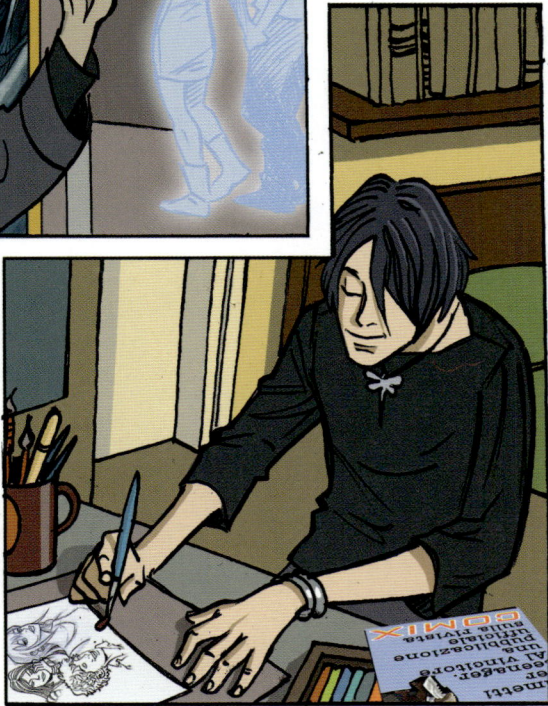

GRAZIE.

Parole, parole, parole

Città e alfabeto
Per fare lo spelling in italiano si usano molti nomi di città.

A come Ancona	**F** come Firenze	**K** come Kursaal	**P** come Palermo	**U** come Udine
B come Bologna	**G** come Genova	**L** come Livorno	**Q** come quadro	**V** come Venezia
C come Como	**H** come hotel	**M** come Milano	**R** come Roma	**W** come Washington
D come Domodossola	**I** come Imola	**N** come Napoli	**S** come Savona	**X** ics
E come Empoli	**J** come Jesolo	**O** come Otranto	**T** come Torino	**Y** ipsilon
				Z come Zara

4 **studente B**

Domanda i nomi degli oggetti e completa il disegno, come nell'esempio.

Esempio:

> **studente B:**
> Come si chiama **r.**?

> **studente A:**
> Banco.

> **studente B:**
> Come, scusa?

> **studente A:**
> B come Bologna, A come Ancona, N come Napoli, C come Como, O come Otranto.

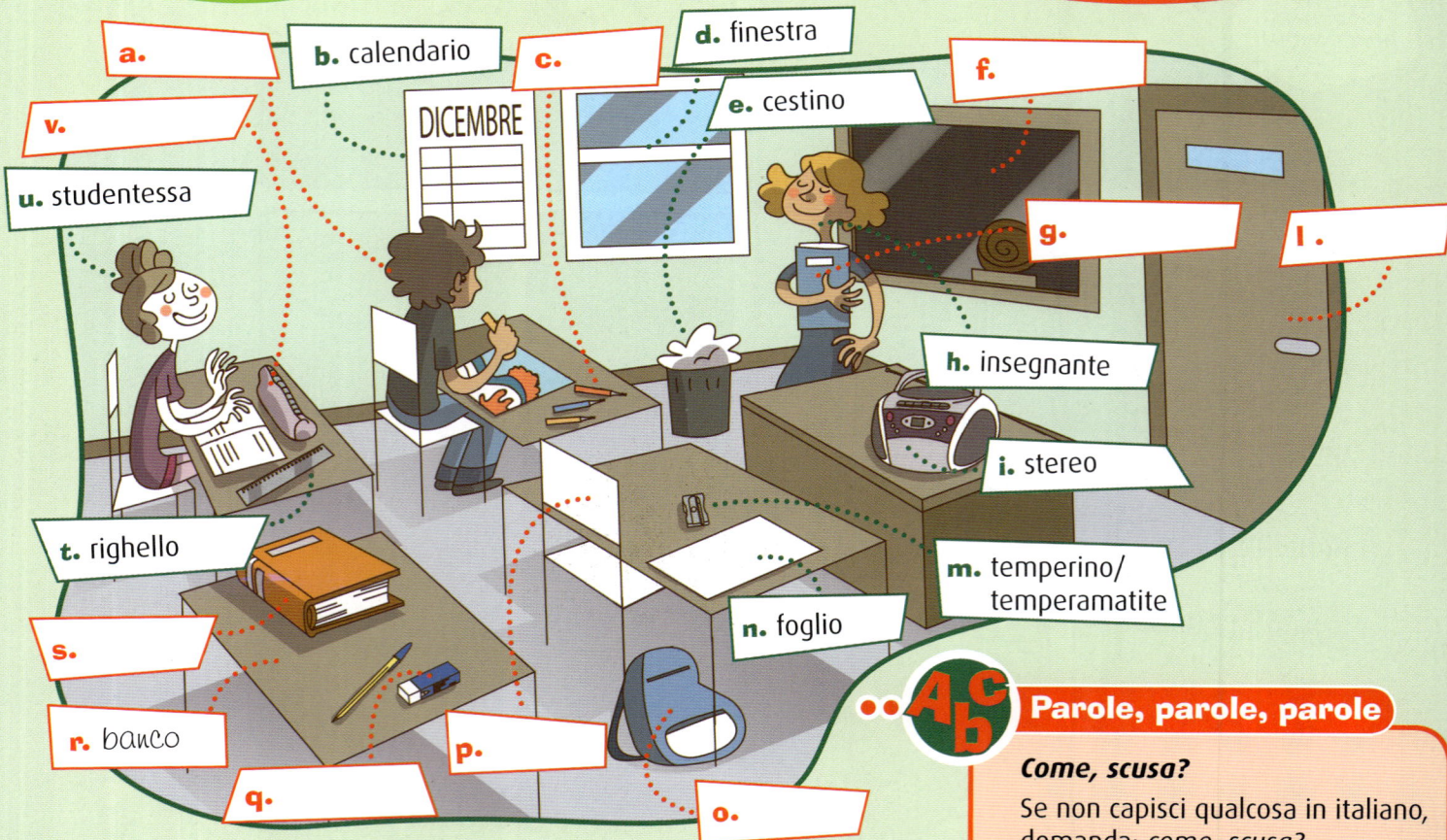

a.

v.

u. studentessa

b. calendario

c.

DICEMBRE

d. finestra

e. cestino

f.

g.

l .

h. insegnante

i. stereo

t. righello

m. temperino/ temperamatite

s.

n. foglio

r. banco

p.

q.

o.

Parole, parole, parole

Come, scusa?

Se non capisci qualcosa in italiano, domanda: *come, scusa?*

Come, scusa? = Puoi ripetere?

Unità 1

3.a **studente B**
Abbina gli aggettivi della lista alle emoticon, come nell'esempio.

cattivo annoiato felice *arrabbiato* solare timido

1.

2. arrabbiato

3.

4.

5.

6.

7.

8.

9.

10.

11.

12.

3.b Lavora con uno studente A. Rispondi alla sua domanda e fai lo spelling dell'aggettivo, come nell'esempio. Poi scambiatevi i ruoli: chiedi com'è un'emoticon e come si scrive l'aggettivo. Alla fine scrivi l'aggettivo sotto l'emoticon corrispondente al punto **3.a**.

Esempio:

○ **studente A:**
Com'è il numero 2?

○ **studente B:**
È arrabbiato!

○ **studente A:**
Come si scrive?

○ **studente A:**
A - erre - erre - a - bi - bi - a - ti - o.

Unità 4

13.b **studente B**
Osserva l'immagine e memorizza i colori degli oggetti indicati. Hai 3 minuti di tempo.

13.c Gioca con lo studente A. Copri la tua immagine e rispondi a 10 domande, come nell'esempio. Poi osserva l'immagine del tuo compagno a pagina 62 e invertite i ruoli. Vince chi indovina più colori.

Esempio:

○ **studente A:**
Di che colore è la borsa?

○ **studente B:**
La borsa è viola.

studente B

Inserisci sotto ogni icona (sulla riga a.) il comando della lista corrispondente.
Poi completa scrivendo sulla riga b. l'altra forma, come nell'esempio.

Icone studente B

  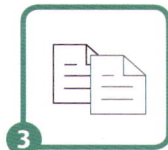 

1
a. _____
b. _____

2
a. _____
b. _____

3
a. _____
b. _____

4
a. _____
b. _____

   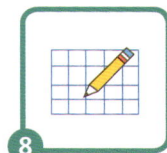

5
a. _____
b. _____

6
a. *Cambia il colore del testo*
b. *Cambiare il colore del testo*

7
a. _____
b. _____

8
a. _____
b. _____

Comandi studente B

- Chiudere
- *Cambia il colore del testo*
- Inserire tabella
- Cercare file
- Blocca il computer
- Tagliare
- Copia
- Salva

13.b *Gioca contro uno studente A. Chiedi allo studente A a quale comando corrisponde una delle icone della sua lista, come nell'esempio. La risposta corretta è la forma b. nella lista "Icone studente A". Verifica se la risposta è corretta (sia la scelta che la forma). Poi rispondi alla sua domanda, sempre con la forma b. nella tua lista "Icone studente B". Vince la prima coppia che completa tutta la lista correttamente.*

Esempio:

- **studente B:**
  Che comando è il numero **4**?

- **studente A:**
  Stampa!

- **studente B:**
  ☺ Esatto! (☹ Sbagliato, è...)

Icone studente A

  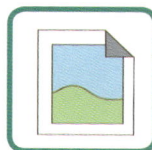 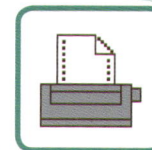

1.
a. Evidenziare
b. Evidenzia

2.
a. Trova
b. Trovare

3.
a. Inserisci immagine
b. Inserire immagine

4.
a. Stampare
b. Stampa

  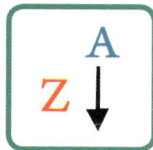 

5.
a. Incolla
b. Incollare

6.
a. Apri la cartella
b. Aprire la cartella

7.
a. Mettere in ordine alfabetico
b. Metti in ordine alfabetico

8.
a. Tornare indietro
b. Torna indietro

1 *Completa i testi del forum con il presente dei verbi "essere" e "avere".*

Studenti^{it}

Buongiorno a tutti!
(*Io*) _____ la moderatrice del forum di *stranieri.it*. Benvenuti!
Scrivete i vostri messaggi nel forum e se (*voi*) _____ problemi, la mia mail _____:
butterfly@studenti.it.

Ciao!
(*Io*) _____ una studentessa di economia e studio il russo.
(*Io*) _____ italiana e parlo anche inglese, francese e spagnolo.
Se qualcuno vuole fare amicizia, ecco la mia mail: cinzia90@studenti.it!

Ciao, (*noi*) _____ due ragazzi di Roma. (*Noi*) _____ studenti del liceo classico "Virgilio".
(*Noi*) _____ 17 e 18 anni e studiamo spagnolo a scuola. (*Noi*) _____ liberi tutti i pomeriggi
per chattare.

Ciao, (*io*) _____ Christian! (*Io*) _____ uno studente di medicina all'università di Pavia.
(*Io*) _____ 23 anni e vorrei corrispondere con ragazze e ragazzi che _____ nella mia stessa città.

Mi chiamo Luca, studio a Firenze e vorrei conoscere studenti stranieri, spagnoli, inglesi, francesi, ecc.
Se (*voi*) _____ interessati e _____ un po' di tempo libero, scrivetemi. Grazie, ciao!

Salve,
mi chiamo Cristina, _____ rumena, vivo a Bucarest, _____ una laurea in storia antica e vorrei
lavorare in Italia. (*Voi*) _____ informazioni sui documenti necessari? Grazie per l'aiuto!

Adattato da *www.studenti.it*

2 *Scrivi i nomi corrispondenti alle immagini, come nell'esempio. Poi trasforma i nomi al plurale.*

Singolare	Plurale
1.	
2.	
3.	
4.	
5. scuola	
6.	
7.	
8.	
9.	
10.	

Esercizi

3 *Completa il testo con le parole della lista.*

ricci   anni   tempo   liceo   ragazzo   musica   casa   occhi   sorriso   descrizione

Mi chiamo Anna, ho 17 _____ e sono di Firenze... della provincia...

Studio in un _____ scientifico e nel _____ libero (poco perché devo

studiare molto 😔) esco con il mio _____, passo pomeriggi a parlare a

_____ delle amiche oppure disegno e ascolto _____...

Di me dicono che sono simpatica e che ho sempre il _____ sulle labbra... 😄.

Una _____ fisica? Beh... l'altezza: 1,60... Ho tanti _____ castani e gli _____ molto scuri...

4 *Scrivi il risultato delle operazioni, come negli esempi.*

Esempi:

11 – (*meno*) 8 = (*uguale*) tre
7 + (*più*) 9 = sedici

a. 16 + 4 – 7 = _ _ _ _ _ _ _

b. 17 + 4 – 1 = _ _ _ _ _

c. 10 + 5 – 8 = _ _ _ _ _

d. 20 – 5 + 1 = _ _ _ _ _ _

e. 7 – 6 + 2 = _ _ _

f. 11 – 9 + 3 = _ _ _ _ _ _

g. 15 + 3 – 9 = _ _ _ _

h. 18 + 2 – 6 = _ _ _ _ _ _ _ _ _ _ _ _

5 *Abbina gli elementi delle tre colonne e forma frasi logiche, come nell'esempio.*
Attenzione: sono possibili diverse soluzioni.

Anna	sono	17 anni.
Io	è	gli occhi scuri.
La prof.	ho	socievole.
Tu	ha	di Firenze.
	sei	i capelli ricci.
	hai	*timida.*

6 Leggi il testo e ordina i nomi **evidenziati** nella tabella accanto, come negli esempi.

"L'italiano con un click" è una **scuola** virtuale per studiare la **lingua** italiana. Dopo un **test** di ingresso, gli **studenti** entrano nel **livello** ideale. I **corsi** sviluppano le quattro **abilità** linguistiche (parlare, ascoltare, leggere, scrivere). Le **lezioni** contengono molte **attività** per gli studenti: ascolti audio e video; **testi** con esercizi sulla comprensione; **giochi**; incontri in chat e su skype per migliorare la lingua parlata e per creare **amicizie** nella community. È possibile registrare la **voce** per perfezionare la **pronuncia**, scrivere, fare esercizi, lavorare a **coppie** o in piccoli **gruppi**. Sono presenti **link** per studiare e **informazioni** sulla cultura italiana.

Adattato da *www.italianoconunclick.net*

nomi in -o/-a

maschile		femminile	
singolare	plurale	singolare	plurale
		scuola	

nomi in -e

maschile		femminile	
singolare	plurale	singolare	plurale
			lezioni

nomi stranieri e invariabili

maschile		femminile	
singolare	plurale	singolare	plurale
test			

7 Completa le battute con le parole della lista. Poi abbinale alla situazione giusta.

buonanotte · ciao · buonasera · buongiorno · grazie · vorrei · buonasera

a
● _____. Tutto ok?
◉ Sì, _____.

b
● Buongiorno.
◉ _____.
● _____ usare internet.

c
● _____, signora Dagnesi.
◉ _____, signor Ficarra.

d
● Sono stanco. Vado a dormire. _____, ragazzi!

Esercizi

8 *Abbina i nomi della lista alle immagini.*

Asia Oceano Indiano Italia Africa America del Nord e America del Sud Europa Oceania Oceano Atlantico Oceano Pacifico Mar Mediterraneo

a. b. c. d. e. f. g. h. i. l.

9 *Leggi e, sotto, indica con una "X" le informazioni presenti nel testo.*

Cos'è il Tandem Learning

Per imparare una lingua straniera è importante comunicare con un madrelingua!
Grazie al Tandem Learning è possibile incontrare, via mail o di persona, studenti madrelingua per praticare e migliorare la lingua scritta o orale.

Vantaggi del tandem
Lavorare in tandem è ottimo per:
- praticare una lingua straniera
- conoscere le tradizioni e la cultura di un altro paese
- fare amicizia con persone di culture diverse
- comunicare in lingua straniera in modo gratuito.

Come iscriversi
Tutti gli studenti possono partecipare al Tandem Learning: invia i tuoi dati all'indirizzo cla@scuolatl.it e indica la lingua che studi. Lo staff ti metterà in contatto con uno studente straniero!

Adattato da *www.tandem-learning.com*

1. Il Tandem Learning permette di conoscere studenti madrelingua.
2. Con il Tandem Learning incontri studenti di persona.
3. Il Tandem Learning è ottimo per conoscere studenti di culture diverse.
4. Il Tandem Learning costa poco.
5. Per contattare un altro studente, è necessario scrivere allo staff.

I suoni [t ʃ] e [k]

1.a
cd39

Ascolta le parole e indica con una "X" il suono che senti in corrispondenza delle lettere sottolineate.

	tʃ	k
1. chiave	☐	☐
2. casa	☐	☐
3. doccia	☐	☐
4. cestino	☐	☐
5. astuccio	☐	☐

	tʃ	k
6. colore	☐	☐
7. chilo	☐	☐
8. anche	☐	☐
9. cento	☐	☐
10. cinema	☐	☐

1.b

*Ora rispondi alla domanda sotto. Completa la parola "A" con le lettere **evidenziate** nelle parole con il suono [k] del punto **1.a**. Completa la parola "B" con le lettere **evidenziate** nelle parole con il suono [tʃ], come nell'esempio.*

Come si chiama la regione più piccola d'Italia?

V _ _ _ _ _   D' _ _ _ _ _
    (A)   **(B)**

1.c

*Osserva le lettere sottolineate nelle parole del punto **1.a** e completa la regola.*

si pronuncia k

ca   _o
_ he   cu
_ _ i

si pronuncia tʃ

cia   _i
_ e   _ _ o

2
cd40

Ascolta le parole e indica con una "X" il suono che senti.

	ca	che	chi	co	cia	ce	ci	cio
1.								
2.								
3.								
4.								
5.								
6.								
7.								
8.								
9.								
10.								

3
cd41

[tʃ] o [k]? Ascolta il dialogo e sottolinea la parola giusta tra quelle evidenziate.

a. Commesso:
Eh... Abbiamo un euro un'ora, altrimenti **ci / chi** sono an**che** / an**ce** delle offerte. Per esempio: die**chi** / die**ci** ore, otto euro**...**

b. Ragazza:
Ho **cia**pito / **ca**pito. Eh... Va bene, fac**chio** / fac**cio** la tessera.

c. Commesso:
Perfetto. Allora, mi servono i tuoi dati, però.

d. Ragazza:
Sì.

e. Commesso:
Nome?

f. Ragazza:
Viola.

g. Commesso:
Cognome / **Cio**gnome?

h. Ragazza:
Muc**chi** / Muc**ci**.

Esercizi

1 *Completa le domande con le espressioni della lista, come nell'esempio. Rispondi anche alle domande. Alla fine completa la tabella con la tua descrizione.*

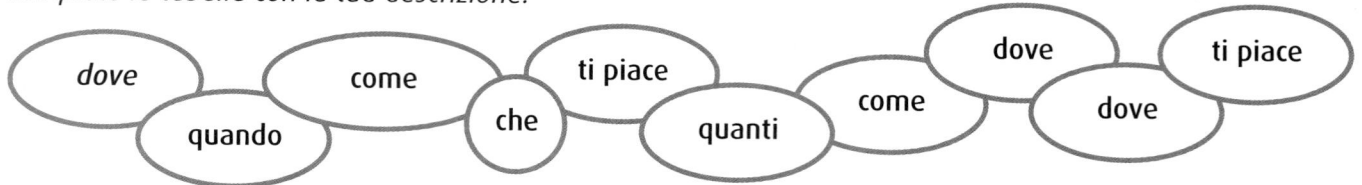

dove · come · ti piace · dove · ti piace · quando · che · quanti · come · dove

Completa il tuo identikit!

1. _____ ti chiami?

2. _____ anni hai?

3. _____ sei nata?

4. Di _____ sei?

5. _____ vivi?

6. In _____ classe sei?

7. _____ andare a scuola?

8. _____ ti trovi nella tua scuola?

9. _____ lo sport?

10. _Dove_ ti piace andare in vacanza?

La tua descrizione

Occhi: _____ Fisico: _____

Capelli: _____ Carattere: _____

Adattato da http://elemati.jimdo.com

2 *Leggi il testo e ordina gli aggettivi **evidenziati** nella tabella, come nell'esempio. Quando è necessario, controlla la forma base nel dizionario.*

Amici *veri*

Laura Pausini e Biagio Antonacci sono due cantanti **famosi** e due **grandi** amici. Si conoscono nel 1993, quando Laura vince il Festival di Sanremo* del 1993.
A Biagio piace molto scrivere canzoni **romantiche**, **ricche** di poesia. Adora la musica e suona da sempre la batteria. Inizia la sua carriera **artistica** nel 1989.
Laura dice di Biagio: "È una persona **sincera** e dimostra sempre **buoni** sentimenti. Mi capisce al volo e con lui mi diverto!".
Biagio dice di Laura: "Ha una voce **splendida**, **meravigliosa**, che arriva direttamente al cuore. È una donna **speciale**".

aggettivi in -o/-a			
maschile		femminile	
singolare	plurale	singolare	plurale
	veri		

aggettivi in -e			
maschile		femminile	
singolare	plurale	singolare	plurale

* Per maggiori informazioni sul festival di Sanremo, vai a pagina 140.

3.a Trova i contrari nella lista e inseriscili nella tabella, come nell'esempio. Usa il dizionario quando è necessario. Attenzione: nella lista c'è un aggettivo "intruso" (in più).

simpatico · allegro · forte · bello · dinamico · antipatico · stupido · debole · pigro · chiuso · sgarbato · socievole · brutto · brusco · testardo · triste · taciturno · chiacchierone · gentile · aperto · timido · intelligente · dolce

simpatico	←+→	antipatico
	←+→	
	←+→	
	←+→	
	←+→	
	←+→	
	←+→	
	←+→	
	←+→	
	←+→	
	←+→	

3.b L'aggettivo "intruso" del punto **3.a** indica una persona che non cambia mai idea. Qual è?

4.a Trova il contrario delle parole della lista nel crucipuzzle, come nell'esempio. Le parole sono disposte in verticale ↕, in orizzontale ←→ o in diagonale ✕.

1. triste ←+→ allegro
2. socievole ←+→
3. basso ←+→
4. robusto ←+→
5. lungo ←+→
6. antipatico ←+→
7. sgarbato ←+→

S	L	O	F	W	O	I	G	F
R	I	I	R	T	P	E	V	A
Y	F	M	L	G	N	Y	V	L
U	I	O	P	T	A	V	Q	L
O	F	T	I	A	X	M	V	E
T	V	L	O	P	T	N	Q	G
R	E	A	A	C	R	I	W	R
O	V	E	L	V	L	V	C	O
C	O	D	I	M	I	T	A	O

4.b *Inserisci le parole del crucipuzzle a pagina 151 nel testo sotto, come nell'esempio. Attenzione: in alcuni casi devi accordare gli aggettivi ai nomi. Alla fine accorda anche gli aggettivi tra parentesi.*

forum

Ciao a tutti, ci presentiamo.
Siamo Fiorenza e Mara, abitiamo a Cassino, abbiamo 14 anni e frequentiamo l'Istituto tecnico industriale.
In questo momento siamo a scuola e abbiamo pensato di usare questo forum per comunicare con ragazzi di altre scuole.
Siamo due ragazze **1.** _allegre_, ma un po' **2.** _____. Ci piacciono tante attività sportive: ballo, nuoto, palla a volo... Io sono Fiorenza, sono **3.** _____ **4.** _____ e ho i capelli (*biondo*) _____.
Mara, invece, ha i capelli (*lungo*) _____ e gli occhi (*verde*) _____. I nostri professori sono generalmente **6.** _____ e **7.** _____, a parte il prof. di italiano, troppo (*serio*) _____!
La nostra materia preferita è arte e immagine; infatti ci piace molto disegnare e crediamo di essere anche molto (*bravo*) _____!

Adattato da *http://freeforumzone.leonardo.it*

5.a *In classe c'è un nuovo studente: si chiama Carlos Fuentes e viene dal Messico. Completa la sua presentazione con i verbi "essere", "avere", "piace" o "piacciono", come nell'esempio.*

_Ho_ 15 anni, _____ un ragazzo vivace e goloso di dolci.
Mi _____ giocare, scherzare e stare con gli amici. Mi _____ moltissimo le lingue straniere: parlo lo spagnolo, l'inglese e un po' d'italiano. Anche l'educazione artistica mi _____ molto. Il mio sport preferito _____ il judo. Quando _____ tempo libero chatto con i miei amici messicani.

5.b *Un compagno fa uno scherzo a Carlos e scrive una presentazione negando tutto quello che dice Carlos. Completa il testo con la forma negativa dei verbi del punto 5.a, come nell'esempio.*

Non ha 13 anni, _____ un ragazzo vivace e goloso di dolci.
_____ gli _____ giocare, scherzare e stare con gli amici. _____ gli _____ le lingue straniere: parla lo spagnolo, l'inglese e un po' di italiano. Anche l'educazione artistica _____ gli _____ molto. Il suo sport preferito _____ il judo. Quando _____ tempo libero chatta con i suoi amici messicani.

6 *Completa il dialogo con le preposizioni della lista.* in a di in dal da a a

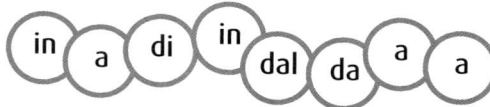

a. _____ dove sei?
b. Vengo _____ sud, _____ un paese della Sicilia.
c. E come ti trovi qui _____ Roma?
d. Molto bene, soprattutto qui _____ scuola.
e. Tu come ti chiami? Io sono Ivan.
f. Ah, piacere. Roberta.

g. Tu _____ che classe sei?
h. _____ II B.
i. Quando ce l'hai il compito di matematica?
l. Giovedì.
m. Tu dove abiti?
n. Eh... Io vivo _____ Testaccio.

7 *Leggi il testo e trova le parole invertite tra quelle **evidenziate**, come nell'esempio. Poi scrivi nella sezione "Contatti" i numeri corrispondenti alle parole della lista, come nell'esempio. Le parole della lista sono in ordine.*

SaperePiù

Hai bisogno di aiuto nello studio? C'è il doposcuola del pomeriggio

Quando gli studenti hanno bisogno di aiuto nello studio, possono frequentare il doposcuola nel pomeriggio. Ogni studente studia in un **venerdì** gruppo. I gruppi sono formati da 4 interrogazioni e sono divisi per livello di scuola: **scienze**, scuola media, scuola superiore. Il servizio è attivo dal lunedì al **piccolo** e il sabato mattina per chi non frequenta **materie**.

Lo studente che frequenta il doposcuola può seguire anche lezioni individuali su **la scuola** specifiche (matematica, latino, **scuola elementare**, italiano, lingue straniere, eccetera) per preparare verifiche e studenti.

sessantanove · venti · zero · due · ventinove · quaranta · ottantacinque · cinquantadue

Contatti:
Sapere di Più
Viale Abruzzi, 69
▢ 131 Milano
Tel. ▢▢ - ▢▢▢▢▢▢▢

Adattato da *www.saperepiu.it*

8 *Leggi il testo e indica con una "X" se le informazioni sotto sono vere o false.*

LAVAGNE INTERATTIVE PER SEGUIRE LE LEZIONI DIRETTAMENTE DA CASA

Eolie (**Sicilia**) - Le scuole delle Isole Eolie attivano una rete informatica che unisce le diverse isole. Iniziano così le lezioni interattive. Le scuole delle isole hanno tre lavagne interattive che collegano tutte le Eolie in videoconferenza.

Questo perché gli studenti delle isole vivono in un paesaggio naturale bellissimo, ma anche difficile e a volte non possono frequentare la scuola con continuità. In questo modo invece, quando c'è maltempo, i ragazzi possono seguire le lezioni da casa e non perdono più giorni di scuola.

Adattato da *www.irresicilia.it*

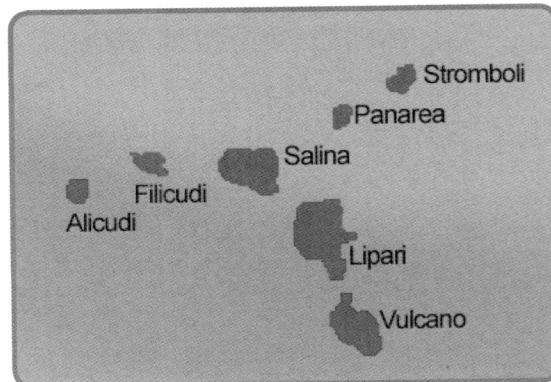

Stromboli, Panarea, Salina, Filicudi, Alicudi, Lipari, Vulcano

	vero	falso
1. Nelle scuole delle isole Eolie gli insegnanti possono usare le lavagne interattive.	▢	▢
2. Le lavagne interattive collegano tre isole.	▢	▢
3. Le lavagne servono agli studenti quando non c'è lezione.	▢	▢
4. Gli insegnanti possono fare lezione da casa.	▢	▢
5. Gli studenti possono seguire le lezioni da casa.	▢	▢

I suoni [g] e [dʒ]

1.a
cd42

Ascolta le battute di Roberta e Ivan e fai attenzione al suono delle lettere sottolineate. Poi indica con una "X" il suono delle lettere sottolineate nella tabella.

> ○ **Roberta**: Di dove sei?   ○ **Ivan**: Ven**g**o dal sud, da un paese della Sicilia. Si chiama Calta**g**irone.

	g	dʒ			g	dʒ
1. ra**g**azzo	☐	☐	6. **g**elato	☐	☐
2. porto**gh**ese	☐	☐	7. **g**iapponese	☐	☐
3. **g**iovedì	☐	☐	8. **g**iusto	☐	☐
4. **g**ita	☐	☐	9. fi**g**ura	☐	☐
5. In**gh**ilterra	☐	☐	10. **g**omma	☐	☐

1.b
cd43

Ascolta le parole e verifica le tue risposte al punto **1.a**.

1.c

Osserva le lettere sottolineate nelle parole del punto **1.a** e completa la regola.

si pronuncia **g**	si pronuncia **dʒ**
ga	gia
_ _e	_e
_ _i	_i
_o	_ _o
_u	_ _u

2.a

Lavorate in coppia (studente A e studente B). Lo studente A completa la prima parte della filastrocca con le lettere mancanti, lo studente B completa la seconda parte. Poi confrontate con il compagno e insieme leggete tutta la filastrocca.

Filastrocca

prima parte

___atto [g], ___omma [g], ___ufo [g],
di cantare sono stufo
___ino [dʒ], ___ostra [dʒ],
___elato [dʒ], sono tutto raffreddato
ma___i [g], ___iri [g] nei castelli,
___ocano [dʒ] con i pipistrelli

seconda parte

quattro dra___i [g] sputafuoco
alle prese con un cuoco
spi___e [g], stre___e [g] con le ru___e [g]
man___ano [dʒ] spesso le acciu___e [g]

2.b
cd44

Ascoltate la filastrocca e provate a ripeterla a voce alta.

1 *Completa il testo con gli aggettivi della lista.*

affettuosa · bassa · allegro · azzurri · alto · corti · piccolo · dolce · lunghi · brava · neri · verdi · biondi

Descrivo i miei compagni di classe, Fabio e Annachiara.

Fabio è _____, ha i capelli _____ molto _____ e gli occhi _____, espressivi e vivaci. È sempre _____. Ha un carattere _____ ed è il mio migliore amico.

Annachiara è _____ e magra. Ha gli occhi _____ e porta gli occhiali. È molto simpatica e _____. I capelli sono _____, lisci e _____. A scuola è molto _____.

Annachiara ha un _____ cane: si chiama Scila.

Punteggio: _____ /26 (ogni aggettivo = 2 punti)

2 *Completa il testo con i verbi "essere", "avere" o "piacere" al presente.*

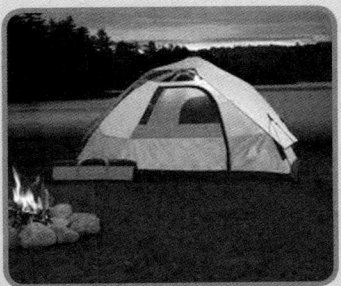

Ciao Laura,

questa _____ la foto del campeggio dove sono in vacanza.

Ti _____? Io _____ qui con la mia amica Nicole: _____ una ragazza francese, studia per un anno in Italia. Nicole _____ 15 anni, come me. Le persone qui _____ molto gentili e quando (noi) _____ un problema, sono molto disponibili.

E tu come stai? (Tu) _____ contenta di essere in vacanza? Tu e i tuoi amici _____ in Puglia, no? (Voi) _____ una macchina o girate in treno?

Scrivimi un SMS quando (tu) _____ un po' di tempo! Bacioni!

Punteggio: _____ /22 (ogni verbo = 2 punti)

3 *Completa il testo con le parole della lista.*

lezioni · scuole · compagni · studenti · ragazzi · materie · amici · compiti

Con Internet la scuola arriva ai bambini in ospedale

Oggi, per gli _____ di sette scuole della Toscana inizia la sperimentazione "Smart inclusion". Gli studenti di queste _____ hanno la possibilità di vedere le _____, fare i _____ e parlare con i _____ di classe e con gli _____: tutto via internet.

Per gli insegnanti sono pronte lavagne digitali e personal computer: grazie a questi strumenti gli studenti vedono l'aula e assistono alle lezioni di tutte le _____. Anche per i _____ malati a casa, internet permette di vedere le presentazioni dei professori.

Punteggio: _____ /16 (ogni parola = 2 punti)

4 *Ordina le parole della colonna destra, poi inserisci le frasi nella colonna sinistra e ricomponi il dialogo.*

1. ○ Ciao! _____
2. ○ Io mi chiamo Paolo.
3. ○ Piacere! _____
4. ○ Di Pesaro, e tu?
5. ○ _____
6. ○ Ah! E dove abiti?
7. ○ _____
8. ○ In II C.
9. ○ Anch'io! _____
10. ○ Quindici.
11. ○ Ti piace la scuola?
12. ○ Sì, ma _____

a. chiamo mi tu e Anna, io ?

b. sei dove di ?

c. di sono io Roma

d. in Dandolo. abito via Trastevere, a sei in classe che ?

e. anni quanti hai ?

f. matematica non piace mi la !

Punteggio: _____ /24 (ogni frase = 4 punti)

5 *Scrivi in lettere i risultati delle operazioni.*

a. $150 - 75$ = _____
b. $21 + 39$ = _____
c. $12 - 1$ = _____
d. $46 + 17$ = _____
e. $68 - 50$ = _____
f. $33 + 11$ = _____

Punteggio: _____ /12 (ogni numero = 2 punti)

Totale: _____ /100

Cosa sai fare?

	😄	😐	😒
fare lo spelling e chiedere il significato di una parola	☐	☐	☐
presentarti, chiedere e dire l'età, la provenienza, l'indirizzo, la nazionalità	☐	☐	☐
descrivere alcune caratteristiche del carattere e del fisico tuo o di un'altra persona	☐	☐	☐
contare fino a 100	☐	☐	☐
salutare in modo formale o informale	☐	☐	☐
leggere un post di presentazione in un forum	☐	☐	☐
compilare un modulo con i tuoi dati personali	☐	☐	☐
esprimere una preferenza	☐	☐	☐

Cosa conosci?

Pensa a quello che hai imparato e scrivi:

• cinque oggetti nella tua classe

• tre giorni della settimana

• come riconoscere un nome maschile o femminile

• tre aggettivi interessanti o divertenti

• quattro regioni italiane

• tre verbi utili durante la lezione

Come... studi italiano?

	sì	così così	no
preferisci lavorare da solo	☐	☐	☐
preferisci lavorare in coppia	☐	☐	☐
preferisci lavorare in gruppo	☐	☐	☐
ti piace giocare	☐	☐	☐
fai molte domande (come si dice?, cosa significa?, come si scrive?)	☐	☐	☐
ti piace ascoltare dialoghi	☐	☐	☐
ti piace ascoltare canzoni	☐	☐	☐
ti piace leggere testi	☐	☐	☐
ti piace studiare la grammatica	☐	☐	☐
usi molto il dizionario	☐	☐	☐

Quali sono le attività più utili secondo te? Perché? Quali altre attività sono importanti? Parlane con un compagno.

Mettiti alla prova!

Vai sul sito www.studenti.it, iscriviti alla community e lascia un post di presentazione nel forum che ti interessa.

Esercizi

1 *Completa i testi con gli articoli determinativi.*

Cosa pensate del web?

Tiziano Ferro

Internet mi permette di avere un contatto continuo con _____ persone. _____ sera, prima di andare a letto, entro sempre in www. musicaitaliana.it. Poi ho _____ fan club che è molto attivo in rete, io e _____ fan chattiamo spesso e abbiamo già organizzato un paio d'incontri. Questo è possibile solo grazie alla rete!

Laura Pausini

Amo internet! Tutti _____ giorni, se è possibile, navigo per almeno mezz'ora. Inizio con _____ posta, poi leggo velocemente www.corriere.it e, una volta alla settimana, vado su www.musicaitaliana.it per controllare _____ mia posizione in classifica. Mi piace visitare _____ siti che _____ fan mi dedicano. Spesso, con _____ amici, compro _____ mie t-shirt preferite su www.abercrombie.com.

2 *Completa il testo con i verbi tra parentesi al presente.*

Sempre più hi-tech: dalle musicassette al blog, come cambiano le abitudini dei ragazzi

Gli anni passano in fretta e le mode (*cambiare*) _____ ancora più velocemente da quando siamo nell'era della tecnologia.
Non (*noi - usare*) _____ più il walkman per ascoltare musica in movimento, (*scrivere*) _____ lettere raramente e non (*registrare*) _____ cassette con la nostra musica preferita.
Questi oggetti (*suscitare*) _____ un sorriso ironico tra gli adolescenti che conoscono solo l'iPod, i blog e gli smart phone.

Un ragazzo di oggi (*conoscere*) _____ la musica soltanto in versione digitale e (*usare*) _____ internet e sms per comunicare e tenersi in contatto con il mondo.
Le uniche cose che (*resistere*) _____ al passare degli anni sono le scarpe da ginnastica Converse, i jeans e la passione per la musica degli U2, mentre (*essere*) _____ sempre più lontani i tempi delle lettere, delle agende e dei diari.

3 *Completa la conversazione al telefono con le espressioni della lista.*

come · quanto costano? · io abito · buongiorno · ho capito · perfetto · che · perfetto · quanti · siamo un po' lontani · ciao · pronto

a. Simone:
_____?

b. Alice:
_____ , chiamo per i biglietti in vendita per il concerto di J-Ax.

c. Simone:
Ah, _____!
_____ biglietti vuoi?

d. Alice:
Due, se possibile.

e. Simone:
_____ .

f. Alice:
Ma... _____ ?

g. Simone:
Costano 50 euro l'uno.

h. Alice:
E _____ tipi di posti sono?

i. Simone:
I posti sono molto buoni, vicini al palco e centrali. Da lì sentite e vedete benissimo.

l. Alice:
_____ .
_____ ci mettiamo d'accordo?

m. Simone:
Eh... Io abito a Monte Mario, tu?

n. Alice:
Eh, _____ a Monteverde. _____ .

o. Simone:
Sì, infatti. Allora... Facciamo così: ho un amico che lavora alla Feltrinelli.

p. Alice:
La Feltrinelli?

q. Simone:
Sì, è un grande negozio che vende libri e CD. Sta a Largo Argentina, al centro.

r. Alice:
Ah, _____ .

4 *Leggi i post e <u>sottolinea</u> l'opzione corretta tra quelle **evidenziate**.*

Il Nero: Qual è la radio che preferite ascoltare quando siete in macchina, a casa, al lavoro e qual è il vostro programma radiofonico preferito?

Lupo solitario: Io ascolto **sempre / qualche volta / mai** ReteSport, soprattutto il programma "In alto i cuori". Non perdo una puntata.

Arkeos: Io ascolto la radio in macchina, ma solo **tutti i giorni / spesso / qualche volta**, quando sono molto rilassato. In genere sento Radio Deejay...

Macchia Nera: Non ascolto **mai / sempre / qualche volta** la radio... Non mi piace!

Shinobi: Radio Rock... for ever! Bella musica (rock ovviamente), poca pubblicità e **spesso / mai / qualche volta** (quasi tutti i giorni) trasmettono canzoni meno famose.

Avatar: **Mai / Sempre / Qualche volta** e solo Radio Rock!

Megadrive: Ascolto **mai / tutti i giorni / qualche volta** Radio DJ: dal lunedì alla domenica, comincio tutte le giornate con la musica!

Darklady: Sento la radio solo **sempre / spesso / qualche volta** perché quando sono a casa sento principalmente i miei mp3.

5 Scrivi i numeri **evidenziati** in lettere o le parole **evidenziate** in numeri, come negli esempi.

a. 4

b.

c.

d.

e.

f. duemilasei

g.

h.

i.

Torna il "Fara Music Festival" jazz

FARA SABINA (RIETI) - Tutto pronto per il "Fara Music Festival". Sono già **quattro** i festival realizzati dal **2006** ad oggi. L'evento, dedicato alla musica jazz, si svolge dal **18** al **25** luglio. Un po' di numeri dell'evento: oltre **trenta** concerti con i più grandi jazzisti, **300.000** visite sul sito ufficiale (www.faramusic.it), più di **5.000** musicisti iscritti al blog (www.myspace.com/faramusic), **venticinquemila** spettatori, un concorso per i talenti europei del jazz, cominciato nel **2009**. Questi solo alcuni dei numeri della manifestazione musicale più importante del Lazio.

6 Inserisci gli articoli determinativi negli spazi _ _ _ _ e i verbi tra parentesi al presente negli spazi _____.

Zacattack!

Chi è Zac?
Dal 1999 (*lei - lavorare*) _____ per Radio 105,
è _ _ _ _ protagonista di Zac Attack e di Top Radio,
_ _ _ _ intervistatrice preferita delle superstar
della musica e _ _ _ _ voce più amata.
A 105.net (*lei - spiegare*) _____ come diventare
una numero uno. _ _ _ _ ascoltatori di 105.net
(*aspettare*) _____ di conoscere _ _ _ _ sua vita
e _ _ _ _ musicisti che ama. Come (*vivere*)
_____ Zac? Com'è _ _ _ _ giornata-tipo
di una DJ famosa?
"Non (*io - essere*) _____ solo dj, ma (*lavorare*)
_____ anche come giornalista musicale e
(*coltivare*) _____ mille hobby: (*adorare*)
_____ _ _ _ _ fotografia, _ _ _ _ giardinaggio,
_ _ _ _ sport e _ _ _ _ documentari. _ _ _ _ mio
difetto più grande? Sono una perfezionista e non mi

(*piacere*) _____ _ _ _ _ pigri.
_ _ _ _ mio giorno-tipo non (*avere*) _____ mai
spazi vuoti. _ _ _ _ giornate (*cominciare*) _____
alle 9:00 e non (*io - smettere*) _____ di lavorare
se non è tutto perfetto. Per esempio, non (*io - iniziare*)
_____ mai un'intervista senza tutte _ _ _ _
informazioni essenziali. So che molte persone non mi
(*sopportare*) _____, ma _ _ _ _ risultati
sono _ _ _ _ cosa davvero importante per me.

7 *Leggi e indica con una "X" l'opzione corretta nella tabella sotto.*

Apre a Milano il museo del rock

Un progetto molto ambizioso in Piazza Duomo a Milano. Un museo del rock.

Il conduttore-deejay Red Ronnie mette a disposizione la sua enorme collezione di dischi e oggetti di famosi musicisti internazionali: da Elvis Presley a Jimi Hendrix, da Jim Morrison ai Beatles, dai Rolling Stones a Bill Haley, da Woodstock al Live Aid a Madonna.

Questa mostra è la prima in assoluto in Italia e si può visitare da sabato. Il biglietto d'ingresso costa 5 euro.

MILANO PIAZZA DUOMO
ROCK 'n' MUSIC
P L A N E T

La collezione racconta la storia del rock dal 1954 a oggi tra strumenti musicali, locandine, autografi, poster, oggetti, foto, riviste d'epoca, interviste video, vestiti, scritti, poesie e pensieri di personaggi leggendari. Per esempio potete trovare le chitarre di Jimi Hendrix, George Harrison e Kurt Cobain, i testi di Jim Morrison, gli scritti di John Lennon e l'armonica di Bob Dylan.

Tra gli oggetti c'è anche una chitarra a forma di Africa, il simbolo della mostra. Dopo Milano la mostra inizia un tour mondiale fra Africa e altri paesi, fino al 2015.

---

1. La collezione di oggetti della mostra appartiene a

a. un famoso deejay.   **b.** un cantante.   **c.** un politico.

2. La mostra comincia

a. oggi.   **b.** sabato.   **c.** domani.

3. La mostra racconta il rock

a. del passato.   **b.** contemporaneo.   **c.** dagli anni '50 ad oggi.

4. Nella mostra ci sono

a. solo testi di canzoni.   **b.** fotografie.   **c.** tanti tipi di oggetti diversi.

5. Dopo Milano la mostra

a. finisce.   **b.** continua in Europa.   **c.** continua in giro per il mondo.

Fonetica

I suoni [sk] e [ʃ]

1
cd45

Ascolta il dialogo e fai attenzione al suono delle lettere sottolineate. Poi trova l'altra parola (non sottolineata) che contiene gli stessi suoni e inseriscila al punto 3. della tabella. Alla fine indica con una "X" come si pronunciano le parole e confrontati con un compagno.

- **Alice:** Come si chiama questo tuo amico?
- **Simone:** France<u>sco</u>. Lo ricono<u>sci</u> subito: ha i capelli lunghi.
- **Alice:** Va bene, pago a lui, allora?
- **Simone:** Sì, sì, è un amico fidato... Puoi lasciare i soldi a lui.
- **Alice:** Allora... Io porto i soldi a France<u>sco</u> e prendo i biglietti domani.

	si pronuncia sk	si pronuncia ʃ
1. France<u>sco</u>		
2. ricono<u>sci</u>		
3.		

2.a
cd46

Indica con una "X" il suono delle lettere sottolineate nella tabella, poi confrontati con un compagno. Alla fine ascoltate e verificate.

	sk	ʃ
1. To<u>sc</u>ana	☐	☐
2. preferi<u>sci</u>	☐	☐
3. <u>sch</u>ema	☐	☐
4. la<u>sci</u>are	☐	☐
5. <u>sc</u>ena	☐	☐

	sk	ʃ
6. <u>sc</u>uola	☐	☐
7. ma<u>sch</u>ili	☐	☐
8. a<u>sc</u>oltare	☐	☐
9. la<u>sc</u>io	☐	☐
10. cono<u>sc</u>iuto	☐	☐

2.b

*Osserva le lettere sottolineate nelle parole del punto **2.a** e completa la regola.*

si pronuncia sk

_ _a	_ _he	_ _ _i	_ _o	scu

si pronuncia ʃ

scia	_ _e	_ _i	_ _ _o	_ _ _u

2.c
cd47

*Completa la filastrocca accanto con le lettere sottolineate dell'esercizio **2.a** che hanno il numero corrispondente, come nell'esempio. Poi confrontati con un compagno e insieme provate a leggere la filastrocca a voce alta. Alla fine ascoltate e verificate.*

Filastrocca

France<u>sca</u> (1) passa gli u____ (2)

offrendo pe____ (3) e pe_____ (2),

le pe____ (3) sono fres _____ (3),

i pe____ (2) sono li_____ (2),

France_____ (1) poi li la____ (4),

ripassa gli u____ (2) ed e____ (5)

1 *Inserisci nei testi le parole della lista.*

vita • cappelli • immagine • gusti • cosa • look • uguali • liceo • vita • ragazzi • magliette • ragazze • scarpe • classe • tempi • musica • stile

---

La moda è così importante nella _____?
Da 2 settimane frequento il _____ e ho notato che tutte le _____ portano solo vestiti firmati (Zara, Armani, D&G, ecc). I _____ solo Converse o Superga o All Star...
E io mi metto soltanto i miei soliti jeans e normali _____: mi sento quasi inferiore...
Secondo voi mi devo mettere al passo coi _____? E poi la moda è così importante nella _____??
Rix

Io odio la moda!
È una _____ stupida che porta tutti i giovani a essere _____: come tutte le ragazze e i ragazzi della mia _____. Sono tutti alla moda, tutti vestiti allo stesso modo, sentono tutti la stessa _____, ecc...
Io preferisco seguire i miei _____.
Va il colore viola? A me non interessa, io ODIO il viola...
Io dico "no!" alle mode.
Giulio

Io adoro la moda:
scarpe (stivali, ballerine, sandali), vestiti, accessori (sciarpe, borse, collane)... Di tutto, di ogni genere. Mi piace molto avere un _____ moderno e uno _____ curato: per una ragazza l' _____ è importante.
Io abbino spesso cose di marca (come le _____) ad altre cose particolari non firmate ma di tendenza (come _____ o cinture).
Marta

Adattato da *it.answers.yahoo.com*

2 *Inserisci nel testo i verbi tra parentesi al presente.*

Il mio primo giorno di liceo!

Stamattina mia madre (*svegliarsi*) _____
e per prima cosa urla: "Presto! Oggi
(*cominciare*) _____ la scuola!".
(*Io - alzarsi*) _____ controvoglia
e (*prepararsi*) _____: (*lavarsi*)
_____ la faccia, (*mettersi*)
_____ il deodorante e vado in camera
mia. (*Io - vestirsi*) _____: pantaloni
stretti, maglietta rosa, felpa grigia e All Star
verdi e bianche. (*Io - guardarsi*) _____
allo specchio: (*stare*) _____ bene! (*Io
- infilarsi*) _____ una giacca bianca e
vado a fare colazione al bar con mia madre.
Sono abbastanza tranquilla. Poi (*noi - arrivare*)
_____ davanti alla scuola, e qui
(*iniziare*) _____ il panico... Mia madre
mi (*chiedere*) _____ "(*Tu - sentirsi*)

_____ bene? Sei un po' pallida!":
in effetti ora sono un po' nervosa.

(*Io - entrare*) _____ in classe:
non (*conoscere*) _____ quasi
nessuno... AIUTO!!! Quasi tutti (*conoscersi*)
_____ e (*parlare*) _____
tra loro... Terribile! Per fortuna (*avvicinarsi*)
_____ una ragazza. Si siede vicino
a me. "UNA NUOVA AMICA!", penso...
Ma durante l'intervallo va a parlare con
altre ragazze. Io (*preferire*) _____
non interferire, così resto da sola... Poi
(*io - provare*) _____ a parlare con
altri compagni, ma non è facile: dopo cinque
minuti non ho più niente da dire... (*Suonare*)
_____ la campanella... Fiuu, il primo
giorno è finito!!

3 *Leggi il testo e <u>sottolinea</u> i tre articoli determinativi
e i tre articoli indeterminativi sbagliati.*

Un mondo sempre più hi-tech: dalle musicassette al blog, come cambiano le abitudini dei ragazzi

I anni passano in fretta e le mode cambiano ancora più velocemente nell'era della tecnologia.
Non usiamo più il walkman per ascoltare musica in movimento, non scriviamo molte lettere e non registriamo cassette con la nostra musica preferita.
Questi oggetti suscitano un sorriso ironico tra i ragazzi che usano lo iPod, i blog e gli smart phone.
Uno ragazzo di oggi conosce la musica soltanto in versione digitale e usa internet e sms per comunicare e tenersi in contatto con il mondo.

I adolescenti vivono in uno universo molto più complicato di quello passato e hanno una competenza molto più alta della generazione precedente.
Le lettere, le agende e i diari sono sostituite da un versione moderna della comunicazione scritta: i blog o, al massimo, gli sms.
Le uniche cose che resistono al passare degli anni sono le scarpe da ginnastica Converse, i jeans e la passione per la musica degli U2.

4 Completa il testo con gli articoli determinativi negli spazi _ _ _ _ e gli articoli indeterminativi negli spazi _____, come nell'esempio.

Avete _una_ **poesia nel cassetto?**

Concertodeisogni è _____ comunità virtuale che parla di letteratura. Permette di fare amicizia con altri iscritti al sito, leggere _ _ _ _ commenti degli utenti, leggere _ _ _ _ poesie o _ _ _ _ racconti pubblicati dai partecipanti, inserire _ _ _ _ proprie creazioni. Contiene anche _____ forum su altri temi, comunque attenzione a cosa scrivete: tra _ _ _ _ iscritti c'è _____ moderatore che controlla _ _ _ _ risposte e _ _ _ _ messaggi inviati. Se avete _____ racconto nel cassetto, *Concertodeisogni* vi offre _ _ _ _ possibilità di diventare famosi!

Adattato da *www.ciao.it*

5 Completa gli annunci del forum di www.studenti.it con una delle parole **evidenziate**.

Studenti^{it}

Esame d'inglese. Come mi preparo?

Gambitt99
Registrato:
10 aprile 2011

Ciao! Devo fare un esame di inglese. *Mi / Ti / Si* iscrivo oggi e ho un mese di tempo per prepararmi. Tu come *mi / ti / si* prepari? Studi la grammatica, leggi, fai esercizi? Cosa consigli?

Alexp
Registrato:
12 aprile 2011

Io per ora *mi / ti / si* esercito con *Longman preparation course*. Un mio amico, invece, *mi / ti / si* prepara con *Barrons*. C'è un sito internet molto interessante: *mi / ti / si* chiama www.imparareinglese.uk. Se *mi / ti / si* iscrivi puoi fare tanti esercizi on line!!!

Adattato da *www.studenti.it*

6 Leggi il dialogo e trova le espressioni invertite tra quelle **evidenziate**, come nell'esempio.

1. Intervistatrice:
Quando è importante per te il look?

2. Ragazza:
Secondo me il look è molto importante.

3. Intervistatrice:
In particolare **secondo te**?

4. Ragazza:
Beh, **che**, quando vado alle feste, **ci mette** qualcosa di diverso: un vestito, una gonna.

5. Intervistatrice:
E **quanto** vai a scuola cosa **preferisci**?

6. Ragazza:
Eh, mi metto i pantaloni, normali, i jeans e una maglietta.

7. Intervistatrice:
Per esempio stile hai?

8. Ragazza:
Stile... Non so, semplice...

9. Intervistatrice:
Ti metti sportivo o elegante?

10. Ragazza:
Preferisco i vestiti sportivi.

11. Intervistatrice:
Quando un ragazzo ci mette di più o di meno di una ragazza per prepararsi?

12. Ragazza:
Beh, sicuramente un ragazzo **mi metto** di meno.

Esercizi

7 *Abbina le foto alle descrizioni dei look.*

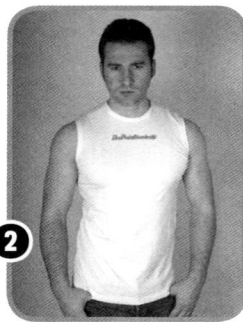

❶

❷

❸

❹

truzzo
Abbigliamento: abiti firmati, pantaloni stretti o jeans, magliette o canottiere molto attillate, felpe.
Accessori: occhiali da sole.
Capelli: molto corti.

gothic lolita
Abbigliamento: vestiti neri, blu o viola. Merletti, ricami e fiocchi. Calze sopra il ginocchio bianche o nere.
Accessori: ombrellino parasole, borsette.
Capelli: lunghi, lisci o ricci.

emo
Abbigliamento: jeans stretti, scarpe sportive, colori scuri.
Accessori: piercing, collane, croci.
Capelli: davanti agli occhi, corti, lisci.
Segni particolari: occhi truccati anche per i ragazzi.

scene queen
Abbigliamento: legging, minigonne, scarpe con la zeppa.
Accessori: fermagli, piercing, peluche.
Capelli: lunghi, lisci, biondo platino, rosa fragola o con ciocche multicolori.

8 *Leggi e poi seleziona le informazioni presenti nel testo.*

"I nostri abiti? Riflettono come siamo."

ROMA - Nella "piazza degli alternativi del XXI secolo", a piazza del Popolo, c'è un mondo di adolescenti che non vuole "sentirsi omologato". Questi ragazzi ascoltano musica diversa e frequentano scuole e quartieri molto lontani dal centro storico: *emo*, alternativi, *scene queen*, *gothic* e *sweet lolita*. Generazioni di oggi. Giovani dai 14 ai 20 anni che vestono di nero, indossano ciondoli, ado-rano il metal, portano pizzi e crocifissi, abiti color pastello simili a bambole di porcellana. Ogni giorno, dalle 3 alle 8 di sera, sono lì, esibiscono frange piastrate, catene e ciuffi colorati, corpi pieni di piercing e tatuaggi."Perché vi vestite così?" – chiediamo. "Perché il nostro aspetto riflette come ci sentiamo dentro. In questo non siamo come gli altri: tutti uguali".

Adattato da www.messaggero.it

1. Gli adolescenti dell'articolo si sentono
(a.) uguali agli altri.
(b.) diversi dagli altri.
(c.) giovani.
(d.) moderni.

2. Il luogo dove si riuniscono è
(a.) una discoteca.
(b.) una piazza.
(c.) un quartiere.
(d.) una città.

3. I ragazzi hanno
(a.) tra i 14 e i 20 anni.
(b.) meno di 14 anni.
(c.) più di 20 anni.
(d.) 14 anni o 20 anni.

4. Gli adolescenti dell'articolo
(a.) hanno stili differenti e ascoltano la stessa musica.
(b.) hanno lo stesso stile e ascoltano la stessa musica.
(c.) hanno stili differenti e ascoltano musica di vario tipo.
(d.) hanno lo stesso stile e ascoltano musica di vario tipo.

I suoni [ʎ] e [ɲ]

1.a
Ascolta le parole e indica con una "X" quali suoni senti, come negli esempi.

cd48

	1.	2.	3.	4.	5.	6.	7.	8.	9.	10.
ʎ	X	☐	☐	☐	☐	☐	☐	☐	☐	☐
ɲ	☐	X	☐	☐	☐	☐	☐	☐	☐	☐

1.b
*Completa le parole del punto **1.a** con le lettere "gli" o "gn", come negli esempi.*
Poi confrontati con un compagno. Alla fine riascoltate e verificate.

cd48

1. ma_gli_one **2.** si_gn_ora **3.** sba___ato **4.** compa___i **5.** inse___ante

6. dise___o **7.** bi___etto **8.** Bolo___a **9.** si___ifica **10.** fami___a

2
Ascolta e completa le parole del dialogo con le lettere "gn" o "gli".

cd49

- **Cliente:** Scusi, si___ora, potrei vedere que___ stivali?
- **Commessa:** Quali, mi scusi?
- **Cliente:** Quelli accanto alla ma___a verde.
- **Commessa:** Ah sì, ___eli faccio prendere subito. Scusa, A___ese, puoi far vedere ___ stivali marroni al si___ore?

3
La classe si divide in coppie (studente A e studente B). Le coppie appendono un foglio alla parete e si posizionano lontano dal foglio. Lo studente A ha in mano la prima parte della filastrocca: al "via!" dell'insegnante legge allo studente B una parte del testo e lo studente B corre a scriverlo sul foglio. Lo studente A può suggerire solo quando il compagno torna vicino a lui. Le coppie devono completare la prima parte della filastrocca. Vince la coppia che finisce per prima senza fare errori. Poi si invertono i ruoli e le coppie scrivono la seconda parte della filastrocca.

Filastrocca

prima parte	seconda parte
i sogni negli stagni	i sogni negli stagni
son ragni fra paglie,	meravigliosi segni,
voglia di agli e pigne,	son magnifiche spagne,
sono maglie di ragni	che ignorano le mogli,
che imbrogliano triglie	son gnomi sugli scogli

1 *Inserisci negli spazi _ _ _ _ gli articoli determinativi e negli spazi _____ gli articoli indeterminativi.*

_ _ _ _ look rivela il tuo umore!

Il colore dei vestiti dice molto di te, del tuo carattere, di come stai.
E questo è importante per _ _ _ _ ragazze, ma anche per _ _ _ _ ragazzi: anche loro scelgono _____ abbigliamento colorato che cambia con _ _ _ _ umore. _____ persona timida preferisce _ _ _ _ abiti discreti e _ _ _ _ accessori poco colorati. _ _ _ _ abiti colorati, _ _ _ _ sciarpe con colori solari sono preferiti da _____ carattere estroverso, ottimista.
Certo, _ _ _ _ stile dipende anche dal contesto

(_ _ _ _ luogo, _ _ _ _ regione geografica, _ _ _ _ ambiente sociale, ecc.), ma ottimismo o pessimismo condizionano _ _ _ _ particolari, come _____ anello o _____ rossetto.
Viceversa, il colore della casa, della scuola, eccetera, cambiano _____ giornata negativa o rinforzano _____ stato d'animo particolare. Da domani, indossate _____ colore che per voi simboleggia _ _ _ _ allegria: trasformate _____ esperienza negativa in un giorno pieno di sorprese!

Punteggio: | _____ /23 (ogni articolo = 1 punto) |

2 *Inserisci i verbi tra parentesi al presente.*

Adolescenti col mal di testa: non esagerate con la musica

Ti piace ascoltare musica in autobus o mentre (*tu - passeggiare*) _____ per strada? (*Tu - preferire*) _____ la musica ad alto volume? Attenzione: potresti avere presto dei forti mal di testa.
Gli adolescenti (*ascoltare*) _____ spesso la musica e (*frequentare*) _____ locali con la musica alta. Ogni giorno (*noi - vedere*) _____ ragazzi con l'iPod in mano, mentre vanno a scuola, insieme agli amici, al parco o in piazza. Ma questo hobby (*sembrare*) _____ molto pericoloso: secondo la rivista "BMC Neurology",

quando una persona (*ascoltare*) _____ musica per più di un'ora al giorno, (*soffrire*) _____ più facilmente di mal di testa. Per motivi ancora sconosciuti, i giovani che ascoltano regolarmente musica (*soffrire*) _____ di mal di testa molto più dei ragazzi che (*preferire*) _____ ascoltare un po' di musica ogni tanto. La ricerca (*procedere*) _____ ancora su 1025 adolescenti tra i 13 ed i 17 anni.

Punteggio: | _____ /22 (ogni verbo = 2 punti) |

3 Inserisci i verbi tra parentesi al presente negli spazi _____ e i nomi della lista accanto negli spazi _ _ _ _.

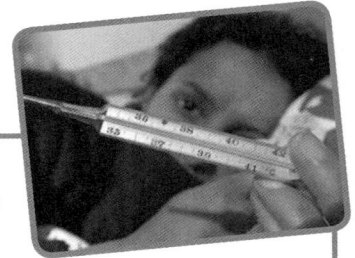

Cari amici, vi racconto la mia terribile giornata!
Stamattina (*io - svegliarsi*) _____ alle cinque e trenta con un gran mal di testa, sistemo il _ _ _ _, vado in cucina per preparare la colazione e prendere una bella aspirina, poi (*lavarsi*) _____ con acqua gelida per diventare attiva e presente.
(*Io - truccarsi*) _____ per contrastare il grigiore della giornata: *smoky eyes* e fard rosa. Abbino il make-up con un look adeguato: gli _ _ _ _ marroni di gomma, i jeans neri, un _ _ _ _ rosso, ma... la zip dei jeans (*rompersi*) _____!!! Cambio di programma: apro l'_ _ _ _ e cerco la _ _ _ _ marrone. Prendo lo _ _ _ _ e scendo in strada: le persone (*muoversi*) _____ veloci per andare al lavoro.
L'aspirina non funziona, ho freddo (forse ho la febbre?). Torno a casa, metto la giacca su una _ _ _ _, prendo un'altra aspirina e (*sdraiarsi*) _____ sul _ _ _ _ a guardare la tv: la presentatrice di un programma di gossip (*divertirsi*) _____ a mostrare VIP fotografati in giro per il mondo.
Ok, ho freddo, (*io - mettersi*) _____ la _ _ _ _ al collo, accendo il computer, vado su Facebook alla ricerca del mio amico Steven: (*noi - mettersi*) _____ a chattare un po', ma il mal di testa vince. Torno a letto, poggio la testa sul _ _ _ _ e (*addormentarsi*) _____ dopo 5 minuti: è finita la giornata!!!!

armadio *giacca* *zaino* *stivali* *tappeto* *sedia* *letto* *sciarpa* *maglione* *cuscino*

Punteggio: _____ /30 (ogni verbo = 1 punto; ogni nome = 2 punti)

4 Inserisci le espressioni della lista nella conversazione telefonica.

grazie *mai* *di che colore è* *chiamo per* *pronto* *ci metto* *perfetto* *va bene* *quanto*

a. _____?
b. Pronto, ciao Salvatore, sono Tindara.
c. Ah, ciao! Come stai?
d. Bene, _____. _____ la festa di stasera. Vieni?
e. La festa di Licia! È vero!
f. Non ti ricordi _____! Sei un disastro!
g. Hai ragione. Ma è tardi! E non ho la macchina!
h. Passo io con la macchina. _____ ?

i. _____!
l. _____ tempo ci metti a prepararti?
m. _____ mezz'ora, al massimo.
n. Ok. Allora arrivo a casa tua tra quaranta minuti. Ti aspetto in macchina.
o. Va bene. _____ la tua macchina?
p. Rossa. È una Fiat Punto.

Punteggio: _____ /18 (ogni espressione = 2 punti)

5 Scrivi gli anni in lettere.

a. 1976 = _____
b. 1852 = _____
c. 2011 = _____
d. 1638 = _____
e. 1519 = _____
f. 1124 = _____
g. 2001 = _____

Punteggio: _____ /7

Totale: _____ /100

Bilancio - Unità 3 e 4

Cosa sai fare?

	😄	😐	😒
rispondere al telefono	☐	☐	☐
parlare delle attività quotidiane tue o di altre persone	☐	☐	☐
fare e rispondere a test e sondaggi	☐	☐	☐
parlare di look e abbigliamento	☐	☐	☐
leggere una breve biografia	☐	☐	☐
indicare la tua data di nascita	☐	☐	☐
rispondere a una mail	☐	☐	☐
indicare alcune caratteristiche della personalità tua o di altre persone	☐	☐	☐

Cosa conosci?

Pensa a quello che hai imparato e scrivi:

• come sei vestito oggi

• una cosa che fai sempre

• una cosa che non fai mai

• una cosa che fai qualche volta

• tre colori che ti piacciono

• due verbi riflessivi

• tre oggetti della tua camera

Come... fai shopping on line?

Entri in un sito italiano per comprare un prodotto (un vestito, un apparecchio elettronico, ecc.). Quali elementi attirano la tua attenzione? Dai un voto da 1 (non interessante) a 5 (molto interessante) a ogni elemento.

le immagini del prodotto	☐	la marca	☐
la presentazione scritta	☐	le presentazioni video	☐
la presentazione audio	☐	il testimonial	☐
il prezzo e lo sconto	☐	i giudizi di altri utenti	☐

Rifletti su come cerchi informazioni, poi confrontati con i compagni. Che differenze ci sono? Quale degli elementi seguenti è molto importante per voi?

testo	☐	audio (interviste, presentazioni)	☐
immagini (foto, disegni, ecc.)	☐	video	☐

Mettiti alla prova!

Vai su http://it.answers.yahoo.com, descrivi il tuo abbigliamento e chiedi un consiglio per un nuovo look!

1 Leggi i testi e <u>sottolinea</u> il verbo giusto tra quelli **evidenziati**.

❶

Matteo Garrone **nasce / fa / dice** da una famiglia romana che **fa / tiene / prova** parte del mondo dello spettacolo: il padre è un critico teatrale, la madre una fotografa. Nel 2008 **realizza / mostra / diventa** un progetto molto importante: **guarda / gira / tiene** un film sulla camorra e la criminalità napoletana tratto dal bestseller "Gomorra" (di Roberto Saviano).
Nel film **hanno / parlano / ci sono** tantissime storie che **mostrano / provano / tornano** il mondo di Scampia. Matteo Garrone **fa / parla / va** una precisa ricostruzione della terribile realtà di questo paese vicino a Napoli. Non **fa / c'è / ha** una sola battuta scritta: quello che i protagonisti **studiano / fanno / camminano** e dicono è completamente improvvisato.

❷

Paolo Virzì **è / ha / dice** il nuovo rappresentante della commedia all'italiana. I critici **spiegano / descrivono / dicono** il regista come un ritrattista della provincia italiana. Virzì **racconta / c'è / prova**, nei suoi film, la vita e i sogni dell'italiano comune: la casalinga che **dice / gira / prova** a diventare una star televisiva, la giovane laureata disoccupata che **fa / va / cammina** a lavorare in un call center. I suoi film ("Ovosodo", "La prima cosa bella" e altri) **dicono / girano / ci sono** com'è l'Italia di oggi, nel bene e (spesso) nel male.

❸

Cristina Comencini, regista e sceneggiatrice, **studia / nasce / ha** i suoi personaggi e i loro sentimenti. Il suo cinema **c'è / racconta / prova** di persone normali che si incontrano, **vanno / fanno / dicono** via e **tornano / tengono / ricevono**, cambiate per sempre. Attraverso i protagonisti la regista **fa / diventa / dice** allo spettatore quali sono i segreti e i sogni della gente comune. Il primo successo della Comencini è "Va' dove ti porta il cuore" (1995), tratto dal bestseller di Susanna Tamaro. Nel 2005, la regista **va / riceve / tiene** una nomination all'Oscar per "La bestia nel cuore", storia di una giovane donna e di suo padre, che **tiene / racconta / si incontra** nascosta una terribile verità.

2 Ricostruisci la storia del film con gli elementi della lista, come nell'esempio.

a. il piccolo Michele, nove anni, fa una scoperta terribile

b. preferiscono restare a casa

c. e gli adulti, per evitare il caldo,

d. nel pozzo di una casa abbandonata

e. gira fra le case e le campagne

f. si incontrano per caso

g. sono chiuse per le vacanze

h. gli adulti del paese tengono un suo coetaneo nascosto

Io non ho paura

Di giorno, il piccolo paese di Acque Traverse sembra abbandonato.

Le scuole **1.** ☐ **2.** c **3.** ☐ .

Solo un piccolo gruppo di ragazzini **4.** ☐ .

Durante una di queste uscite **5.** ☐ : **6.** ☐ , **7.** ☐ .

Un giorno i due ragazzi **8.** ☐ . Perché gli adulti nascondono quel ragazzino?

3 Movieland Park è un parco tematico dedicato al cinema. Osserva l'immagine e completa la descrizione con le espressioni della lista sotto.

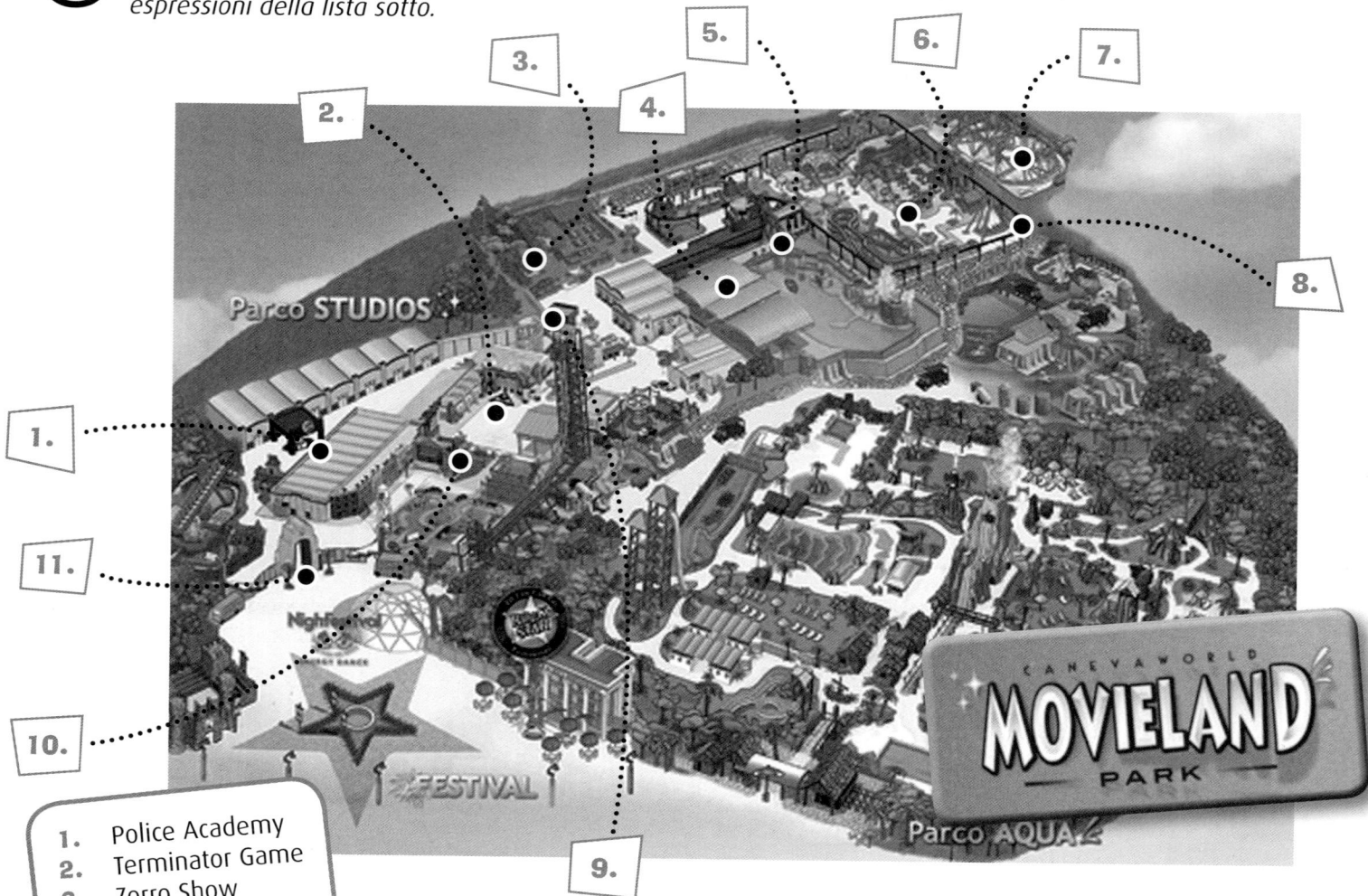

1. Police Academy
2. Terminator Game
3. Zorro Show
4. John Rambo Show
5. U-571
6. Katapult
7. Brontojet
8. BC-10 Airlines
9. Peter Pan Show
10. Hollywood Show
11. Horror House

di fronte a
sempre dritto
a sinistra
a destra   in fondo
vicino al

A Movieland puoi trovare delle attrazioni uniche! Passa attraverso la porta della *Horror House* e gira _____: trovi _____ te l'*Hollywood show*, dove riceverai uno scintillante spettacolo di benvenuto! Vai _____ fino al *Terminator Game* e combatti contro le macchine. Esci da lì, gira _____ e vai fino al *John Rambo Show*. Parteciperai a un'avventura fantastica! Se hai fame, _____ *John Rambo show* trovi il mondo messicano dello *Zorro Show*, con attori che recitano scene del film tra i tavoli. Quando sei sazio, esci, gira a sinistra e vai dritto. Vedrai il famoso sottomarino di *U-571*. Entra: è un simulatore di immersione! E dietro il sottomarino ecco il mondo della *Stone Age* per i più piccoli: le rapide del *Troncosaurus* a destra, *Katapult* a sinistra, e il nuovissimo *BC-10 Airlines*, _____ al parco: vola sulle ali di uno pterodattilo!

4 Abbina le espressioni **evidenziate** nel dialogo alle definizioni della tabella sotto, come nell'esempio.

a. **Signora:**
È semplice. **Allora**, tu esci dalla stazione... Vai da questa parte, a sinistra, e arrivi fino a quella porta in fondo, va bene?

b. **Ragazza:**
Sì.

c. **Signora:**
Eh, prendi la strada che è **proprio** di fronte alla stazione, **verso destra,** e vai tutto dritto fino a piazza Duomo.

d. **Ragazza:**
Ok.

e. **Signora:**
Quando sei a piazza Duomo, mmm... Guardando la facciata, ci sono due strade, una piccola e una grande. Tu prendi quella grande, che trovi **sulla sinistra**.

f. **Ragazza:**
Sì.

g. **Signora:**
Eh, quella è via Martelli. **Poi** prosegui, diventa via Cavour, **comunque** ti porta direttamente a piazza San Marco. Piazza San Marco la vedi perché c'è... c'è una statua nel mezzo.

h. **Ragazza:**
Ah, ok, **quindi**: esco a sinistra dalla stazione...

i. **Signora:**
Esatto.

l. **Ragazza:**
Arrivo in fondo in piazza Duomo e, guardando il duomo, a sinistra e poi tutto in fondo fino a piazza San Marco.

m. **Signora:**
Perfetto.

Definizione	Parola o espressione nel dialogo
1. significa *giusto, corretto*	
2. significa *molto bene*	
3. si usa prima di cominciare a parlare (due parole):	*allora*
4. equivalente di *a destra*	
5. equivalente di *a sinistra*	
6. significa *in ogni caso*	
7. significa *esattamente*	
8. sinonimo di *dopo*	

5 Osserva l'immagine e indica con una "X" se le frasi sono vere o false.

	vero	falso
1. La scuola è davanti al bar.	☐	☐
2. La maestra è vicino al cameriere.	☐	☐
3. La fontana non è al centro della piazza.	☐	☐
4. L'autobus è a destra della chiesa.	☐	☐
5. Il semaforo è vicino alla scuola.	☐	☐
6. I panini sono sul tavolino.	☐	☐
7. Il cameriere è vicino alle ragazze.	☐	☐
8. Il cane è sopra il tavolino.	☐	☐

Esercizi

6 *Completa il testo con i verbi della lista al presente, come nell'esempio. Attenzione: un verbo compare due volte.*

esserci · fare · avere · seguire · permettere · partire · essere · andare

Conoscere Roma con i bus turistici!

Se _vai_ a Roma e _____ poco tempo, _____ molti bus turistici a due piani che _____ itinerari nei luoghi più famosi della città, dalla Roma imperiale alla Roma cristiana, e _____ di scendere, fare una passeggiata e risalire su un altro bus, sempre con lo stesso biglietto. Questi bus turistici _____ dalla stazione Termini tutti i giorni. Sull'autobus _____ hostess e audioguide in varie lingue. Due gli itinerari davvero eccezionali: *l'Open Tour* che _____ un giro di due ore della città su un bus scoperto e il *Bus 'n boat*, una combinazione di autobus e battello sul Tevere! Il biglietto _____ valido 24 ore.

Adattato da *www.trambusopen.com*

7 *Inserisci nel dialogo i dimostrativi della lista, come nell'esempio.*

quell' · quel · quel · quegli · quella · questo · questa

1. Scusi, sa dov'è il cinema Moderno?
2. È _questo_ cinema qui accanto, no?
3. No, guardi, si chiama Gambrinus, mi sono sbagliato anch'io.
4. Ah, sì è vero! Allora guardi, prosegua per _____ strada; vede _____ bar con l'insegna azzurra là in fondo?
5. Il bar a sinistra?
6. Sì. Poco più avanti vede _____ parcheggio, dove ci sono _____ alberi?
7. Sì.
8. Ecco, se attraversa il parcheggio, trova il cinema proprio di fronte.
9. Grazie mille, e senta, sa se _____ autobus fermo al capolinea va in _____ direzione?
10. Sì, credo di sì, comunque chieda.

8 *Leggi e indica con una "X" le informazioni presenti nel testo.*

YOUNGABOUT

FESTIVAL INTERNAZIONALE GIOVANI E CINEMA - BOLOGNA

Youngabout è un festival internazionale indipendente organizzato da un gruppo di ragazze e ragazzi dai 16 ai 26 anni. Non è solo una kermesse di cinema, ma un'occasione di incontro, con pause per visitare la città, momenti di festa, musica e... molto altro. Ci sono proiezioni di cortometraggi realizzati da ragazzi che vivono in paesi e luoghi diversi e sette lungometraggi davvero speciali che raccontano l'amore, la gelosia, l'amicizia, i complessi, le paure, le solitudini, le ribellioni e le fantasie dei teenager.

Il festival nasce dalla passione per un cinema particolare che unisce la qualità all'attenzione per la sensibilità e gli interessi dei giovani, un cinema che parla di loro e con loro. Seminari e workshop arricchiscono le giornate del festival. Gli spettatori di tutte le età che hanno fantasia e sono aperti al nuovo, sono invitati a partecipare numerosi!

	vero	falso
1. Youngabout si rivolge solo ad adolescenti.	☐	☐
2. Youngabout non prevede solo la proiezione di film.	☐	☐
3. I film che partecipano a Youngabout sono di diverse nazionalità.	☐	☐
4. I film del festival trattano temi che interessano i giovani.	☐	☐
5. Al festival Youngabout si può partecipare con film sia corti che lunghi.	☐	☐

L'accento di parola

1.a *Ascolta le parole e <u>sottolinea</u> la vocale accentata, come negli esempi.*

cd50

amore   quattordici   perche   stazione   autobus   semaforo   sabato   fermata

prendere   martedi   facile   diciannove   parlano   citta   camminare   preferiscono

1.b <u>Sottolinea</u> *le parole divise in sillabe come indicato:*

- tre volte = accento sulla terz'ultima sillaba (esempio: quat –tor-di-ci)
- due volte = accento sulla penultima sillaba (esempio: a-mo-re)
- una volta = accento sull'ultima sillaba (esempio: per-ché)

a/mo/re   quat/tor/di/ci   per/che   sta/zio/ne   au/to/bus   se/ma/fo/ro   sa/ba/to   fer/ma/ta

pren/de/re   mar/te/di   fa/ci/le   di/cian/no/ve   par/la/no   cit/ta   cam/mi/na/re   pre/fe/ri/sco/no

1.c *Lavora con un compagno. A turno uno studente legge una parola del punto **1.b** a voce alta e batte le mani a ogni sillaba. Quando arriva alla sillaba accentata, batte le mani sulle gambe. Il compagno dice se è d'accordo o no.*

2.a *Osserva queste parole e <u>sottolinea</u> la vocale accentata. Poi confrontati con un compagno.*

1. numero **2.** tavolino **3.** agosto **4.** venerdi **5.** simpatico **6.** matematica **7.** inglese

8. caffe **9.** guardano **10.** febbraio **11.** studentessa **12.** giovedi

2.b *Ascoltate e verificate le vostre risposte al punto **2.a**.*

cd51

3 *Segui le istruzioni.*

cd52

a. *Ascolta i nomi divisi in sillabe e <u>sottolinea</u> la sillaba accentata.*

1. Mi/che/le **2.** E/le/na **3.** Gia/co/mo **4.** Mat/te/o **5.** Nic/co/lo **6.** Ma/ri/na **7.** Mo/ni/ca

8. Si/mo/na **9.** Gio/sue **10.** Fran/ce/sco **11.** A/les/san/dro **12.** Et/to/re **13.** Bar/to/lo/me/o

14. Ma/ri/a **15.** Ma/rio **16.** Ca/mil/la **17.** Ma/nue/la **18.** Mas/si/mo **19.** A/ni/ta **20.** Va/len/ti/na

b. *L'insegnante dà un numero (= un nome) a ogni studente e appende al muro tre cartelli come quelli sotto.*

terz'ultima sillaba accentata	**penultima sillaba accentata**	**ultima sillaba accentata**

c. *Gira per la classe e presentati ai compagni così: "Piacere..." + il tuo nome. Quando incontri un compagno con il nome accentato come il tuo, raggiungete insieme il cartello corrispondente. Se non trovi nessuno con il nome accentato come il tuo, vai da solo al cartello giusto.*

d. *Quando tutti gli studenti sono vicini a un cartello, l'insegnante controlla se i gruppi vanno bene. Se ci sono errori, la classe ricomincia le presentazioni.*

Esercizi

1 Abbina le frasi come nell'esempio e componi la biografia di Leo Ortolani, uno dei più famosi nuovi fumettisti italiani.

1. Leonardo Ortolani, è
2. Nato a Pisa il
3. Nel 1987 si iscrive all'Università di Parma, alla facoltà di Geologia, dove disegna i suoi
4. Nel 1989 propone alla casa editrice Comic Art due storie: una tragica e l'altra comica.
5. Nel 1990 vince
6. Grazie al premio, Ortolani inizia a collaborare con

a. primi personaggi e crea i primi numeri della sua opera principale, "Rat-Man".
b. il premio come migliore giovane sceneggiatore al festival Lucca Comics.
c. L'editore pubblica la storia comica e così nasce la serie "Rat-Man".
d. importanti riviste di fumetti. Per la Made USA disegna anche quattro celebri storie su "I Fantastici Quattro" in versione comica.
e. 14 gennaio 1967, fin da giovanissimo Ortolani dimostra una grande passione per i fumetti.
f. un autore di fumetti italiano, celebre in particolare per la serie "Rat-Man".

1. f   2. ☐   3. ☐   4. ☐   5. ☐   6. ☐

Adattato da
www.wikipedia.it

2 Leggi la descrizione della famiglia di Margherita e inserisci nel testo le parole della lista. Alla fine scrivi i nomi mancanti nelle immagini.

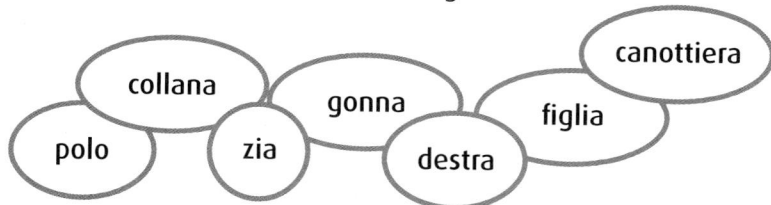

collana   gonna   canottiera   polo   zia   destra   figlia

Emma   Margherita   Giacinto   Socrate

Lo zio paterno di Margherita, Luca, indossa una ___polo___ e i jeans. La nonna, Francesca, ha un vestito lungo e una _____ di perle. Proprio accanto a lei c'è Giulia, la _____ materna, con una _____ corta e una borsa a tracolla. Il padre di Margherita, Fausto, indossa una camicia con il taschino. Paola, la sorella maggiore di Margherita, porta una minigonna e una _____ e, alla sua _____, c'è la piccola Cinzia, la _____ di Giulia, con le codine.

Giulia

3 *Sottolinea* la lettera sbagliata nelle parole della tabella a destra e scrivi accanto la lettera giusta, come nell'esempio. Alla fine leggi in verticale nella colonna B la soluzione dell'indovinello.

indovinello

Sei fratelli e una sorella: che famiglia gaia e bella!
I fratelli a lavorare, la sorella a riposare: indovina che cos'è?

Soluzione:

A	B
CA**R**CIO	l
MAMMO	
PERZONAGGIO	
FUMITTO	
GENIPORI	
MARILO	
CASALANGA	
FANIGLIA	
RAGOZZA	
NOMNO	
VIGNETTO	

4 Leggi il testo e osserva le immagini: scrivi l'orario giusto negli spazi _____ e inserisci una delle parti del giorno della lista negli spazi _ _ _ _, come negli esempi.

- di mattina
- di mattina
- di pomeriggio
- *di sera*
- di notte

Gatsu

Finalmente un'intervista a uno dei grandi padri del fumetto manga: Kentaro Miura! Abbiamo visitato il suo studio e gli abbiamo chiesto di parlarci della nascita del personaggio di Gatsu e della sua attuale vita quotidiana.

Come organizza le ore di lavoro e di relax? Ci racconti la sua giornata tipo.

Mi alzo alle 🕖 _sette_ o alle 🕗 _____ 🌙☀️ _di sera_

Comincio a lavorare alle 🕓 _____. Dopo un po' di lavoro, mangio, e poi

ricomincio. La pausa successiva è fra le 🕘 _____ e le 🕙 _____

🌑 _ _ _ _, quando mangio una seconda volta e guardo i programmi

televisivi che registro nelle ore precedenti. Quindi continuo fino alle 🕛 _____

☀️ _ _ _ _, quando faccio l'ultimo spuntino della giornata, dopodiché

lavoro fino a 🕚 _____. Quando c'è tanto da fare, disegno fino 🕐

all'_____ o alle 🕑 _____ 🌓☀️ _ _ _ _

Nelle giornate più tranquille, termino alle 🕑 _____ ☀️ _ _ _ _

È questa la mia giornata tipo.

Adattato da *http://squarenixif.forumcommunity.net*

5 *Abbina la domanda alla risposta giusta, come nell'esempio.*

1. *A che ora andiamo al cinema?*

2. A che ora arriva Giancarlo?

3. A che ora finisce il concerto?

4. È prestissimo. Che ore sono?

5. Ho molto sonno. Che ora è?

6. A che ora parte il treno?

7. Dobbiamo andare a scuola. Che ora è?

8. È ora di pranzo. Ho fame! Che ora è?

9. A che ora aprono i negozi?

10. A che ora vieni a casa mia?

11. A che ora inizia la festa?

a. Alle 10:00. Ma il lunedì sono chiusi.

b. Sono le 8:00. Le lezioni cominciano alle 8:30.

c. È mezzogiorno e mezza.

d. Alle 22:00. Vengono tutti i miei amici!

e. Alle 16:00, va bene? Possiamo studiare insieme.

f. Alle 14:00. Viene da Venezia in macchina.

g. *Alle 20. Il film comincia alle 20:15.*

h. Alle 11. Dalla stazione Trastevere.

i. È mezzanotte. Vai a dormire!

l. Le 5.

m. Non lo so. Inizia alle 21 e finisce dopo tre ore circa.

6 *Inserisci negli spazi* ＿＿＿＿＿ *il verbo "volere", negli spazi* .... *il verbo "potere", e negli spazi* _ _ _ _ *il verbo "dovere" al presente, come nell'esempio.*

Yahoo! | Mio Yahoo! | Mail | Altro ▾   **Fai di Y! la tua home page**   Nuovo utente? Registrati | **Entra** | Aiuto

Y! Search   **CERCA NEL WEB**

YAHOO! ANSWERS
ITALIA

INIZIO | CATEGORIE | LE MIE ATTIVITÀ | INFORMAZIONI

Chiedi
Cosa vorresti chiedere?
Continua

Rispondi
Condividi le tue conoscenze, Aiuta gli altri e diventa un **Esperto**
Vai alle domande aperte

Scopri
Le **Migliori** risposte scelte dalla **Community**
Vai alle domande risolte

Alba
Mi dite quali sono i trucchi per andare d'accordo con i genitori? Alba

Alessio
Dialogo, dialogo e ancora dialogo. Quando cresciamo e costruiamo la nostra personalità, è normale avere conflitti con i genitori. Loro _vogliono_ proteggerti dalle esperienze che considerano pericolose o dolorose per te. Invece tu ＿＿＿＿＿ fare le tue scelte perché dagli errori (noi) .... imparare.
(Tu) _ _ _ _ spiegare ai tuoi genitori perché ritieni importante fare una certa cosa, e loro _ _ _ _ spiegarti perché non ＿＿＿＿＿ autorizzarti a farla. Se hai un fratello o una sorella più grande, (lui/lei) .... aiutarti a costruire un dialogo con i tuoi genitori e a trovare un compromesso... Comunque (tu) .... stare tranquilla, con il tempo i rapporti migliorano! Alessio

Adattato da *http://it.answers.yahoo.com*

7 *Completa gli annunci del sito www.vacanzefaidate.com con i possessivi della lista. Attenzione: ci sono due intrusi.*

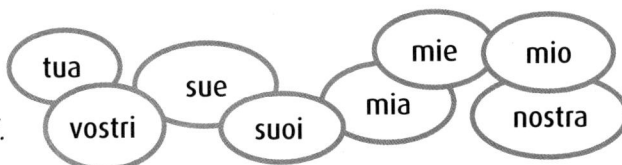

(tua) (sue) (mie) (mio)
(vostri) (suoi) (mia) (nostra)

Cerco compagni di viaggio o altro

1 Ciao a tutti!
Siamo due amiche 20enni di Milano. Andiamo in Sicilia fra tre settimane. La _____ amica si ferma poco, mentre io resto qualche giorno in più. Qualcuno vuole unirsi alla _____ avventura? Ciao, Antonella

2 Parigi a settembre, tre giorni!
Ciao, sono una ragazza di Roma, dove gestisco un negozio di oggetti per la casa. Tutti gli anni vado a Parigi per la fiera internazionale "Maison&Objets". Tutte le _____ amiche sono stufe di accompagnarmi! Qualcuno/a è interessato/a ad unirsi a me? Grazia

3 Ciao a tutti,
ad agosto vorrei fare un bel giro per l'Europa. Il _____ itinerario ideale prevede di passare per diversi paesi tra cui la Slovenia, l'Ungheria, la Germania, l'Austria, ecc. Cerco compagni di viaggio con spirito d'avventura! Io ho 27 anni e sono veneto. Daniele

4 Vuoi conoscere Torino?
Per chi ama Torino o vuole conoscere meglio i _____ angoli segreti e le _____ tradizioni:
su www.angolitorino.it potete trovare tante informazioni su cosa visitare. Il sito permette anche di prendere contatti per visite turistiche gratuite!
Lo staff di angolitorino

5 Ciao! Hai una casa al mare, ma vuoi trascorrere una vacanza insieme a _____ moglie e ai _____ figli nella campagna toscana, senza spendere per l'alloggio? Nessun problema, possiamo fare uno scambio di case!
Leonardo

8 *Leggi e indica con una "X" nella tabella accanto l'opzione corretta.*

Per la prima volta tutto il mondo del fumetto italiano si mobilita per un grande evento nazionale: nasce il Comics Day, la Giornata nazionale del fumetto, che si tiene venerdì 21 maggio 2011. Questo è un periodo di grande vivacità del settore: pensiamo ai fumetti allegati ai quotidiani, ai fumetti protagonisti nelle gallerie d'arte e musei, al passaggio dalla carta al digitale, alla nascita di nuove case editrici, alle tante scuole di fumetto e manifestazioni specifiche. Inoltre oggi la produzione di fumetti è cresciuta notevolmente per quantità e per tipo, spaziando dalle graphic novel ai manga. Durante il Comics Day eventi grandi e piccoli si tengono su tutto il territorio nazionale. Gli eventi che compongono il Calendario Nazionale del Comics Day sono di vario tipo: incontri con autori, conferenze, mostre, attività con le scuole, open day, workshop, performance. Parallelamente, il Comics Day si celebra anche su internet, attraverso alcuni siti web che seguono lo svolgersi della giornata. Il Comics Day vuole evidenziare il grande potenziale del fumetto nell'educazione giovanile ed è promosso da Lucca Comics & Games, su iniziativa del Comune di Lucca e e del Ministero della Gioventù.

Adattato da www.comicsday.it

1. Il Comics Day è una giornata dedicata
a. ai nuovi tipi di fumetto.
b. ai fumetti di maggiore successo nel mondo.
c. al fumetto digitale.
d. al fumetto italiano.

2. Durante il Comics Day si tengono eventi
a. a Lucca.
b. in tutta Italia.
c. su internet.
d. nelle scuole.

3. Durante il Comics Day è possibile
a. vedere documentari sul fumetto.
b. partecipare a un concorso per giovani fumettisti.
c. incontrare fumettisti di tutto il mondo.
d. partecipare a eventi di diverso tipo.

4. L'obiettivo principale del Comics Day è
a. vendere fumetti.
b. promuovere nuovi fumettisti.
c. evidenziare il ruolo del fumetto nell'istruzione dei giovani.
d. svelare l'universo dei fumetti agli adulti.

I suoni [v], [f], [d] e [t]

1

cd 53

Ascolta le parole e indica con una "X" i suoni che senti, come negli esempi.
Attenzione: in un caso devi selezionare due suoni.

A.	1.	2.	3.	4.	5.	6.	B.	1.	2.	3.	4.	5.	6.
v	☐	☐	☐	☐	☐	☐	d	☐	☒	☐	☐	☐	☐
f	☒	☐	☐	☐	☐	☐	t	☐	☐	☐	☐	☐	☐

2

cd 54

*Ascolta i proverbi sulla famiglia e trova le tre lettere sbagliate tra quelle **evidenziate**.*

1. A pa**d**re a**v**aro, **f**iglioul pro**t**igo.
2. Chi si mari**t**a con paren**t**i, corta **v**ita e lunghi tormen**d**i.
3. Chi ignora malanni e **d**oglie, pren**d**a mari**t**o o pren**d**a moglie.
4. Chi ha buon mari**t**o, lo por**t**a in **f**iso.

3

*Lavora con un compagno. Dividetevi i ruoli (studente A e studente B). È vietato guardare la cartina
del compagno! Lo studente A legge i nomi delle città da 1 a 8 sulla "cartina A". Lo studente B ascolta e scrive
i nomi delle città sulla "cartina B". Poi invertite i ruoli (lo studente B legge i nomi delle città da 9 a 16 sulla
"cartina B" e lo studente A li scrive sulla "cartina A").*

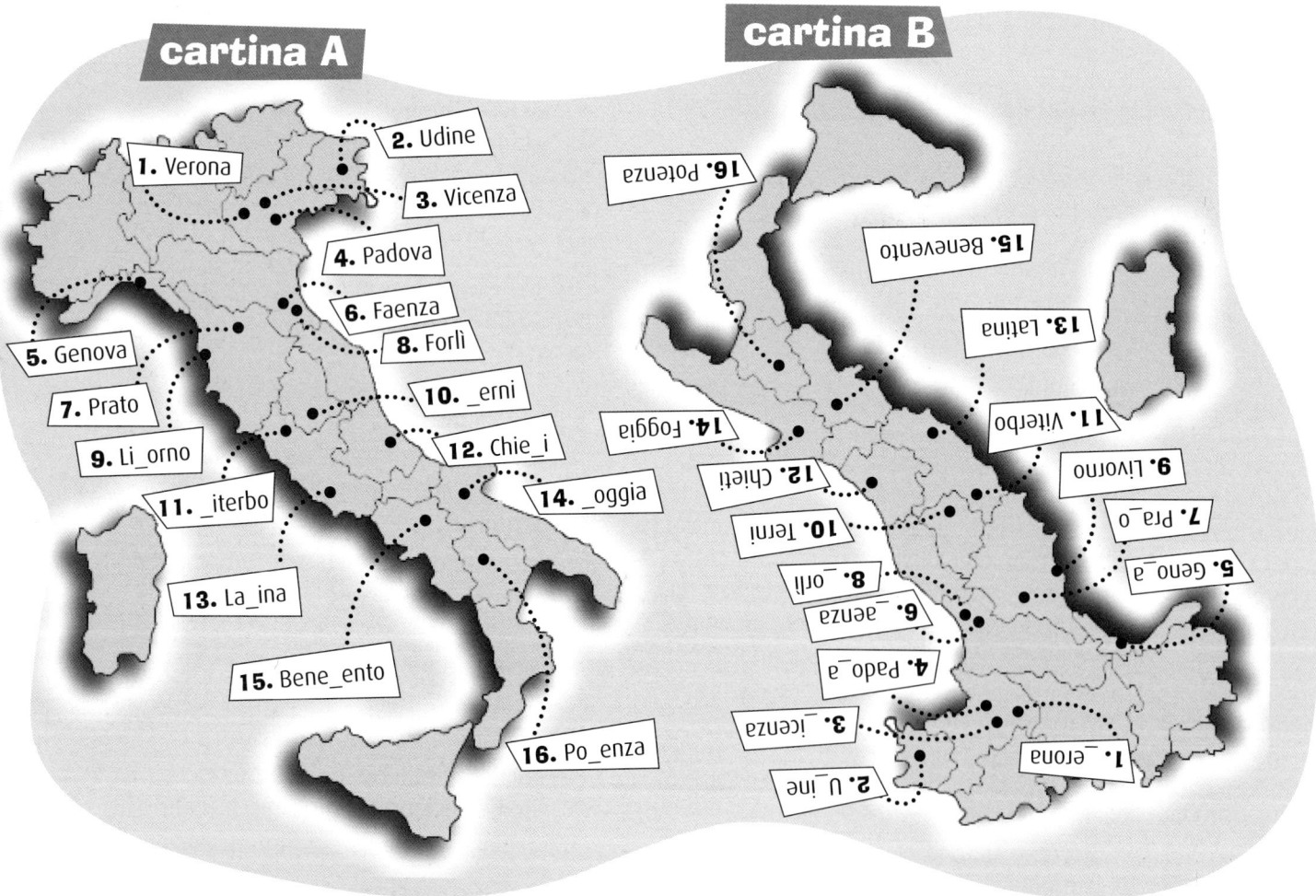

cartina A

1. Verona
2. Udine
3. Vicenza
4. Padova
5. Genova
6. Faenza
7. Prato
8. Forlì
9. Li_orno
10. _erni
11. _iterbo
12. Chie_i
13. La_ina
14. _oggia
15. Bene_ento
16. Po_enza

cartina B

1. _erona
2. U_ine
3. _icenza
4. Pado_a
5. Geno_a
6. _aenza
7. Pra_o
8. _orlì
9. Livorno
10. Terni
11. Viterbo
12. Chieti
13. Latina
14. Foggia
15. Benevento
16. Potenza

1 Coniuga i verbi tra parentesi al presente e inserisci i possessivi negli spazi _ _ _ _.

Genitori & figli: agitare bene prima dell'uso

Il film (*fare*) _____ un confronto tra il mondo degli adulti e quello dei giovani di oggi attraverso il racconto di Nina, un'adolescente di quattordici anni. Una mattina il professore d'italiano, Alberto, litiga con il figlio adolescente, Gigio. Il professore (*avere*) _____ un'idea: (*lui - andare*) _____ in classe e (*dire*) _____ agli studenti di scrivere un tema dal titolo "Genitori e Figli: istruzioni per l'uso". Nina inizia a scrivere della _ _ _ famiglia, dei pensieri, dubbi e segreti che (*tenere*) _____ nascosti a tutti. Scrive dei _ _ _ genitori e dei _ _ _ problemi: (*esserci*) _____ la mamma Luisa, che (*fare*) _____ l'infermiera in ospedale, e (*esserci*) _____ il papà Gianni, che (*fare*) _____ il commerciante e (*andare*) _____ a vivere su una barca, da solo. Poi (*esserci*) _____ gli amici della mamma: Clara e Mario, anche lui infermiere. Ma Nina parla anche delle cose che (*loro - fare*) _____ lei e le _ _ _ amiche: scrive di quando (*loro - andare*) _____ in discoteca, degli appuntamenti con i ragazzi e del _ _ _ primo amore. La penna di Nina (*riservare*) _____ delle sorprese anche ad Alberto e a _ _ _ moglie Rossana: Nina (*sapere*) _____ molte cose indiscrete di Gigio, il _ _ _ figlio.

Punteggio: _____ /29 (ogni verbo = 1 punto; ogni possessivo = 2 punti)

2 Osserva lo schema e rimetti 8 persone al posto giusto nell'albero genealogico.

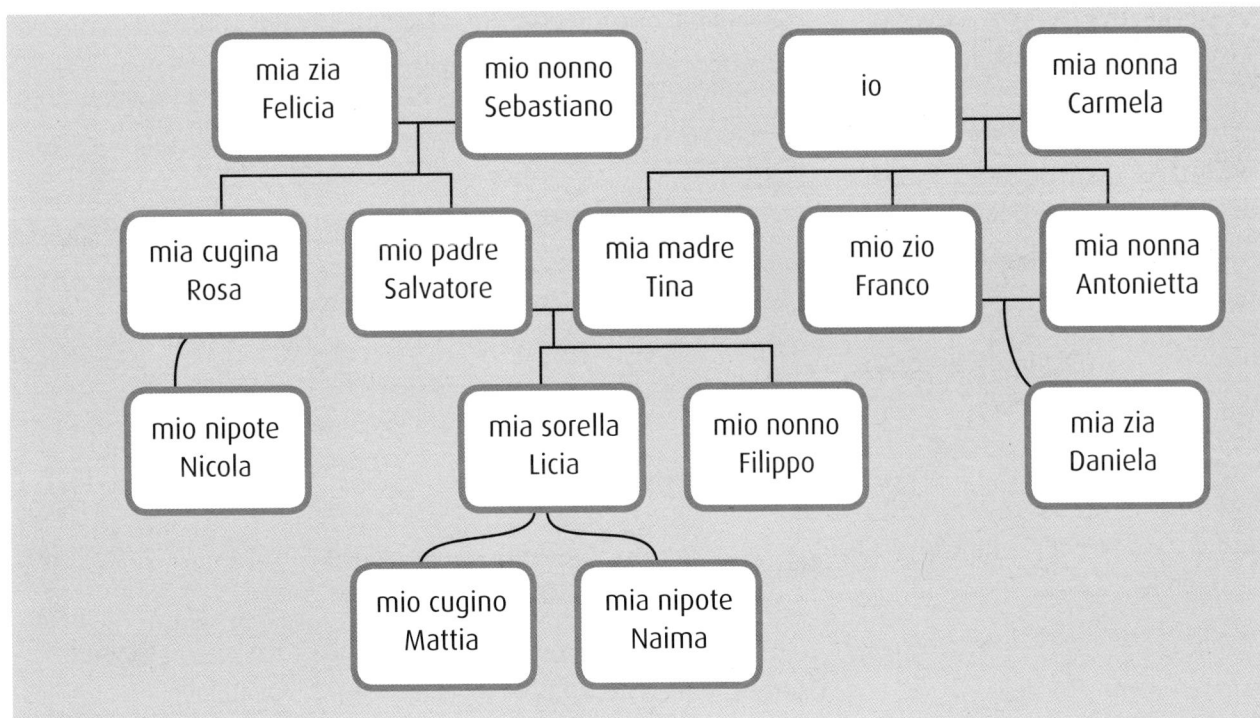

mia zia Felicia	mio nonno Sebastiano	io	mia nonna Carmela
mia cugina Rosa	mio padre Salvatore	mia madre Tina	mio zio Franco / mia nonna Antonietta
mio nipote Nicola	mia sorella Licia	mio nonno Filippo	mia zia Daniela
	mio cugino Mattia	mia nipote Naima	

Punteggio: _____ /8 (ogni scambio = 2 punti)

3 *Inserisci nel testo i verbi "dovere", "potere" o "volere" al presente.*

Le regole della mia famiglia

Io _____ svegliarmi alle 7:00 (senza eccezioni!) e _____ lavarmi e vestirmi prima di mio fratello. Mi metto i vestiti che (io) _____, ma (loro) non _____ essere troppo sportivi o troppo eleganti. Tutte le mattine (io) _____ preparare la colazione per me e mio fratello. (Noi) _____ finire in 15 minuti, perché poi _____ andare a scuola. (Noi) _____ mangiare al massimo 10 biscotti e non _____ mettere il cacao nel latte.
Sullo scuolabus, (noi) _____ restare seduti fino alla fine, ma _____ parlare con gli altri ragazzi o _____ ascoltare i nostri mp3.
A scuola (noi) _____ essere educati e gentili con tutti.
Se (noi) _____ tornare a casa a piedi, _____ chiamare mamma o papà per avvertire.
I nostri compagni _____ venire a studiare a casa, ma solo se i loro genitori _____.
(Noi) _____ uscire con gli amici solo se non abbiamo compiti o se è sabato (perché _____ studiare la domenica). Mio fratello non _____ andare in discoteca (ha solo 16 anni) e _____ tornare alle 21:00, ma io _____ tornare a mezzanotte.

Punteggio: _____ /33 (ogni verbo = 1,5 punti)

4 *Inserisci le espressioni della lista nelle indicazioni stradali.*

semaforo — a destra — fermata — chiesa — al centro — di fronte — fino alla — incrocio — dritto

a. Esci dalla chiesa e vai sempre _____ fino al bar. Poi giri a destra e cammini fino al _____.
b. Esci dal ristorante e attraversi la piazza. Poi giri _____ e arrivi fino alla chiesa, _____ alla scuola.
c. Arrivi fino alla _____ dell'autobus e giri a sinistra. _____ della piazza vedi una fontana.
d. Esci dalla _____ e arrivi all'_____. Vai sempre dritto _____ stazione. Dentro la stazione c'è un bar.

Punteggio: _____ /18 (ogni espressione = 2 punti)

5 *Scrivi "a che ora" o "che ora" negli spazi _____ e inserisci l'orario indicato negli spazi _ _ _ _.*

a. ○ _____ è la partita?
   ◉ (21:15) Alle _ _ _ _.
b. ○ _____ vai a casa?
   ◉ (12:00) A _ _ _ _.
c. ○ _____ arrivano i tuoi amici?
   ◉ (9:45) Dopo le _ _ _ _.

d. ○ _____ sono?
   ◉ (13:20) È l'_ _ _ _.
e. ○ _____ sono gli esami?
   ◉ (8:30) Alle _ _ _ _.
f. ○ _____ inizia il film?
   ◉ (16:50) Alle _ _ _ _.

Punteggio: _____ /12 (ogni domanda = 0,5 punti; ogni orario = 1,5 punti)

Totale: _____ /100

Cosa sai fare?

	😄	😐	😒
chiedere e dare indicazioni stradali	☐	☐	☐
scusarti e attirare l'attenzione	☐	☐	☐
leggere e scrivere la trama di un film	☐	☐	☐
descrivere la posizione di un oggetto o di una persona	☐	☐	☐
descrivere la tua famiglia	☐	☐	☐
chiedere e dire l'ora	☐	☐	☐
indicare i tuoi gusti cinematografici	☐	☐	☐
fare gli auguri	☐	☐	☐

Cosa conosci?

Pensa a quello che hai imparato e scrivi:

- dove sei e cosa c'è vicino a te
- quattro nomi di parentela
- i mezzi di trasporto che usi frequentemente
- due generi di film che ti piacciono e uno che non ti piace
- il mese del tuo compleanno
- una cosa che vuoi fare in futuro

Come... chiedi e dai informazioni?

*Cosa fai in queste situazioni? Scegli una delle tre possibilità e <u>sottolinea</u> le espressioni che usi tra quelle **evidenziate**.*

Chiedere un'informazione

1. Per avere l'aiuto di una persona adulta:
a. fermi una persona e dici: *scusa! /scusi! / ascolta! / guarda!*
b. cerchi di attirare l'attenzione con una cartina in mano.
c. fermi una persona e le chiedi se parla la tua lingua.

2. Per ottenere un'indicazione stradale dici a un adulto:
a. *viene con me, per favore?*

b. il nome del luogo dove devi andare e basta.
c. *(Sa) dov'è....?*

3. Se la persona non capisce la tua domanda:
a. dici *ok* e vai via.
b. dici: *grazie / prego / sono straniero*.
c. provi a ripetere nella tua lingua.

4. Se non capisci l'indicazione:
a. dici: *non capisco / scusi, può*

ripetere? / deve ripetere!
b. dici: *perfetto, grazie* e vai via.
c. chiedi a un'altra persona.

5. Quando capisci l'indicazione:
a. dici: *a presto! / in bocca al lupo! / grazie mille!*
b. non dici niente e vai via.
c. dai la mano e vai via.

Dare un'informazione

6. Un altro ragazzo ti chiede un'informazione in italiano e tu non capisci. Cosa dici?
a. *Scusi? / Scusa, puoi ripetere? / Ripeti!*
b. *Mi dispiace, non lo so.*
c. *Non parlo bene la tua lingua* (e vai via).

7. Per dare un'informazione:
a. provi a usare le parole giuste e cerchi di non fare nessun errore.

b. usi tutti gli strumenti che hai per comunicare, anche i gesti.
c. usi solo i gesti.

8. Quando la spiegazione è finita, l'altro ragazzo:
a. saluta e va via.
b. dice *prego! / per favore / grazie*. e tu rispondi *crepi! / prego. / buona fortuna!*
c. va via senza dire niente.

Mettiti alla prova!

Vai su http://tuttocitta.libero.it, scegli una città italiana in "crea mappa" e decidi un percorso usando le caselle "parti da qui" e "arriva qui". Seleziona il percorso pedonale (a piedi). Alla fine leggi le indicazioni stradali e verifica la tua comprensione.

1 *Leggi il testo e trasforma i verbi* **evidenziati** *all'imperativo informale, come nell'esempio.*

Consigli per svolgere nel modo migliore un esame scritto

Leggere attentamente le domande ed **evitare** di rispondere in fretta.

a. _Leggi_   b. _____

Rispondere prima alle domande più facili.

c. _____

Prima di iniziare a scrivere, **organizzare** bene i concetti chiave.

d. _____

Nelle domande aperte, **cercare** di centrare subito l'argomento e **scrivere** l'essenziale. **Evitare** le informazioni superflue o poco importanti.

e. _____   f. _____   g. _____

Nelle domande a risposta multipla (ⓧ), **escludere** immediatamente le risposte sbagliate.

h. _____

Prima di consegnare, **verificare** se ci sono errori.

i. _____

Adattato da *www.skuola.tiscali.it*

2 *Inserisci le parole della lista nella colonna giusta, come nell'esempio. Attenzione: ci sono tre intrusi.*

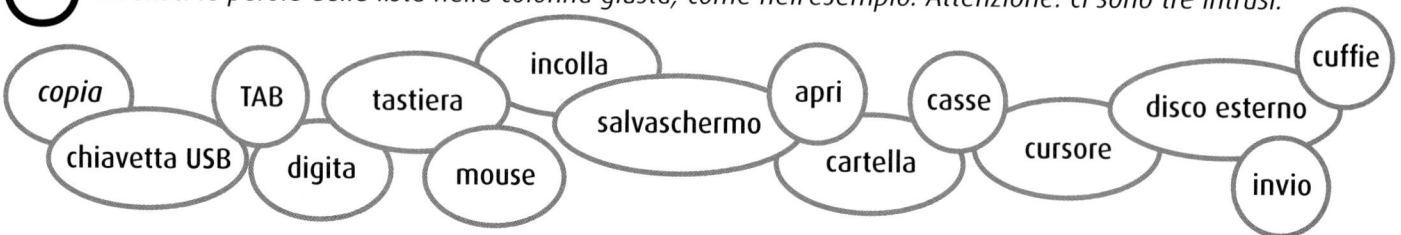

copia   TAB   tastiera   incolla   salvaschermo   apri   casse   cuffie   disco esterno   chiavetta USB   digita   mouse   cartella   cursore   invio

hardware	comandi	tasti
	copia	

3 Inserisci le parole della lista negli spazi _____ e le preposizioni articolate negli spazi _ _ _ _, come nell'esempio.

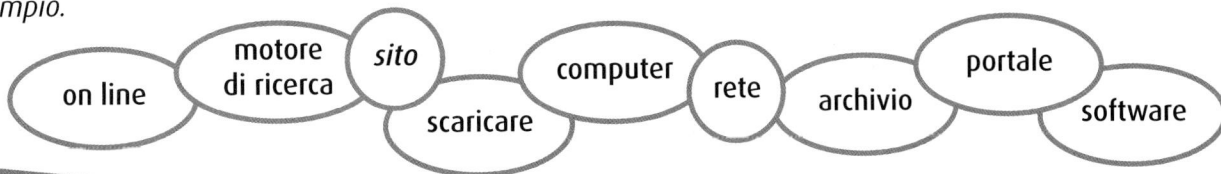

on line — motore di ricerca — sito — scaricare — computer — rete — archivio — portale — software

www.e-book.it ❶

Questo _____sito_____ vuole diffondere la cultura (di+il) _ del _ libro su internet. Una biblioteca digitale con più di 500 libri (in italiano e in inglese) da _____ e leggere gratis (su+il) _ _ _ _ tuo _____. Offre uno spazio gratuito nel quale i giovani scrittori possono presentare le proprie opere (racconti e poesie).

www.luce.it ❷

Archivio _____ che raccoglie 12.000 cinegiornali, 6.000 documentari e vari film che vanno (da+la) _ _ _ _ cinematografia (di+le) _ _ _ _ origini fino (a+la) _ _ _ _ documentazione (di+la) _ _ _ _ vita politica, sociale e culturale (di +gli) _ _ _ _ ultimi decenni. Ha un _____ interno.

www.dienneti.it ❸

Acronimo di "Didattica e Nuove Tecnologie", è un _____ di didattica multimediale, dove potete trovare le migliori risorse in _____ (testi, _____ didattici, attività on line, ipertesti, giochi) su diverse materie.

www.italianissima.net

Il sito giusto per essere sempre informati (su+le) _ _ _ _ novità (di+la) _ _ _ _ musica italiana. Permette di cercare (in+l') _ _ _ _ _____ tutte le informazioni (su+il) ❹ _ _ _ _ vostro artista preferito, leggere le recensioni (di+i) _ _ _ _ nuovi dischi e vedere i video da YouTube.

Google Earth

4 Abbina la colonna di sinistra a quella di destra.

1. Ora puoi registrare i tuoi

2. Fai click sul pulsante di registrazione

3. Fai click sulla telecamera nel menu in alto

4. Per vedere il tour,

5. Scarica Google Earth

a. per iniziare a registrare i tuoi viaggi.

b. dal sito earth.google.it.

c. spostamenti grazie alla nuova funzione *tour*.

d. per iniziare il tuo viaggio sorvolando le aree desiderate.

e. fai click sul pulsante *riproduci tour*.

5 *Leggi e sostituisci alle immagini il comando corrispondente all'imperativo.*

Giulio: Ciao a tutti! Come faccio a stampare solo una parte di un documento? Grazie!

Moderatore: Ciao. È molto facile.
Apri il documento che ti interessa, seleziona la parte da stampare, vai al menu e _____.
A questo punto si apre la finestra della stampante: vai alla voce *pagine da stampare* e clicca su *selezione*. Finito!

Zodiac: È possibile prendere un'immagine da internet e inserirla in un documento word?

Felix90: Certo! Vai sull'immagine e clicca con il tasto destro del mouse. _____ l'immagine e poi vai al documento. Sempre con il tasto destro _____ l'immagine nel documento!

Pallina: Aiuto! Devo trovare un nome in un documento lunghissimo. Come faccio a trovarlo velocemente?

Blunotte: Semplice: apri il documento e clicca su "_____". Scrivi la parola che cerchi nel riquadro: il computer la evidenzia nel documento.

Megadrive: Posso spostare una parte del documento da un punto all'altro?

Darklady: Sì. Prima di tutto, _____ il documento (così se sbagli puoi tornare indietro!), poi seleziona la parte che vuoi spostare. Clicca con il tasto destro e _____. Decidi dove inserire la parte e clicca su quel punto del documento.
Clicca ancora con il tasto destro del mouse e _____.

6 *Crucipuzzle: trova le parole italiane corrispondenti ai termini inglesi della lista. Le parole sono disposte in verticale ↓ o in orizzontale ⟶.*

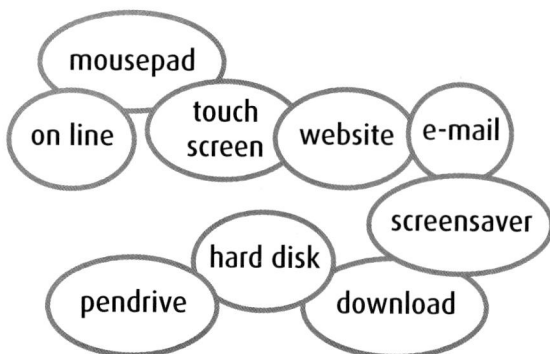

mousepad

on line   touch screen   website   e-mail

screensaver

hard disk

pendrive   download

A	F	K	T	S	A	L	V	A	S	C	H	E	R	M	O	S	A
L	N	E	S	V	B	G	T	P	C	U	L	E	M	N	R	C	O
S	I	T	O	A	U	I	F	S	O	C	G	D	E	P	M	A	W
R	G	A	M	C	E	L	B	A	N	T	L	O	S	A	Q	R	L
E	C	P	N	I	P	L	A	M	N	O	R	H	L	B	B	I	R
R	L	P	O	S	T	A	E	L	E	T	T	R	O	N	I	C	A
A	O	E	F	E	N	D	A	R	S	I	O	R	I	C	V	A	N
P	L	T	G	D	H	M	Q	U	S	Z	D	F	B	L	S	R	J
X	S	I	S	C	D	I	S	C	O	R	I	G	I	D	O	E	I
P	E	N	N	E	T	T	A	D	E	P	S	F	R	P	D	Q	U
T	V	O	C	S	C	H	E	R	M	O	T	A	T	T	I	L	E

7 *Leggi il testo e indica con una "X" l'opzione corretta nella tabella sotto.*

Che cos'è ilmiolibro.it?

È la community per chi ama i libri. Il luogo di incontro tra lettori e scrittori dove condividere la tua passione per la scrittura, la lettura, i libri.

La sezione **crea e stampa** è dedicata a chi vuole creare il suo libro o album fotografico, stamparlo ed eventualmente metterlo in vendita sul sito.
Nella **vetrina** trovi migliaia di titoli di autori emergenti e nuovi talenti: puoi navigare per genere letterario, consultare le classifiche, leggere le prime pagine, conoscere gli autori, acquistare libri e lasciare un commento.
Nella **community** trovi migliaia di persone appassionate come te con cui confrontarti e condividere la tua

passione per i libri.
La sezione **in libreria** presenta le novità della grande letteratura italiana e internazionale e le classifiche dei libri più venduti in libreria.
Booknews propone tutte le news sul mondo del libro e migliaia di recensioni. Ogni settimana trovi tutte le novità e puoi leggere le recensioni sulle nuove uscite.

Iscriviti anche tu! Nella tua **pagina personale** puoi creare la tua libreria ideale per catalogare, commentare e condividere i libri che ami. Se sei uno scrittore, puoi creare e mettere in vendita il tuo libro. E puoi anche iscriverti alla nostra newsletter settimanale e diventare fan della nostra pagina Facebook.

ilmiolibro.it

1. Ilmiolibro.it è un sito per:

a. giornalisti.

c. fotografi.

b. librerie.

d. lettori e scrittori.

2. Nella sezione "vetrina" <u>non</u> si può:

a. scrivere la propria opinione.

c. comprare un libro.

b. stampare un libro.

d. guardare la classifica.

3. Nel sito ilmiolibro.it puoi:

a. leggere i commenti dei lettori.

c. seguire un corso di scrittura.

b. incontrare un editore per il tuo libro.

d. vedere le fotografie degli autori.

4. Nella "pagina personale":

a. trovi la classifica dei libri più venduti.

c. è possibile leggere la prima pagina di un libro che ti interessa.

b. ci sono le news sui nuovi libri pubblicati.

d. puoi vendere il tuo libro.

I suoni [v] e [b], [b] e [p]

1 Ascolta le parole e indica con una "X" il suono che senti, come negli esempi.

cd 55

A.	1.	2.	3.	4.	5.	6.		B.	1.	2.	3.	4.	5.	6.
v	☐	☐	☐	☐	☐	☐		b	☐	☐	☐	☒	☐	☐
b	☐	☐	☐	☐	☐	☒		p	☐	☐	☐	☐	☐	☐

2 Ascolta e <u>sottolinea</u> la parola giusta tra quelle **evidenziate**.

cd 56

Alcuni consigli per **risparmiare / risbarmiare** energia:

1. per **sbostarti / spostarti** utilizza i trasporti **bubblici / pubblici** e, se **possibile / possivile**, cammina o prendi la **bicicletta / picicletta**.

2. Abbassa / Appassa il riscaldamento della tua casa di 1°C e indossa **bestiti / vestiti** caldi.

3. Riutilizza le **vuste / buste** di plastica per la **spesa / sbesa**.

4. Compra **vatterie / batterie ricaricabili / ricaricavili**.

3 Ascolta i modi di dire e trova le quattro lettere sbagliate tra quelle **evidenziate**.

cd 57

1. Buttar **v**ia l'acqua **s**porca con il bam**b**ino dentro.
2. Bacco, ta**v**acco e **V**enere riducono l'uomo in cenere.
3. Volere la **v**otte piena e la moglie u**p**riaca.
4. Prendere due **p**iccioni con una fa**b**a.

Filastrocca

due mucchi di _acche

per _ecchi di _icchi

due sacchi di zucca

per _ecchi di Lucca

due stecche di cicche

per _ocche di _ecchi

4 Ascolta e completa la filastrocca con le lettere "v", "b", o "p".
Poi leggi la filastrocca insieme a un compagno.
Leggete più volte e ogni volta aumentate la velocità della lettura.
Alla fine riascoltate e verificate.

cd 58

1 Trova nei dialoghi le quattro espressioni invertite tra quelle **evidenziate**, come nell'esempio:

1
- Scusate, non mi ricordo chi deve giocare.
- **Io non metto bocca**, a Sara.

2
- Va tutto male! Che disastro!
- Allora facciamo qualcosa! **Io dico no** a questa situazione!

3
- Ho ragione io o lui?
- Scusa, ma **tocca a lei**. Dovete mettervi d'accordo da soli.

4
- Non voglio lavare i piatti. Questa volta mette sempre bocca Luigi.
- No, lui li lava sempre, tu mai!

5
- Ma non possiamo cambiare la situazione?
- No, mi dispiace. Le cose **mettono bocca** così.

6
- Che noia i genitori di Sofia!
- Sì, **stanno** sempre sulla sua vita sentimentale.

7
- **A chi tocca** tuo fratello? Non lo vedo da tanto tempo.
- Abbastanza bene, tra poco finisce l'università.

8
- Quella ragazza non mi piace: tocca a su tutto!
- Non è antipatica: vuole solo dare la sua opinione!

9
- Vado a protestare! **Diciamo no** a queste ingiustizie!
- Va bene. Veniamo con te.

10
- **Come sta?**
- A me! Vorrei un chilo di banane.

2 Abbina i termini musicali inglesi all'equivalente italiano. Attenzione: una parola non ha una traduzione corrispondente.

1. hit parade

2. hit

3. hip hop

4. world music

5. live

6. sound

7. beat

8. disco music

a. musica da discoteca

b. musica etnica

c. ritmo

d. dal vivo

e. classifica

f. suono

g. successo

3 _Sottolinea_ nei testi l'opzione corretta tra quelle **evidenziate**, come nell'esempio.

Jovanotti

Jovanotti **inizia / iniziano / inizi / inizii** a lavorare come DJ su diverse radio locali e in varie discoteche. Nel 1989 **escono / usco / esce / usce** "La mia moto", il suo secondo album, che **vendete / vendamo / vende / vendono** circa 600.000 copie. Con il passare degli anni e delle canzoni, **cambio / cambite / cambia / cambiano** i suoi interessi, i suoi ideali e il suo sound: "Lorenzo 1994" non è solo un album ma un modo di vedere la vita. Da questo momento le sue canzoni **diventa / diventano / diventate / diventamo** un inno alla vita e **affrontio / affrontano / affrontate / affronta** spesso temi politici e sociali in chiave funky e hip hop.

Laura Pausini

Le dolci melodie della sua musica **piace / piacciamo / piacciono / piacco** soprattutto in Spagna e così nel 1994 **usco / esce / usce / escono** il suo primo disco in lingua spagnola. Da questo momento **ottiene / ottengono / ottenete / ottengiamo** un grande successo internazionale.
La sua "Strana amori", in versione spagnola, **salono / sale / saliamo / salite** in cima alle più importanti hit parade del mondo e la **portano / porta / partamo / porti** a diventare una delle principali rivelazioni femminili del pop mondiale.

4 _Completa il testo con le parole della lista, come nell'esempio._

amico | cane | corsi | impresa | _lavoro_ | professione | animale | esperienza | preparazione | studente

La professione del dog sitter

Questo è il tipico ___lavoro___ che cominci a fare quando sei uno _____, per avere una maggiore indipendenza economica dalla famiglia. Ma in alcuni casi diventa una vera e propria _____, organizzata in una piccola _____.
La figura del dog sitter è fondamentale per le persone che non riescono a dedicare al proprio _____ il tempo necessario.
Il dog sitter quindi non è semplicemente la persona che porta il cane a fare i "bisognini" al parco, ma un _____ del cane che sostituisce il proprietario in alcuni momenti della giornata e si prende cura dell'_____ da tanti punti di vista (gioco, alimentazione, necessità fisiologiche, ecc).
Ma come si diventa dog sitter? Sono necessari dei _____?
Quest'attività si svolge senza una _____ formale. Il dog sitter ha un grossa passione per i cani e ama trascorrere del tempo con loro. Le principali capacità di un dog sitter sono: l'amore per i cani, il senso di responsabilità e l'_____ nel trattare con loro.

Adattato da _www.dogsitter.it_

5.a *Trova la parola intrusa in ogni lista e scrivila accanto.*

intruso

a. chitarrista - pianista - cantante - batterista - bassista

b. cd - album - fotogramma - singolo - canzone

c. brano - lettura - canzone - melodia - canto

d. rock - pop-jazz - blues - bar

e. suonare - cantare - intonare - ascoltare - brano

5.b *Scrivi l'ultima lettera di ogni intruso negli spazi e rispondi alla domanda.*

Come si chiama lo spettacolo musicale più famoso della televisione italiana?

F _ STIV _ L DI S _ N _ EM _

6 *Completa i dialoghi con il verbo "essere" o "stare" al presente.*

1
◉ Pronto?
◉ Pronto, Licia, sono Claudio. Vieni al cinema stasera?
◉ Mi dispiace, ma non _____ molto bene. Preferisco rimanere a casa.

2
◉ Questo libro _____ bellissimo.
◉ Non _____ d'accordo. Secondo me è molto noioso.

3
◉ Di chi _____ la macchina verde in giardino?
◉ _____ mia, perché?
◉ Perché è da un'ora che l'allarme suona! Non lo senti?

4
◉ Ascolta, Mattia: tu _____ qui con la nonna Tina e aspetta. Io vado a prendere tua sorella.
◉ Va bene, mamma.

5
◉ Senti, Diana, ma tu dove _____ precisamente? Vicino a Piazza del Popolo?
◉ No. Abito in via del Corso. Dietro Piazza di Spagna.

6
◉ Ti presento Naima e Alessandra: _____ due nuove studentesse.
◉ Piacere! Io mi chiamo Carlo.

7
◉ Per favore, Salvatore, _____ calmo: adesso andiamo a casa.
◉ Va bene, ma non perdere ancora tempo. Aspetto una telefonata importante.

8
◉ Perché _____ così silenzioso? Non _____ bene?
◉ Non lo so. Forse _____ solo un po' stanco.

7 *Abbina le offerte alle richieste di lavoro. Sono possibili diverse soluzioni.*

Offerte di lavoro

1. La 69 Groove Animazione cerca le seguenti figure per lavorare in uno spazio bimbi a Prato: 2 ragazzi/e di 18-23 anni con esperienza presso centri estivi e feste di compleanno per bambini, disponibili a lavorare durante la settimana e anche nel fine settimana.

2. Agenzia ricerca giovani ragazzi motivati per lavoro di PR nelle più famose discoteche di Roma. Inviare curriculum via mail.

3. Per negozio calzature zona Milano centro ricerchiamo un/una giovane con esperienza nel settore come addetto/a vendite negozi.

4. Cercasi ragazzo/a per pub, lavoro a tempo indeterminato. Zona di lavoro: Schiavonea (Cosenza).

5. Ristorante in collina a 15 km da Firenze cerca giovane con conoscenza della lingua inglese.

6. Urgente: baby sitter in zona Bufalotta (RM) o vicinanze! Cerco una ragazza disponibile dalle 21:45 alle 4-5 di mattina. La bambina ha 6 mesi ed è tranquilla, dorme la notte.

7. Per ristorante in centro a Firenze cerchiamo un ragazzo/una ragazza per lavoro diurno. Bella presenza, serio/a con esperienza. Orario: part-time.

8. Cerco lavoratore serio, per negozio alimentari in periferia di Genova. Preferibilmente con esperienza nel settore.

Richieste di lavoro

a. Ragazzo rumeno cerca lavoro part-time, preferibilmente in città. Precedente esperienza di lavoro come aiuto cuoco.

b. 21 anni, diplomata, con ottima conoscenza della lingua inglese, bella presenza, cerca lavoro come commessa.

c. Studentessa universitaria, 23 anni, cerca lavoro part-time, preferibilmente ore serali. Disponibile anche nel fine settimana.

d. Ragazza, 30 anni, cerca lavoro a tempo pieno. Precedente esperienza come cassiera in un supermercato.

e. Studente cerca lavoro, preferibilmente in Toscana. Disponibile a lavorare anche come babysitter. Esperienza come animatore presso importante villaggio turistico a Rimini.

f. Ragazza 20 anni, bella presenza, dinamica, estroversa, cerca lavoro a Roma e provincia.

g. 22 anni, diplomata, ottima conoscenza inglese e tedesco, cerca lavoro a Firenze e provincia. Disposta a orari flessibili.

h. Ragazzo brasiliano, ottima conoscenza inglese, francese, italiano, cerca lavoro come cameriere o barista in discoteche, pub o locali notturni.

1. ☐ **2.** ☐ **3.** ☐ **4.** ☐ **5.** ☐ **6.** ☐ **7.** ☐ **8.** ☐

I suoni [l] e [r]

1 Ascolta le parole e indica con una "X" il suono che senti, come negli esempi.

cd59

	1.	2.	3.	4.	5.	6.	7.	8.	9.	10.
l	☐	☒	☐	☐	☐	☐	☐	☐	☐	☐
r	☒	☐	☐	☐	☐	☐	☐	☐	☐	☐

2 Ascolta e <u>sottolinea</u> la parola giusta. Poi confrontati con un compagno. Insieme ripetete le parole a voce alta.

cd60

1. libelle/ribelle   **2.** interpreti/interpleti   **3.** cerebre/celebre   **4.** locari/locali

5. leggela/leggera   **6.** principale/plincipale   **7.** creare/cleare   **8.** livelazione/rivelazione

3 Ascolta l'indovinello e inserisci la lettera giusta negli spazi _____. Poi scrivi la soluzione.

cd61

Con dive_si materia_i
c_ea modelli origina_i,
tutti se_vono a cop_ire,
a_cuni anche ad abbellire.

Soluzione (una professione):

☐ *

4 Formate due squadre, A e B. Ogni squadra scrive nello schema 1 nove parole con i suoni [l] e [r] e si esercita a pronunciarle. Poi si formano delle coppie (uno studente della squadra A e uno della squadra B). A turno ogni studente indica una casella nel suo schema 2 e l'altro legge la parola corrispondente nel suo schema 1. Se il primo studente scrive correttamente la parola nel suo schema 2, conquista quella casella. Vince il primo studente che fa tris.

schema 1

schema 2

* Lo/la stilista.

1 *Inserisci nei testi l'articolo tra parentesi e scrivi accanto la preposizione articolata giusta.*

Le radio italiane più famose

a. Radio Deejay
Probabilmente è la radio più amata
(*da+*____) = ____ giovani; oltre a vedere le varie
classifiche e le hit, potete osservare quello che succede
(*in+*____) = ____ stanza dalla quale trasmettono i vari
conduttori, grazie a una telecamera fissa.

b. Radio 105 Network
Eccoci (*su+*____) = ____ sito ufficiale
(*di+*____) =____ radio milanese rivolta esclusivamente
(*a+*____) = ____ pubblico giovane,
con musica di tendenza e programmi divertenti.

c. Rtl 102.5
Si tratta (*di+*____) = ____ unica radio italiana
che trasmette (*su+*____) = ____ stessa frequenza
(o quasi) in tutta la nazione.

d. Kiss Kiss Network
Agli inizi (*di+*____) = ____ anni '70, prima
(*di+*____) = ____ "febbre (*di+*____) = ____ sabato sera",
nasce la discoteca Kiss Kiss, il primo locale
(*di+*____) = ____ Sud Italia ispirato (*a+*____) = ____
radio americane. Qualche anno dopo nasce Radio Kiss Kiss,
abbinata (*a+*____) = ____ omonima discoteca.

e. Radio Rai
È un portale che dà accesso (*a+*____) = ____ siti
(*di+*____) = ____ canali radiofonici pubblici italiani:
Radio 1, Radio 2 e Radio 3.

f. Radio Montecarlo
Si autodefinisce "la radio più chic".
(*In+*____) = ____ programmi c'è molta musica "soft"
diretta (*a+*____) = ____ ascoltatori più maturi.

g. Radio Italia
Il suo nome completo è Radio Italia Solo Musica
Italiana, ed è sicuramente il network nazionale preferito
(*di+*____) = ____ amanti (*di+*____) = ____ musica
nostrana. Molti (*di+*____) = ____ ospiti si esibiscono
live, ed è possibile assistere (*a+*____) = ____ esibizioni
prenotando direttamente (*da+*____) = ____ sito
(*di+*____) = ____ radio.

h. Radio Rock
Radio romana che trasmette musica "giovane", come
il rock o la musica (*di+*____) = ____ gruppi emergenti,
e che conta (*su+*____) = ____ collaborazioni con i locali
della capitale, dove si esibiscono artisti oltre
(*a+*____) =____ dj (*di+*____) = ____ radio.

Punteggio: ____ /26 (ogni preposizione articolata = 1 punto)

2 *Inserisci i verbi della lista all'imperativo affermativo o negativo. I verbi sono in ordine.*

- cercare
- comprare
- scegliere
- stampare
- lasciare
- scrivere
- inventare
- mostrare
- proseguire
- prendere
- chiedere
- rivelare
- organizzare

Vorrei dedicare una canzone romantica a una ragazza che mi piace da tempo. Avete un'idea originale?

Fai così... _____ un cantante che fa un concerto nella tua zona e _____ due biglietti. _____ una sua canzone, _____ il testo e _____ il foglio nella sua borsetta o nel suo zaino. Alla fine del testo _____ il tuo nome e _____ una frase romantica (per esempio che quella canzone ti ricorda lei).
Se lei rimane seria, non _____ le tue emozioni e _____ per la tua strada.
Pazienza: puoi andare al concerto con un amico.
Se sorride, va tutto benissimo! _____ l'iniziativa e _____ subito il suo numero di telefono. Ma non _____ la sorpresa. _____ l'appuntamento per il concerto e buon divertimento!

Punteggio: ____ /26 (ogni verbo = 2 punti)

3 *Scrivi il corrispondente italiano delle parole inglesi.*

1. Screensaver = _ _ _ _ _ _ _ _ _ _ _ _
2. Pendrive = _ _ _ _ _ _ _ _
3. Mouse pad = _ _ _ _ _ _ _ _

4. Hard disk = _ _ _ _ _   _ _ _ _ _ _
5. E-mail = _ _ _ _ _   _ _ _ _ _ _ _ _ _ _
6. Download = _ _ _ _ _ _ _ _ _

7. Update = _ _ _ _ _ _ _ _ _ _ _ _
8. Software = _ _ _ _ _ _ _ _

Punteggio: _____ /8 (ogni parola = 1 punto)

4 *Abbina i verbi **evidenziati** al soggetto corrispondente.*

Vasco Rossi

canzoni

droghe e alcol

il rock

Chi è Vasco Rossi? Il più grande rocker italiano **racconta** la sua storia. "Nelle canzoni mi spoglio completamente, **dico** quello che veramente ho dentro. Le mie canzoni **sono** delle fotografie di emozioni o di sensazioni. Per esempio "Siamo solo noi" racconta i 18 anni della mia vita da ribelle." Tra il 1979 e il 1980 **escono** molte sue canzoni famose, come "Alba Chiara". Arriva il successo e anche i problemi di droga e alcol. "Le droghe, l'alcol **entrano** nella vita e **diventano** i tuoi padroni. Il difficile della vita è essere normali: non **credo** in Dio e quindi non ho risposte spirituali ai problemi di tutti i giorni." Fortunatamente Vasco **riesce** a curarsi con grande forza d'animo. Cosa lo aiuta ad andare avanti? "La musica: ad ogni concerto il rock **sale** dalla chitarra al cuore e **diventa** la più grande emozione della mia vita".

Punteggio: _____ /20 (ogni abbinamento = 2 punti)

5 *Riordina le istruzioni. La prima è al posto giusto.*

Come copiare informazioni su un documento word da un sito internet

1	Andare sul sito internet scelto
☐	Copiare il testo
☐	Aprire un documento nuovo di word
☐	Selezionare la parte di testo

☐	Trovare la parte di testo utile
☐	Inserire una foto o un'immagine per completare
☐	Incollare la parte di testo nel documento word
☐	Stampare il documento se necessario

Punteggio: _____ /14 (ogni istruzione al posto giusto = 2 punti)

6 *Riordina le lettere e scrivi i nomi delle professioni nella tabella accanto.*

2. IMDCEO
5. OCCOU
1. TTORHCIATE
4. RAAIBST
3. PRIOEAO
6. STIGROAIANL

1. _____
2. _____
3. _____
4. _____
5. _____
6. _____

Punteggio: _____ /6 (ogni professione = 1 punto)

Totale: _____ /100

Cosa sai fare?

	😄	😐	😒
dare e comprendere istruzioni semplici	☐	☐	☐
usare siti web per trovare informazioni sulla cultura e la lingua italiana	☐	☐	☐
dare e seguire ordini e istruzioni	☐	☐	☐
usare e capire alcuni comandi utili per navigare in internet o usare il computer	☐	☐	☐
collocare eventi nel tempo	☐	☐	☐
indicare i tuoi gusti musicali	☐	☐	☐
scrivere una breve biografia	☐	☐	☐
creare il testo di una canzone	☐	☐	☐

Cosa conosci?

Pensa a quello che hai imparato e scrivi:

• tre siti utili per studiare

• quattro parole inglesi molto usate in informatica e la traduzione in italiano

• i comandi del computer che ricordi

• il tuo genere musicale preferito

• tre parole inglesi molto usate nella musica e la traduzione in italiano (se esiste)

• la tua professione ideale

Come... studi il lessico?

Nell'unità 7 ci sono molte parole sul web e il computer. Come puoi ordinare queste parole per ricordarle meglio? Segui l'esempio e prova a completare lo schema.

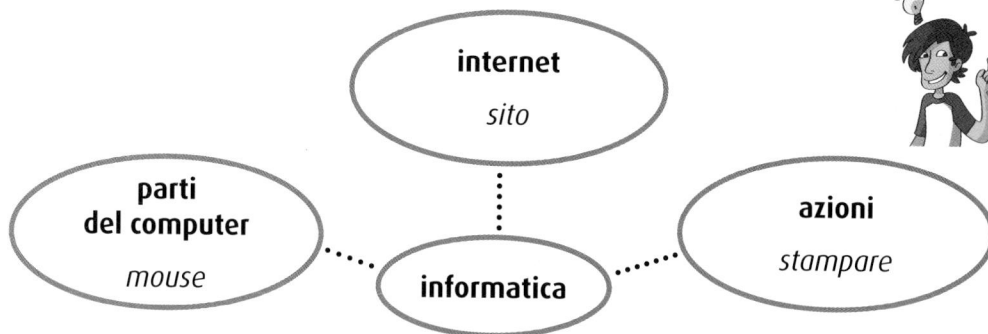

internet
sito

parti del computer
mouse

informatica

azioni
stampare

Eventualmente puoi ordinare le parole con un altro criterio, per esempio:

parole solo in inglese
mouse

parole solo in italiano
archivio

parole in italiano o inglese
rete/web

Esistono altri sistemi per ordinare le parole? Parlane con un compagno.

Mettiti alla prova!

Crea uno schema personale per ordinare le parole della musica dell'unità 8 (puoi vedere alcuni esempi digitando "mappe mentali" su "google immagini").

1 Leggi l'intervista e abbina le risposte alle domande giuste, come nell'esempio.

Federica Pellegrini, pluricampionessa del nuoto azzurro, si racconta in questa intervista esclusiva.

Giornalista

1. *Sei un simbolo dello sport italiano. Cosa pensi di questo tuo ruolo?*

2. Pensi di essere l'atleta più grande di sempre dello sport italiano femminile e non solo femminile?

3. Com'è il rapporto con il tuo nuovo allenatore Stefano Morini?

4. Chi sono gli atleti che ammiri di più?

5. Bella e vincente, una ragazza piena di qualità. Ma com'è la Federica che non conosciamo?

Federica

a. Nel calcio, Ale Del Piero. In assoluto, la nuotatrice Franziska Van Almsick.

b. Mi trovo in sintonia con lui e seguo volentieri i suoi consigli tecnici.

c. Federica è l'altra faccia della Pellegrini: una ragazza affettuosa, semplice e dolce, con le insicurezze tipiche della sua età.

d. *È un ruolo che mi onora e mi riempie di gioia, ma anche di grandi responsabilità.*

e. Credo di essere un'atleta vincente, che è riuscita ad arrivare in alto nello sport italiano ed internazionale, con una passione ancora intatta per il suo magnifico sport.

Adattato da *www.ilsussidiario.net*

2 Abbina i numeri ordinali alle parole, come nell'esempio.
Attenzione: una delle parole non è corretta.

62°   10°   81°

38°   13°

16°   40°

25°

56°   97°

a. quarantesimo   **f.** diecesimo

b. venticinquesimo   **g.** novantasettesimo

c. cinquantaseiesimo   **h.** trentottesimo

d. ottantunesimo   **i.** sessantaduesimo

e. sedicesimo   **l.** tredicesimo

40°/a

3 Completa la seconda parte dell'intervista a Federica Pellegrini con i verbi della lista al presente, come nell'esempio. I verbi sono in ordine.

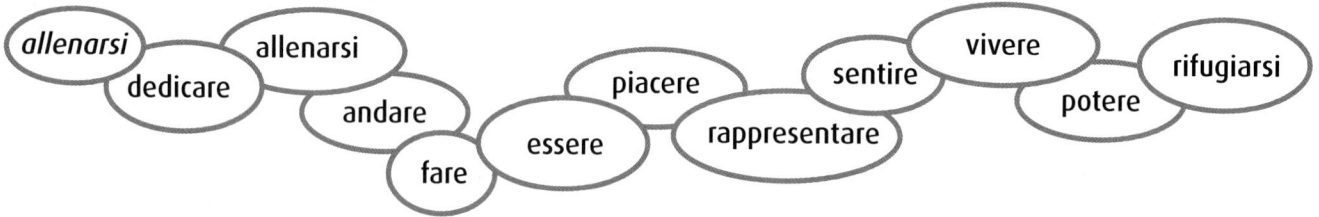

allenarsi   allenarsi   piacere   sentire   vivere   rifugiarsi

dedicare   andare   essere   rappresentare   potere

fare

Quante ore (tu) ti alleni **al giorno, quanto spazio** _____ **al nuoto nella tua giornata?**

(Io) _____ otto ore al giorno, quattro al mattino e quattro nel pomeriggio. Tre volte a settimana (io) _____ in palestra.

Cosa (tu) _____ **quando non** _____ **in piscina?**
Mi _____ molto viaggiare e fare shopping, soprattutto dopo un periodo di stress e gare importanti. In particolare, comprare scarpe _____ per me un ottimo scacciapensieri, la formula magica del buonumore!

(Tu) _____ **molto le tue radici venete?**
Sì, (io) _____ a Verona e quando _____, _____ a casa dei miei a Spinea, vicino a Venezia.

Adattato da *www.ilsussidiario.net*

4 Ordina le lettere e forma il nome degli sport, come nell'esempio.

Esempio:

i c a l ⟶ c a l c i o

1. c h m r e ⟶ s   a
2. t o u ⟶ n   o
3. t r c a n l a l a e s ⟶ p   o
4. l u i t g a ⟶ p   o
5. b g u ⟶ r   y
6. n n e i ⟶ t   s
7. o n u a l a l t ⟶ p   o
8. o v l a l l a ⟶ p   o

5 Coniuga i verbi tra parentesi al presente progressivo, come nell'esempio.

Cosa state facendo adesso?
Valentina

Allora, io (*vivere*) _sto vivendo_ il sabato più deprimente della storia:
1. non posso uscire
2. (*io - guardare*) _____ un programma orrendo in TV
3. i miei genitori (*lamentarsi*) _____ perché in camera mia regna il caos...
C'è qualcuno più sfortunato?
Sam

Sì, io. Non ho niente da fare, il mio computer è rotto da una settimana, devo sistemare
i vestiti per il cambio di fine stagione... e in più (*piovere*) _____!
Alessia

Io, io!
1. oggi sto a casa perché piove
2. ho mal di testa
3. (*io - annoiarsi*) _____ a morte
4. devo studiare per il compito di chimica di lunedì!!!!!
wellmax

Anch'io! Sono a casa e mia cugina (*parlare*) _____ da ore e ore del
ragazzo che le piace da... stamattina: è una tortura!!!
Anita B.

Io (*aspettare*) _____ il mio ragazzo: stasera stiamo a casa e guardiamo un
DVD. Ma i miei amici (*fare*) _____ una festa fantastica, qui vicino... Lui non
ci vuole andare perché non sono amici suoi... Non è giusto!!!
Jay

Beh, io e il mio ragazzo (*litigare*) _____ da un'ora al telefono. Che dici? Sto
peggio io, no?
Giada

Mi dispiace, ma vinco io. (*Io - partire*) _____ per andare a passare un
intero mese a casa di mio padre con la sua terribile nuova compagna e il suo gatto
(sono allergico ai peli)!
Maestro Zen

6 *Trova le espressioni invertite tra quelle **evidenziate**, come nell'esempio.*

JURY CHECHI, OVVERO IL "SIGNORE DEGLI ANELLI"

Ex atleta italiano, Jury Chechi è stato un fortissimo campione degli anelli negli anni '90. Nasce a Prato, l'11 settembre del '69. **Dopo**, nessuno pensa a una carriera sportiva, perché Jury è molto magro e piccolo. **Alla fine** la sorella comincia a frequentare una palestra di ginnastica artistica e, **all'inizio** qualche mese, Jury si appassiona a questo sport. Quando ha 7 anni, i genitori decidono di iscrivere anche lui. (Sempre) Jury dimostra di essere particolarmente dotato per questo sport: vince competizioni di vario tipo e nel 1977 Jury arriva al primo posto del campionato regionale toscano. Nel 1984 si trasferisce a Varese per potere studiare e contemporaneamente si allena nella disciplina degli anelli.

Poi della sua carriera (si ritira nel 2004) Jury ha collezionato 1 oro e 1 bronzo olimpico, 5 ori e 2 bronzi mondiali, 4 ori e 2 bronzi europei, 7 titoli italiani. Nonostante le sue vittorie non mostra **adesso** superbia e rimane (fin dall'inizio) una persona disponibile, aperta e umile. Secondo alcuni esperti di ginnastica, Jury Chechi è forse il migliore di tutti i tempi nella disciplina degli anelli. **Mai** lavora per il Centro di preparazione olimpica.

7 *Trova le frasi in cui la parola "ecco" non è usata correttamente. Poi sostituisci "ecco" con una delle tre parole della lista accanto, come nell'esempio.*

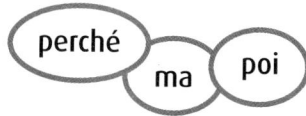

(perché) (ma) (poi)

1. ○ Luisa, sai dove sono i miei occhiali?
    ○ Ecco? Non sono nella tua borsa?   uso corretto ○   uso scorretto ⊗ _____ *perché*
    ○ No. Forse sono in camera mia.

2. ○ Siamo proprio in ritardo! Cosa facciamo?   uso corretto ○   uso scorretto ○ _____
    ○ Ecco un taxi! Andiamo con quello.

3. ○ Che fai? Vieni con noi al cinema?   uso corretto ○   uso scorretto ○ _____
    ○ Non lo so, sto aspettando Roberto, ecco non arriva.

4. ○ Sono molto stanca. Non posso più camminare!
    ○ Va bene. Cosa vuoi fare?   uso corretto ○   uso scorretto ○ _____
    ○ Ecco un bar! Prendiamo una cioccolata calda.

5. ○ Ho la febbre.   uso corretto ○   uso scorretto ○ _____
    ○ Ecco qui: questa è una medicina per l'influenza.

6. ○ Dov'è Serena?
    ○ Non viene. Oggi deve studiare e ecco deve   uso corretto ○   uso scorretto ○ _____
      pulire la sua camera.

Le doppie

1 *Ascolta e indica con una "X" la parola che senti.*

cd62

1. ☐ mora ☐ morra   2. ☐ sono ☐ sonno   3. ☐ motto ☐ moto
4. ☐ camino ☐ cammino   5. ☐ casa ☐ cassa   6. ☐ fato ☐ fatto
7. ☐ cappello ☐ capello   8. ☐ colla ☐ cola   9. ☐ pala ☐ palla   10. ☐ fiocco ☐ fioco

2 *Ascolta la barzelletta e* <u>sottolinea</u> *la parola corretta tra quella* **evidenziate.**

cd63

Due **carabinieri/carabbinieri** vanno in banca con una **macchina/machina** di servizio. Entrano in banca e nel **fratempo/frattempo** gli rubano l'auto. Quando se ne **accorgono/acorgono,** uno di loro telefona al **marescialo/maresciallo** e dice: "Maresciallo, ci hanno rubato la **macchina/machina!**". L'**ufficiale/uficiale**: "Avete visto in **facia/faccia** il ladro?". Il carabiniere: "No, ma abbiamo **preso/presso** il numero della targa!".

3 *Ascolta i colmi e completa le parole con una o due lettere.*

cd64

1. Il colmo per un profe__ore? Non avere cla__e!
2. Il colmo per un pi__aiolo? Avere una figlia che si chiama Margheri__a e fa la capri__iosa ogni quattro sta__ioni!
3. Il colmo per la mamma di Cappu__etto Ro__o? Augurare alla figlia: "in bo__a al lupo!".

4 *La classe si divide in quattro gruppi numerati da 1 a 4. A ogni gruppo è associata una delle quattro cartelle della tombola. L'insegnante estrae una parola alla volta e la legge a voce alta: il gruppo che ha quella parola nella sua cartella barra la casella corrispondente. Vince il gruppo che per primo barra tutte le caselle della cartella.*

CARTELLA 1: caro, note, Papa, eco, rissa, nonna

CARTELLA 2: ecco, nona, pappa, rocca, pollo, soma

CARTELLA 3: somma, caccio, risa, lego, sette, roca

CARTELLA 4: carro, notte, sete, cacio, polo, leggo

Esercizi

1 *Nella parte A del testo, <u>sottolinea</u> l'ausiliare corretto tra quelli **evidenziati**, come nell'esempio. Nella parte B, forma i participi passati regolari o irregolari dei verbi tra parentesi. Segui gli esempi e fai attenzione alle desinenze dei participi passati.*

A

Pierfrancesco Favino: tutti lo vogliono, Hollywood chiama. E lui risponde (senza montarsi l'ego). Com'**ha/è** iniziata la tua carriera di attore?

Ho/sono sempre pensato di fare l'attore, anche a sette anni. I miei genitori mi **hanno/sono** portato al Gianicolo, a Roma. **Abbiamo/Siamo** andati a vedere le marionette, e io **ho/sono** rimasto lì, rapito. Poi mi **hanno/sono** regalato il teatrino e io **ho/sono** inventato tantissime storie.
Per la recita di Natale, **ho/sono** scritto la storia del bue di Betlemme. È interessante questo animale: non **ha/è** capito perché è lì, ma sa che deve fare caldo, e così mi **ho/sono** immaginato la sua storia. Non so perché. **Ho/Sono** spostato l'accento su un personaggio meno importante.

B

Questa, per un po' di tempo, è (*essere*) ___stata___ la principale caratteristica della tua carriera, no?

Sì. Ho (*fare*) _____ tantissimi provini, sono (*andare*) _____ sempre bene, ma per molto tempo non ho (*avere*) _____ ruoli da protagonista.
Alla fine ho (*decidere*) _____ di rifiutare i ruoli più piccoli. Per "El Alamein", per esempio, all'inizio il regista, Enzo Monteleone, mi ha (*offrire*) _____ due parti minori. Sono (*andare*) _____ da lui, e gli ho (*dire*) _____ di darmi la parte di uno dei protagonisti.
Lui ci ha (*pensare*) _____ un po', e poi ha (*dire*) _____ sì.
Il primo protagonista vero l'ho (*fare*) _____ in "Bartali", per la tv. Quell'esperienza è (*essere*) _____ importantissima.
Comunque secondo me non sono (*diventare*) _____ così famoso. Certo, adesso qualche volta mi fermano per strada e conoscono il mio nome, ma quando succede sono ancora un po' sorpreso.

2 *Ordina il testo, come nell'esempio.*

MUSEO NAZIONALE DEL CINEMA
TORINO

1	2	3	4	5
d				

a. un'offerta speciale dedicata alle famiglie per visitare la collezione permanente del Museo, la mostra temporanea "Manga Impact" e l'accesso all'ascensore panoramico.

b. In occasione delle prossime festività natalizie - nei giorni 24, 25, 26 e 31 dicembre e nei giorni 1° e 6 gennaio - il Museo Nazionale del Cinema propone

c. La promozione prevede per i genitori il biglietto a tariffa intera a € 9 a persona,

d. Dal 24 dicembre al 6 gennaio, speciale "Promozione Famiglia" al Museo Nazionale del Cinema!

e. mentre i ragazzi fino a 18 anni, accompagnati da entrambi i genitori, usufruiscono dell'ingresso gratuito. Per maggiori informazioni, vai alla sezione *news*.

Adattato da *www.museonazionaledelcinema.it*

3 *Abbina la professione alla definizione, come nell'esempio.*

1. *costumista*
2. attore/attrice
3. regista
4. truccatore/truccatrice
5. scenografo/scenografa
6. doppiatore/doppiatrice

a. chi dirige uno spettacolo
b. persona specializzata nel make-up degli attori
c. *chi crea o seleziona costumi teatrali o cinematografici*
d. responsabile della creazione/decorazione dei set di uno spettacolo
e. professionista che presta la propria voce ad attori/attrici stranieri
f. chi recita, interpreta una parte in uno spettacolo televisivo, cinematografico o teatrale

4 *Completa il testo con i verbi tra parentesi al passato prossimo, come nell'esempio.*

Riccardo Scamarcio, sex symbol

Step, il protagonista di "Ho voglia di te" è il ragazzo perfetto... Riccardo ci ha confermato che l'uomo perfetto è davvero lui: dolce, seducente, sicuro di sé, ambizioso. Sarà vero?

Step, dalla scuola alla vita: nella vita reale come (*essere*)
___è stata___ **la tua esperienza?**
A scuola, terribile. (*Io - cambiare*) _____ tre indirizzi: linguistico, ragioneria, istituto per il commercio. Poi, un giorno (*io - fare*) _____ uno spettacolo teatrale. (*Io - recitare*) _____ davanti a mille persone, (*sentire*) _____ l'odore del palcoscenico, (*vedere*) _____ il sipario... Avevo il cuore impazzito! (*Io - innamorarsi*) _____ immediatamente di questo mestiere. In quel momento (*io - dirsi*) _____: "Voglio fare l'attore".

Così giovane hai già un grandissimo successo: come lo vivi?
(*Io - rimanere*) _____ molto colpito quando, a Milano, tantissime ragazze (*appostarsi*) _____ per vedermi da vicino. (*Essere*) _____ una sensazione strana. Sono contento quando le fan mi parlano, ma non quando mi fotografano con il telefonino e mi trattano come un oggetto. Il successo (*arrivare*) _____ all'improvviso: in realtà sono molto spaventato.

Adattato da *www.mymovies.it*

5 *Completa i dialoghi con le espressioni della lista. Sono possibili diverse soluzioni.*

invece　ah, sì!　dai!　eh, sì,　ma come no?　mamma mia!

A

- Ciao, Matteo. Allora vieni alla festa domani?
- Ciao, Stefano. No, non posso.
- _____ E perché?
- Devo studiare tantissimo, mercoledì ho il compito di latino.
- _____ Mica studi anche la sera!
- _____ sì, anche la notte.
- _____ Che esagerato! Però vieni agli allenamenti di rugby, vero?
- Gli allenamenti? Ma quando?
- Mercoledì. Ti ricordi che hanno cambiato il giorno?
- _____ È vero.

B

- Non mi dire che mercoledì c'è il compito di latino.
- _____, proprio così.
- Oddio, non so niente!
- _____ Abbiamo studiato insieme anche la settimana scorsa.
- Sì, ma ho dimenticato tutto!
- _____ Basta che ripassi un po'.
- Tu _____ sei sicuramente preparatissimo, come sempre.
- No, ti sbagli, questa volta non sono tanto preparato.

6 *Inserisci le espressioni della lista nel testo.*

per un po'　alla fine　fa　poi　per molto tempo　dopo

Giorgio, Lorenzo, Piero, Luisa, Virgilio, Francesca: cosa hanno in comune questi trentottenni? Semplice, 20 anni _____ sono stati compagni di scuola. Ma soprattutto sono stati amici, un gruppo. _____ il gruppo si è separato e _____ gli ex compagni di classe non si sono più visti.
Venti anni _____ però tornano ad essere amici: il Ministero della Pubblica Istruzione, infatti, ha annullato il loro esame di maturità. Devono rifarlo.
E così, _____, si ritrovano di nuovo insieme, come ai vecchi tempi, con qualche ruga in più e qualche capello in meno. Con la voglia di sentirsi giovani come allora. Ma _____ scoprono che quel periodo è definitivamente passato.

Adattato da *www.zapster.it*

7 *Trasforma il testo al passato prossimo, come nell'esempio.*

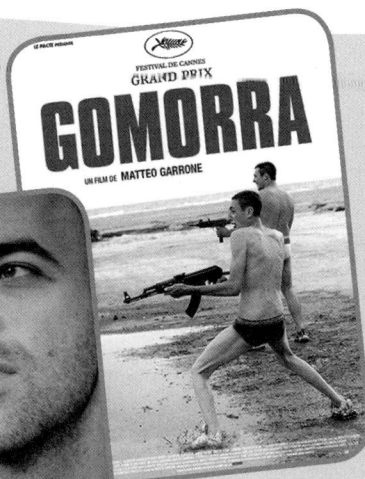

Roberto Saviano, scrittore sotto scorta

Roberto Saviano *nasce* a Napoli nel 1979. Si laurea in Filosofia all'Università di Napoli. Nel 2002 scrive per diverse riviste e giornali (Pulp, Diario, Sud, Il Manifesto, Il Corriere del Mezzogiorno). Nel marzo 2006 pubblica il suo primo romanzo, "Gomorra", sul tema del potere della camorra, la criminalità organizzata napoletana. Il romanzo vende in una sola settimana 5000 copie e, in pochissimo tempo, arriva in cima alle classifiche in Italia e all'estero. Lo stesso anno lo Stato italiano decide di mettere Saviano sotto scorta a causa delle minacce di morte della camorra. Tradotto in 53 paesi, "Gomorra" diventa un bestseller con 2 milioni e mezzo di copie vendute in Italia e 4 milioni di copie vendute nel mondo. Nel 2008 "Gomorra" diventa anche un film di successo internazionale. Oggi Saviano continua a lavorare come scrittore, giornalista e opinionista (nel 2010 anche come conduttore del programma televisivo "Vieni via con me" accanto al presentatore Fabio Fazio). Vive ancora sotto scorta.

Adattato da *www.robertosaviano.it*

Roberto Saviano __è nato__ a Napoli nel 1979. _____

_____

_____

_____

_____

_____

_____

_____

_____

_____

Oggi Saviano continua a lavorare come scrittore, giornalista e opinionista (nel 2010 anche come conduttore del programma televisivo "Vieni via con me" accanto al presentatore Fabio Fazio). Vive ancora sotto scorta.

Intonazione e accento della frase

1.a
cd65

Inserisci negli spazi ___ del dialogo i segni di punteggiatura della lista, come negli esempi. Poi ascolta e verifica.

✗ ∕∕∕∕∕∕∕   ✗ . . . . .   ? ? ?   ! ! !

- **Lui:** "Mio fratello è figlio unico"...
- **Lei:** È quello con Riccardo Scamarcio__.__
- **Lui:** Ah__,__ sì lo conosco ___ ma non è tanto bravo ___ però___
- **Lei:** Ma come no... È bravissimo___
- **Lui:** A me non piace___

- **Lei:** E invece... Chi è bravo___ Scamarcio___
- **Lui:** Eh___ sì___ lui mi piace___
- **Lei:** Ma cosa... Non è bravo___
- **Lui:** Ma invece sì___ è molto espressivo___
- **Lei:** Sì___ espressivo... come la Bellucci___
- **Lui:** Sì___ perché la Bellucci non ti piace___
- **Lei:** Assolutamente no___

1.b
cd65

*Riascolta il dialogo del punto **1.a** e <u>sottolinea</u> in ogni frase la sillaba con l'accento più forte, come nell'esempio.*

Esempio:

- **Lei:** Ma <u>co</u>sa... Non è <u>bra</u>vo.
- **Lui:** Ma invece <u>sì</u>, è molto espres<u>si</u>vo.

1.c

*Lavora con un compagno. Recitate il dialogo del punto **1.a** rispettando le pause e gli accenti delle frasi.*

2
cd66

Dividetevi in gruppi di quattro (due studenti A e due studenti B). Ogni coppia lavora sulle proprie battute. Inserite la punteggiatura dove manca, poi recitate le battute (senza guardare le battute degli altri compagni). Fate attenzione all'intonazione. Poi cambiate le coppie (studente A con studente B) e recitate il dialogo più volte. Infine ascoltate il dialogo tutti insieme.

Jasmine Trinca

› Battute dello studente A

1. Perché

3. Non sono d'accordo secondo me è molto brava poi non è così bella è più bella l'altra eh Come si chiama Jasmine Trinca

5. È quella con i capelli scuri con i lineamenti morbidi gli occhi un po' allungati

7. Lei è bella è molto bella

9. Ehm Quella che ha fatto "Romanzo criminale"

› Battute dello studente B

2. Perché non è un'attrice è bellissima ma non dovrebbe recitare.

4. E chi è

6. Non me la ricordo

8. E che film ha fatto

10. Non mi viene in mente

Monica Bellucci

1 Inserisci gli sport della lista accanto nelle definizioni. Attenzione: nella lista ci sono tre intrusi.

calcio
tennis
nuoto
golf
ciclismo
pattinaggio
sci
pallavolo

a. È uno sport di squadra. Si gioca negli stadi. È molto popolare in Italia e in altri paesi europei e sudamericani, soprattutto durante i Mondiali. _____
b. Non è uno sport individuale. È vietato usare i piedi. Sono necessari una palla e una rete. _____
c. Può essere uno sport di squadra o individuale. È necessaria una pallina e una rete. È vietato toccare la pallina con le mani o con i piedi. _____
d. Questo sport ha diversi stili e richiede molta acqua! _____
e. È uno sport molto faticoso. Per vincere devi essere molto veloce. In questo sport gli atleti usano la bicicletta. _____

Punteggio: _____ /5 (ogni sport = 1 punto)

2 Coniuga i verbi tra parentesi al passato prossimo.

Esce al cinema il film "Dylan Dog - Dead of night", ispirato al celebre fumetto italiano.
Presentiamo un'intervista a Tiziano Sclavi, "padre" di Dylan Dog.

1. Signor Sclavi, che tipo di studi (lei - fare) _____?
(Io - finire) _____ il liceo classico e (frequentare) _____ qualche anno di università, Lettere moderne. (Io - lasciare) _____ l'università quando (cominciare) _____ a lavorare come redattore per la rivista di fumetti "Corriere Ragazzi". Quando sei giovane, se hai la fortuna di trovare subito il lavoro ideale, è meglio non perdere l'occasione.

2. I momenti più importanti della sua carriera quali (essere) _____?
Professionalmente, (io - iniziare) _____ con piccoli articoli e altre cose per la rivista "Messaggero dei Ragazzi". Poi (arrivare) _____ l'occasione del lavoro per il "Corrierino", con racconti e fumetti. Verso la fine degli anni '70 (io - cominciare) _____ a scrivere le storie di Zagor e di Mister No. Nel 1985 (io - creare) _____ il fumetto Dylan Dog e (il fumetto - avere) _____ un grande successo.

3. Con quali letture (lei - crescere) _____? Qual è il libro che le ha fatto più paura?
Le storie di paura (essere) _____ sempre _____ le mie preferite, prima le fiabe e poi i romanzi e i racconti. Ma non (io- finire) _____ mai _____ "Giro di vite" di James: troppa tensione, non (io - arrivare) _____ all'ultimo capitolo.

4. Per lei scrivere è un divertimento?
Scrivere (essere) _____ un divertimento per tanto tempo. Poi (io - cominciare) _____ a sentire la fatica, e adesso che scrivo da trent'anni è quasi tutta fatica! Ma solo "quasi": un po' di divertimento (restare) _____!

5. (Lei - volere) _____ sempre _____ fare lo scrittore?
Da piccolo volevo fare il cowboy. E il primo "romanzo" che (io - inventare) _____ era un western. Da ragazzo volevo fare lo scrittore, il fumettista, il cantautore e il regista. Due opzioni (avverarsi) _____, non mi posso lamentare.

6. Perché (lei - chiamare) _____ il suo fumetto "Dylan Dog"? Molti giornalisti (riportare) _____ che il suo cane si chiama Dylan, che lei ama il poeta Dylan Thomas e che Dylan Dog è il nome provvisorio di tutti i suoi personaggi.
La storia del cane non è vera, ma il resto sì. "Dylan" viene proprio da Dylan Thomas. "Dog" viene dal titolo di un libro di Spillane. Dylan Dog (essere) _____ davvero il nome provvisorio di tutti i miei personaggi. La differenza tra Dylan e tutti i miei personaggi precedenti è che questa volta io e gli editori (mantenere) _____ il nome.

Punteggio: _____ /50 (ogni verbo = 2 punti)

3 Trova l'intruso nelle quattro liste di espressioni.

1
- ieri
- due giorni fa
- oggi
- l'altro ieri
- la settimana scorsa

2
- tutti i giorni
- qualche volta
- sempre
- dopo
- mai

3
- pomeriggio
- mattina
- sera
- ieri
- notte

4
- ieri
- il mese scorso
- l'altro ieri
- un anno fa
- domani

Punteggio: ____ /8 (ogni intruso = 2 punti)

4 Cosa stanno facendo? Completa le frasi con uno dei verbi della lista al presente progressivo.

salire — bere — salutarsi — addormentarsi — sedersi — preparare

a. I ragazzi _____ una bibita al bar.

b. Valeria, Marco e Leonardo _____.

c. Lui _____.

d. Lei _____

e. Valentina _____ sull'autobus.

f. Mia madre _____ il caffè.

Punteggio: ____ /21 (ogni verbo non riflessivo = 3 punti; ogni verbo riflessivo = 4 punti)

5 Inserisci nel dialogo le espressioni della lista. Attenzione: un'espressione compare due volte.

ma come no — ah, sì — invece — ecco — perché — ma — eh, sì

Licia: Andiamo al cinema stasera?

Marco: Sono molto stanco. Non possiamo andare domani _____?

Licia: Domani non posso _____ ci sono i miei genitori a cena. Andiamo stasera: c'è il film di fantascienza che ti piace tanto!

Marco: Fantascienza? Non mi piacciono i film di fantascienza.

Licia: _____! Il tuo film preferito non è "Avatar"?

Marco: _____, ma quello è un'eccezione. Perché _____ non vediamo un bel thriller?

Licia: Un thriller? Va bene, _____ solo se non è troppo complicato.

Marco: Ok. Vediamo cosa c'è al cinema Odeon. Prendi il giornale.

Licia: _____ qui. C'è "La bestia del cuore", inizia alle 23:00.

Marco: Così tardi? Vediamo… _____, hai ragione. Possiamo cenare e poi andiamo, va bene?

Licia: Per me va benissimo.

Punteggio: ____ /16 (ogni espressione = 2 punti)

Totale: ____ /100

Cosa sai fare?

parlare o scrivere di eventi passati

leggere un'intervista

capire e realizzare una cronaca sportiva

convincere qualcuno

leggere e scrivere un breve articolo sportivo

indovinare un personaggio famoso

descrivere un'azione in corso

Cosa conosci?

Pensa a quello che hai imparato e scrivi:

• tre sport che ti piacciono

• cosa stai facendo in questo momento

• due parole tipiche del mondo del cinema

• tre cose che hai fatto ieri

• i numeri da *primo* a *decimo*

• tre espressioni di tempo

Come... guardi un film?

Cosa fai generalmente quando guardi un film in lingua straniera?

1. Preferisci guardare il film:
a. da solo, così ti concentri meglio.
b. con gli amici, così poi confrontate le vostre opinioni.

2. Ti concentri soprattutto:
a. sulle immagini, i movimenti e i gesti.
b. sui dialoghi.

3. Il tuo obiettivo è:
a. capire la storia in generale, non ti importa se non capisci molti dialoghi.
b. provare a capire tutto.

Ora leggi il significato delle tue risposte e scopri il tuo stile di apprendimento.

1.
a. Profilo introverso
Ti piace decidere da solo come imparare una lingua.

b. Profilo estroverso
Preferisci lavorare e confrontarti con altre persone.

2.
a. Stile cinestesico
Impari attivando anche il corpo e osservando i gesti.

b. Stile uditivo
Impari soprattutto ascoltando le conversazioni.

3.
a. Stile globale
Vuoi capire il senso generale del testo, non ti importa comprendere le singole parole.

b. Stile analitico
Analizzi la lingua in modo sistematico, studiando le singole parole e le regole grammaticali.

Mettiti alla prova!

Vai su www.242movietv.com (poi nella sezione "web tv" e in "cortometraggi italiani"), o su www.cortoweb.com (poi in "short films"), scegli un cortometraggio italiano e... buona visione!

Grammatica

La pronuncia

In italiano le parole si leggono come si scrivono e a ogni lettera corrisponde un suono. Ma ci sono alcune eccezioni.

suono	lettere	esempio
[tʃ]	cia, ce, ci, cio, ciu	*cia*o, *ce*na, *ci*nema, ba*cio*, *ciu*rma
[k]	ca, che, chi, co, cu	*ca*sa, ami*che*, *chi*amo, ami*co*, *cu*cina
[dʒ]	gia, ge, gi, gio, giu	*gia*llo, *ge*lato, *gi*ro, *gio*co, *giu*gno
[g]	ga, ghe, ghi, go, gu	impie*ga*to, spa*ghe*tti, la*ghi*, pre*go*, *gu*fo
[ʎ]	gli	fi*gli*
[ɲ]	gn	*gn*occhi
suono muto	h	*h*o, *h*otel
[ʃ]	scia, sce, sci, scio, sciu	*scia*bola, pe*sce*, u*sci*ta, *scio*pero, a*sciu*go
[sk]	sca, sche, schi, sco, scu	*sca*la, pe*sche*, ma*schi*le, tede*sco*, *scu*sa

L'accento

La maggior parte delle parole italiane ha l'accento sulla penultima sillaba, per es.: stu**den**te.

Nelle altre parole l'accento può cadere:
❯ sull'ultima sillaba: cit**tà** (in questo caso l'accento è sempre indicato graficamente)
❯ sulla terz'ultima sillaba: **par**lano
❯ sulla quart'ultima sillaba: te**le**fonano.

L'accento può essere grave o acuto:
❯ nelle vocali *a, i, o, u* l'accento è sempre grave, per es.: pap**à**, luned**ì**, per**ò**, pi**ù**
❯ nella vocale *e* l'accento può essere grave o acuto, per es.: caff**è**, perch**é**.

L'infinito dei verbi

I verbi italiani hanno una forma base che si chiama infinito. L'infinito dei verbi è di tre tipi principali:
❯ verbi in **-are** (prima coniugazione): parl*are*
❯ verbi in **-ere** (seconda coniugazione): scriv*ere*
❯ verbi in **-ire** (terza coniugazione): apr*ire*.

I pronomi soggetto

singolare	plurale
io	noi
tu	voi
lui (maschile)	loro
lei (femminile)	
Lei (forma di cortesia)	

In italiano il soggetto del verbo di solito non è espresso e si riconosce dal verbo:
❯ *Dove vai?*　　◉ *Vado al cinema. (= io)*

Il soggetto è espresso in casi particolari: per mettere in risalto la persona, per esprimere un'opposizione, per evitare ambiguità:
❯ *Lui di dov'è?*　　◉ *Lui è di Roma, io sono di Genova.*

Il presente del verbo *chiamarsi*

chiamarsi	
io	mi chiamo
tu	ti chiami
lui/lei	si chiama
noi	ci chiamiamo
voi	vi chiamate
loro	si chiamano

Il presente dei verbi *essere* e *avere*

	essere	avere
io	sono	ho
tu	sei	hai
lui/lei	è	ha
noi	siamo	abbiamo
voi	siete	avete
loro	sono	hanno

I nomi

I nomi possono essere maschili o femminili. In genere i nomi in **-o** sono maschili (plurale: **-i**) e i nomi in **-a** sono femminili (plurale: **-e**).

I nomi in **-e** possono essere maschili o femminili (plurale: **-i**).

nomi in -o/-a

maschile		femminile	
singolare	plurale	singolare	plurale
teatr**o**	teatr**i**	piazz**a**	piazz**e**

nomi in -e

maschile		femminile	
singolare	plurale	singolare	plurale
paes**e**	paes**i**	lezion**e**	lezion**i**

Ci sono molti casi particolari:
- ❯ i nomi in **-tà** sono femminili e hanno il plurale uguale al singolare: *città, università*
- ❯ alcuni nomi femminili finiscono in **-o** al singolare e al plurale: *auto, foto, moto, radio*
- ❯ alcuni nomi maschili finiscono in **-a** (plurale: **-i**): *problema (problemi), schema (schemi)*
- ❯ generalmente i nomi **stranieri** che finiscono in consonante sono maschili e con plurale invariabile: *bar, film, autobus, yogurt*
- ❯ alcuni nomi maschili in **-co** e **-go** con l'accento sulla penultima sillaba hanno il plurale in **-chi** e **-ghi**: *tedesco (tedeschi), albergo (alberghi)*. Eccezioni importanti: *amico (amici), greco (greci)*

- ❯ altri nomi maschili in **-co** e **-go** con l'accento sulla terz'ultima sillaba hanno il plurale in **-ci** e **-gi**: *medico (medici), psicologo (psicologi)*
- ❯ i nomi in **-ca** e **-ga** al plurale hanno una **-h-**: *amica (amiche), riga (righe)*
- ❯ i nomi in **-cia** e **-gia** con la **i** accentata hanno il plurale in **-cie** e **-gie**: *farmacia (farmacie), bugia (bugie)*
- ❯ i nomi in **-cia** e **-gia** con la **i** non accentata hanno il plurale in **-cie** e **-gie** se la sillaba è preceduta da una **vocale**, e in **-ce** e **-ge** se la sillaba è preceduta da una **consonante**: *camicia (camicie), ciliegia (ciliegie), arancia (arance), pioggia (piogge)*.

La forma di cortesia

Per la forma di cortesia si usa la terza persona singolare femminile (**Lei**):
- ● *Buongiorno signora Rossi. Come **sta**?*
- ◉ *Bene grazie. E **Lei**?*

*Signor Belli, **Lei** quanti fratelli **ha**?*

Al plurale si usa la seconda persona plurale **Voi** (o più raramente la terza persona plurale **Loro**, forma desueta):
(barista) *Buongiorno signori, cosa **prendete**?/Buongiorno, i signori cosa **prendono**?*

In Italia i giovani usano il **Lei** per parlare con gli adulti che non conoscono e con gli anziani. Tra di loro usano sempre il **tu**. Gli adulti o gli anziani, per parlare con gli adolescenti, usano il **tu**:
- ● Giulio (16 anni): *Buongiorno signora Dagnesi, come **sta**?*
- ◉ Signora Dagnesi (50 anni): *Bene, Giulio, e **tu**?*

In contesti informali (una festa, una cena a casa di amici...) **non** si usa la forma di cortesia tra adulti della stessa età.

Unità 2

Gli aggettivi in -o/-a, -e

In italiano esistono due gruppi di aggettivi: gli aggettivi in **-o/-a** (plurale: **-i/-e**) e gli aggettivi in **-e** (plurale: **-i**).

aggettivi in -o/-a

maschile		femminile	
singolare	plurale	singolare	plurale
italian**o**	italian**i**	italian**a**	italian**e**

aggettivi in -e

maschile		femminile	
singolare	plurale	singolare	plurale
ingles**e**	ingles**i**	ingles**e**	ingles**i**

Le preposizioni semplici a, con, da, di, in, per

Le preposizioni semplici hanno moltissimi usi ed è quasi impossibile indicare delle regole di uso. Seguono alcuni esempi:
- ❯ **a** — *Vado **a** casa.*
  *Abito **a** Napoli.*
  *Vivo **a** Firenze.*
- ❯ **con** — *Domani Ivan studia **con** Roberta.*
- ❯ **da** — ***Da** dove vieni?*
  *Vengo **da** Napoli.*
- ❯ **di** — ***Di** dove sei?*
  *Sono **di** Palermo.*
  *il professore **di** matematica*
  *il numero **di** telefono*
- ❯ **in** — *Abito **in** Italia.*
  *Sono **in** III C.*
- ❯ **per** — *Studio **per** il compito di geografia.*
  *Ho un regalo **per** te.*

Grammatica

Avverbi di modo e di quantità

Gli avverbi di modo indicano il "come":
- **bene**: *Sto* **bene**. (= va tutto bene per me)
- **male**: *Aldo sta* **male**. (= soffre fisicamente o psicologicamente)

Gli avverbi di quantità indicano il "quanto":
- **abbastanza**: *Non ho* **abbastanza** *soldi per andare al concerto.*
- **molto**: *La matematica mi piace* **molto**.
- **poco**: *Studio* **poco**.

- **un po'**: *Posso avere* **un po'** *di succo d'arancia?*
- **un bel po'**: *Ho* **un bel po'** *di compiti per domani!*

Esistono delle espressioni che indicano "come", ma anche "quanto":
- **per niente**: *La storia non mi piace* **per niente**.
- **assolutamente**: *Francesca non sta* **assolutamente** *bene., I dolci non mi piacciono* **assolutamente**.

Il grado dell'avverbio

Per intensificare il grado di un avverbio si può usare **molto** prima dell'avverbio o il suffisso **-issimo** alla fine dell'avverbio:
- **Come stai?**
- **Molto** *bene, grazie./Benissimo, grazie.*

Per intensificare **molto** si usa **moltissimo**: *Leggo* **moltissimo.**

La negazione

In italiano la negazione è espressa da **no** o **non**. **No** si usa per rispondere e si mette all'inizio o alla fine della frase:
- **Sei italiano?**
- **No**, *sono spagnolo.*

Non si mette prima del verbo: *Mauro* **non** *parla inglese.*

Il verbo *piacere*

Quando il verbo **piacere** si riferisce a un nome singolare o è seguito da un verbo all'infinito, si usa la terza persona singolare **piace**:
Mi **piace** *la musica elettronica., Mi* **piace** *ascoltare musica.*

Quando si riferisce a un nome plurale, si usa la terza persona plurale **piacciono**: *Mi* **piacciono** *le cose difficili.*

Nelle domande informali, prima del verbo si usa **ti**:
Ti **piace** *la scuola?,* **Ti** *piacciono gli studenti?.*

La forma negativa si costruisce con **non** + **mi/ti** + **piace/piacciono**:
Non *mi piace la musica jazz.,* **Non** *mi piacciono gli spaghetti.,* **Non** *ti piace la matematica?.*

Gli interrogativi

Che/Che cosa?	**Che/Che cosa** *studi?*
Che (+ nome)**?**	**Che** *ore sono?,* In **che** *classe sei?*
Come?	**Come** *ti chiami?,* **Come** *stai?*
Dove?	**Dove** *abiti?*
Quanto?	**Quanto** *costa?*
Quanto/Quanta/Quanti/Quante (+ nome)**?**	**Quanti** *anni hai?*
Quando?	**Quando** *hai il compito di matematica?*
Perché?	**Perché** *studi l'italiano?*
Quale/Quali (+ nome)**?**	**Quali** *materie preferisci?*

Le congiunzioni e, ma

La congiunzione **e** si usa per unire due elementi di una frase (o anche due frasi): *Vanessa* **e** *Lorenzo sono di Genova.*

La congiunzione **ma** si usa per dire una cosa in opposizione parziale o totale rispetto a un'altra detta prima:
Mi piace cantare, **ma** *preferisco ballare., Non vado a scuola il venerdì pomeriggio,* **ma** *il sabato mattina sì.*

Unità 3

La data

L'anno si legge **1000** o **2000** + un numero da **100** a **900** + un numero da **1** a **99**:
1861 = **milleottocentosessantuno**
1979 = **millenovecentosettantanove**
2011 = **duemilaundici**

Per collocare un'azione in un anno specifico si usa **nel** + numero:
Nel 1996...

Per la data completa si usano i numeri cardinali:
3 marzo 2010 = **tre marzo duemiladieci**

Solo per il **primo** giorno del mese si usa il numero ordinale:
1° marzo 2011 = **primo** marzo duemilaundici

Nelle lettere o all'inizio di un testo la data si può scrivere in vari modi:
- Roma, 6 agosto 2010
- Roma, 6/8/2010
- martedì 6 agosto 2010

Negli altri casi con la data si usa l'articolo, eccetto quando c'è il giorno della settimana: *Sono nato* **il** *16 luglio 1997., Oggi è* **il** *10 settembre.*
Ma: *Parto* **mercoledì** *10 settembre.*

Gli articoli determinativi

Gli articoli determinativi indicano un nome specifico, già conosciuto. Concordano in genere (maschile/femminile) e numero (singolare/plurale) con il nome che segue. La scelta dell'articolo determinativo dipende dalla lettera iniziale (o dalle lettere iniziali) del nome.

	maschile			femminile	
	prima di: **z, gn, ps, pn, x, y, s + consonante**	prima di: **vocale**	prima di: **consonante**	prima di: **consonante**	prima di: **vocale**
singolare	**lo** lo **sp**ettacolo lo **z**aino lo **ps**icologo	**l'** l'**a**lbero	**il** il **l**ibro	**la** la **s**cuola	**l'** l'**a**mica
plurale	**gli** gli alberi gli spettacoli gli zaini gli psicologi		**i** i libri	**le** le scuole le amiche	

❯ Gli articoli con i giorni della settimana

I giorni della settimana sono tutti maschili, solo **domenica** è femminile: *il lunedì, il martedì, il mercoledì, il giovedì, il venerdì, il sabato, la domenica.*
Quando il giorno della settimana è preceduto dall'articolo determinativo, indica un'azione ricorrente:
Il sabato vado in discoteca. (= ogni sabato) ≠ *Sabato vado in discoteca.* (= questo sabato)

Il presente dei verbi regolari in *-are, -ere* e *-ire*

I verbi regolari italiani si dividono in 3 gruppi: verbi in **-are**, verbi in **-ere**, verbi in **-ire**.

	-are (prima coniugazione)	**-ere** (seconda coniugazione)	**-ire** (terza coniugazione)
	arriv**are**	scriv**ere**	part**ire**
io	arr**i**vo	scr**i**vo	p**a**rto
tu	arr**i**vi	scr**i**vi	p**a**rti
lui/lei	arr**i**va	scr**i**ve	p**a**rte
noi	arriv**i**amo	scriv**i**amo	part**i**amo
voi	arriv**a**te	scriv**e**te	part**i**te
loro	arr**i**vano	scr**i**vono	p**a**rtono

Nella prima e nella seconda persona plurale (*noi, voi*), l'accento cade sulla penultima sillaba. Nelle altre persone l'accento cade sulla stessa sillaba della prima persona singolare.

❯ I verbi in *-care/-gare, -iare, -gere/-scere*

	-care/-gare		**-iare**	**-gere/-scere**	
	gio**care**	pa**gare**	stud**iare**	legg**ere**	conos**cere**
io	gioco	pago	studio	leg**go**	cono**sco**
tu	gio**chi**	pa**ghi**	stud**i**	leggi	conosci
lui/lei	gioca	paga	studia	legge	conosce
noi	gio**chi**amo	pa**ghi**amo	studiamo	leggiamo	conosciamo
voi	giocate	pagate	studiate	leggete	conoscete
loro	giocano	pagano	studiano	leg**go**no	cono**sco**no

Grammatica

Gli avverbi di frequenza

Gli avverbi di frequenza indicano la frequenza con cui si svolge un'azione:

+++++ **sempre**   Mi sveglio **sempre** alle 8.
++++ **quasi sempre**   La sera sto **quasi sempre** su internet.
+++ **spesso/di solito**   A pranzo **di solito** non mangio.
++ **qualche volta/a volte** La domenica **qualche volta/a volte** vado al cinema.
+ **raramente/quasi mai** Vado **raramente** a teatro./Non vado **quasi mai** a teatro.

❯ L'avverbio di frequenza *mai*

Prima dell'avverbio **mai** si deve usare la negazione **non**: **Non** vado **mai** al cinema.
Quando è usato all'inizio di una domanda, l'avverbio **mai** significa *qualche volta/una volta* e non vuole la negazione:
- 🔵 *Tu vai **mai** al cinema?*
- 🔘 *Sì, qualche volta.*

Le congiunzioni *o, oppure*

La congiunzione **o/oppure** si usa per unire due elementi che si escludono tra di loro:
*Volete una pizza **o** un gelato? = Volete una pizza **oppure** un gelato?*

Unità 4

Gli articoli indeterminativi

L'articolo indeterminativo si usa per indicare nomi in generale.
Il genere (maschile/femminile) dell'articolo indeterminativo dipende dal nome che segue. La scelta dell'articolo indeterminativo dipende dalla lettera iniziale (o dalle lettere iniziali) del nome che segue.
L'articolo indeterminativo non ha le forme del plurale.

maschile		femminile	
prima di: **z, gn, ps, pn, x, y, s** + **consonante**	prima di: **consonante** o **vocale**	prima di: **consonante**	prima di: **vocale**
uno *uno **s**tudente* *uno **y**ogurt*	**un** *un **b**anco* *un **a**nno*	**una** *una **p**enna*	**un'** *un'**a**mica*

La concordanza articolo - nome - aggettivo

In italiano il genere (maschile/femminile) e il numero (singolare/plurale) del nome determinano il genere e il numero dell'articolo e dell'aggettivo: **un letto** *comodo*, **una colazione** *abbondante*, **gli alberghi** *pieni*, **le camere** *pulite*.

Il presente dei verbi riflessivi

I verbi riflessivi aggiungono un pronome prima del verbo e si coniugano come i verbi non riflessivi.

	pronome riflessivo	*lavarsi*	*mettersi*	*vestirsi*
io	**mi**	la**vo**	me**tto**	ve**sto**
tu	**ti**	la**vi**	me**tti**	ve**sti**
lui/lei	**si**	la**va**	me**tte**	ve**ste**
noi	**ci**	lav**iamo**	mett**iamo**	vest**iamo**
voi	**vi**	lav**ate**	mett**ete**	vest**ite**
loro	**si**	lav**ano**	mett**ono**	vest**ono**

I colori

Gli aggettivi che indicano i colori possono essere in *-o*, *-a* o *-e*. Alcuni colori sono invariabili.

colori in *-o/-a*	colori in *-e*	colori invariabili
azzurr**o**/azzurr**a**/azzurr**i**/azzurr**e**	arancione/ arancion**i**	blu
bianc**o**/bianc**a**/bianch**i**/bianch**e**	celeste/celest**i**	fucsia
giall**o**/giall**a**/giall**i**/giall**e**		rosa
grigi**o**/grigi**a**/grigi**i**/grigi**e**	marrone/ marron**i**	viola
ner**o**/ner**a**/ner**i**/ner**e**	verde/verd**i**	
ross**o**/ross**a**/ross**i**/ross**e**		

Il presente dei verbi in *-isco*

Alcuni verbi in **-ire** (*capire*, *preferire*, *finire*...) aggiungono **-isc-** alla radice al singolare e alla terza persona plurale.

	capire
io	cap**isc**o
tu	cap**isc**i
lui/lei	cap**isc**e
noi	capiamo
voi	capite
loro	cap**isc**ono

I verbi riflessivi indicano un'azione che "si riflette" sul soggetto:

verbo riflessivo		verbo non riflessivo
Io **mi** vesto. (vestir**si**)	vs	La mamma veste **Marco**. (vestire)
Io **mi** lavo le mani. (lavar**si**)	vs	Franco lava **la macchina**. (lavare)

c'è/Ci sono

Per indicare la presenza di qualcosa o qualcuno in un posto, al singolare si usa **c'è** e al plurale **ci sono**: *In camera mia **c'è** un poster della Juventus.*, *In II A **ci sono** 14 ragazze e 8 ragazzi.*

Il presente dei verbi irregolari *andare*, *tenere*, *dire*

	andare	tenere	dire
io	vado	tengo	dico
tu	vai	tieni	dici
lui/lei	va	tiene	dice
noi	andiamo	teniamo	diciamo
voi	andate	tenete	dite
loro	vanno	tengono	dicono

Il verbo *fare* e le espressioni con il verbo *fare*

Il verbo fare si usa in molte espressioni italiane:
- per indicare la professione: *Faccio l'architetto.*
- per indicare attività fisiche in generale: *Io faccio sport.*
- *Faccio molte fotografie in vacanza.*
- *Faccio una passeggiata/un giro per il centro di Palermo.*
- *Faccio la doccia/il bagno.*
- *Faccio colazione.*
- *Fa caldo/freddo.*

	fare
io	faccio
tu	fai
lui/lei	fa
noi	facciamo
voi	fate
loro	fanno

I pronomi e aggettivi dimostrativi *questo* e *quello*

Il pronome dimostrativo **questo** si usa quando l'oggetto è **vicino** alla persona che parla:
- *Quale libro preferisci?*
- *Questo (qui).*

Il pronome dimostrativo **quello** si usa quando l'oggetto è **lontano** dalla persona che parla:
- *Qual è la tua borsa?*
- *È quella vicino alla finestra.*

	singolare	plurale
maschile	questo	questi
femminile	questa	queste

	singolare	plurale
maschile	quello	quelli
femminile	quella	quelle

Questo e **quello** possono essere usati anche come aggettivi: ***Questa** casa è troppo piccola per noi.*, ***Quelle** ragazze sono francesi.*
Gli aggettivi dimostrativi concordano con il nome a cui si riferiscono. L'aggettivo dimostrativo **quello** segue la regola dell'articolo determinativo.

	maschile			femminile	
	prima di: **z, gn, ps, pn, x, y, s + consonante**	prima di: **vocale**	prima di: **consonante**	prima di: **consonante**	prima di: **vocale**
singolare	quel**lo** *quello spettacolo* *quello zaino* *quello psicologo*	quell**'** *quell'albero*	que**l** *quel libro*	quel**la** *quella scuola*	quell**'** *quell'amica*
plurale	*que**gli*** quegli alberi quegli spettacoli quegli zaini quegli psicologi		*que**i*** quei libri	*que**lle*** quelle scuole quelle amiche	

Grammatica

Gli avverbi di luogo

A •⬜• B	fra/tra	Il cubo è **fra/tra** A e B. Il cubo è **in mezzo** ad A e B.
A •⬜	a destra (di)	Il cubo è **a destra** di A.
⬜• A	a sinistra (di)	Il cubo è **a sinistra** di A.
⬜ A •	davanti (a)/di fronte (a)	A è **davanti/di fronte** al cubo.
⬜ A •	dietro	A è **dietro** il cubo.
⬜	sopra	A è **sopra** il cubo.
⬜ A•	sotto (a)	A è **sotto** al cubo.
⬜	su	A è **sul** cubo.
⬜ A •	lontano (da)	A è **lontano** dal cubo.
A •⬜	vicino (a) - accanto a	A è **vicino** al cubo. A è **accanto** al cubo.

❯ **Altri avverbi:**
qui/qua Puoi venire **qui/qua**, per favore?
(indica il punto dove si trova chi parla)
lì/là Aspettami, arrivo **lì/là** tra 5 minuti.
(indica un punto lontano da chi parla)

Le preposizioni semplici *in, con* + i mezzi di trasporto

Le preposizioni **in** e **con** si usano per indicare i mezzi di trasporto (macchina, autobus, treno, aereo, tram, bicicletta, moto, ecc.):
❯ **in + mezzo di trasporto**
Vado a scuola **in** autobus.
❯ **con + articolo + mezzo di trasporto**
Vado a scuola **con** l'autobus.

Il presente del verbo irregolare *venire*

	venire
io	vengo
tu	vieni
lui/lei	viene
noi	veniamo
voi	venite
loro	vengono

Anche/Neanche

Anche si usa per affermare qualcosa, **neanche** per negare qualcosa.

● A cena guardo sempre il telegiornale.
○ **Anche io/Anch'io** guardo il telegiornale la sera.

● Il sabato non vado a scuola.
○ **Neanche io/Neanch'io.**

Il presente dei verbi modali

I verbi **dovere**, **potere**, **volere** e **sapere** si usano come verbi principali e anche come verbi modali (seguiti da infinito): *Oggi **devo** studiare per il compito in classe., Mi dispiace, non **posso** venire al cinema., Anna **vuole** venire alla festa con noi., Paolo non **sa** nuotare.*

	dovere	potere	volere	sapere
io	devo	posso	voglio	so
tu	devi	puoi	vuoi	sai
lui/lei	deve	può	vuole	sa
noi	dobbiamo	possiamo	vogliamo	sappiamo
voi	dovete	potete	volete	sapete
loro	devono	possono	vogliono	sanno

I possessivi

Gli aggettivi possessivi concordano in genere e numero con l'oggetto o la persona a cui si riferiscono: *La mia* compagna di banco è bravissima in matematica, *i suoi* voti sono molto alti.

L'aggettivo possessivo *loro* è invariabile: *Il loro* amico è molto simpatico., *La loro* scuola è in centro.

Di solito gli aggettivi possessivi hanno l'articolo: *Mi presti la tua penna?*, *Come si chiama il vostro professore?*

	singolare		plurale	
	maschile	**femminile**	**maschile**	**femminile**
io	il mio	la mia	i miei	le mie
tu	il tuo	la tua	i tuoi	le tue
lui/lei	il suo	la sua	i suoi	le sue
noi	il nostro	la nostra	i nostri	le nostre
voi	il vostro	la vostra	i vostri	le vostre
loro	il loro	la loro	i loro	le loro

❯ I possessivi e i nomi di parentela

Con i possessivi e i nomi di parentela al singolare **non** si usa l'articolo: *Come si chiama tua sorella?*, *Come si chiama suo zio?*

(Ma: *Come si chiamano le tue sorelle? Come si chiamano i suoi zii?*)

Con *loro* si usa l'articolo **anche** con i nomi di parentela: *La loro nonna abita a Venezia., I loro zii vivono in Australia.*

Attenzione: se il possessivo è seguito dai nomi *mamma* e *papà*, si può usare l'articolo: *La sua mamma lavora in banca., Il mio papà ha 45 anni.*

Le preposizioni articolate

Le preposizioni semplici *di, a, da, in, su* possono unirsi all'articolo determinativo e formare una preposizione articolata.

	il	**la**	**l'**	**lo**	**i**	**gli**	**le**
di	del	della	dell'	dello	dei	degli	delle
a	al	alla	all'	allo	ai	agli	alle
da	dal	dalla	dall'	dallo	dai	dagli	dalle
in	nel	nella	nell'	nello	nei	negli	nelle
su	sul	sulla	sull'	sullo	sui	sugli	sulle

Le preposizioni di tempo *da... a, fino a* con l'ora, la data e i giorni della settimana

Le preposizioni *da... a* si usano per indicare l'inizio e la fine di una porzione di tempo. L'espressione *fino a...* indica la fine di una durata. Con l'ora e la data queste preposizioni sono articolate: *Di solito studio dalle 3 alle 5 del pomeriggio., La domenica dormo fino alle 11., La scuola resta chiusa dal 25 giugno al 15 settembre.*

Con i giorni della settimana, possono essere semplici o articolate: *Mia madre lavora da lunedì a giovedì/dal lunedì al giovedì.*

L'imperativo

L'imperativo si usa per dare ordini o consigli. La coniugazione è uguale al presente indicativo, a parte la **seconda persona singolare** (*tu*) dei verbi in *-are*, che finisce in *-a*.

	guardare	**chiedere**	**partire**
tu	guard**a**	chiedi	parti
noi	guardiamo	chiediamo	partiamo
voi	guardate	chiedete	partite

Per formare l'imperativo negativo si aggiunge *non* prima del verbo coniugato, a parte la **seconda persona singolare**, che si forma con *non* + **infinito**.

	guardare	**chiedere**	**partire**
tu	non guard**are**	non chied**ere**	non part**ire**
noi	non guardiamo	non chiediamo	non partiamo
voi	non guardate	non chiedete	non partite

I verbi **avere**, **essere** e **sapere** hanno l'imperativo irregolare alla **seconda persona singolare** (**tu**) e alla **seconda persona plurale** (**voi**).
I verbi **andare**, **dare**, **fare** e **stare** hanno due forme per l'imperativo di **seconda persona singolare** (**tu**). Il verbo **dire** ha una sola forma.

	avere	essere	sapere
tu	abbi	sii	sappi
voi	abbiate	siate	sappiate

	andare	dare	fare	stare	dire
tu	vai/va'	dai/da'	fai/fa'	stai/sta'	di'

❷ **L'infinito come imperativo**

Nelle istruzioni scritte si usa spesso l'infinito al posto dell'imperativo: **Mostrare** la tessera al personale, **Chiedere** le chiavi in segreteria, **Aprire** con attenzione.

Unità 8

Il presente dei verbi irregolari *uscire, salire* e *stare*

	uscire	salire	stare
io	esco	salgo	sto
tu	esci	sali	stai
lui/lei	esce	sale	sta
noi	usciamo	saliamo	stiamo
voi	uscite	salite	state
loro	escono	salgono	stanno

I nomi delle professioni

❷ I nomi di professione in **-ista** hanno il singolare maschile e femminile uguale (plurale: **-i/-e**): *Ugo fa* **il** *giornalist***a**., *Sandra fa* **la** *giornalist***a**.

❷ Molti nomi di professione al maschile singolare finiscono in **-iere** e al femminile in **-iera**: *camer***iere**/*camer***iera**.

❷ Altri nomi di professione al maschile singolare finiscono in **-tore** e al femminile in **-trice**: *scrit***tore**/*scrit***trice**.

❷ Casi particolari: *dott***ore**/*dott***oressa**, *profess***ore**/*profess***oressa**.

Unità 9

Stare + gerundio

Per sottolineare che un'azione accade "in questo esatto momento", si può usare la costruzione **stare** + **gerundio**:

⚫ *Che* **stai facendo**?
⚫ **Sto guardando** *la tv.*
⚫ *Che* **sta facendo** *Aldo?*
⚫ **Sta scrivendo** *una mail.*

	stare	gerundio
io	sto	verbi in **-are**:
tu	stai	*studiare* → *studi***ando**
lui/lei	sta	verbi in **-ere**:
noi	stiamo	*leggere* → *legg***endo**
voi	state	verbi in **-ire**:
loro	stanno	*dormire* → *dorm***endo**

Attenzione: alcuni verbi formano il gerundio dalla prima persona del presente.

bevo → bevendo
faccio → facendo
dico → dicendo

Il comparativo di maggioranza e minoranza

Per fare un paragone si usano le espressioni **più** + aggettivo + **di** o **meno** + aggettivo + **di**. Con i nomi comuni, la preposizione **di** si usa sempre con l'articolo: *In Italia il tennis è* **meno** *popolare* **del** *calcio., Ada è* **più** *alta* **di** *Valentina.*

Il passato prossimo

Il passato prossimo si usa per parlare di azioni ed eventi passati conclusi. È formato dal presente indicativo del verbo **avere** o **essere** + **il participio passato**: *Ieri sera **ho guardato** un film in tv., Domenica Sergio **è andato** al mare.*

	guardare	andare
io	ho guardato	sono andato/a
tu	hai guardato	sei andato/a
lui/lei	ha guardato	è andato/a
noi	abbiamo guardato	siamo andati/e
voi	avete guardato	siete andati/e
loro	hanno guardato	sono andati/e

La maggior parte dei verbi usa l'ausiliare **avere**.
I verbi riflessivi e alcuni verbi che indicano uno spostamento o stato nello spazio usano **essere**: *Stamattina **mi sono svegliato** tardi., Il treno **è partito** 5 minuti fa., Marcello **è caduto** dalla moto., A che ora **sei tornato** a casa ieri sera?, Ieri sera **siamo rimasti** a casa.*

Quando l'ausiliare è il verbo **essere**, il participio passato concorda con il soggetto:

Ieri Marco è andat**o** al cinema.	Ieri Paola è andat**a** al cinema.
Ieri Marco e Luigi sono andat**i** al cinema.	Ieri Paola e Concetta sono andat**e** al cinema.

Attenzione: *Ieri Marco, Paola e Concetta **sono andati** al cinema.*

Il participio passato si forma così:

-are (prima coniugazione)	-ere (seconda coniugazione)	-ire (terza coniugazione)
provare → provato	cadere → caduto	riuscire → riuscito

Molti verbi (soprattutto in **-ere**) hanno un participio passato irregolare.

conoscere → conosciuto	aprire → aperto	decidere → deciso	fare → fatto	rimanere → rimasto
leggere → letto	bere → bevuto	dire → detto	piacere → piaciuto	scrivere → scritto
vedere → visto	chiudere → chiuso	essere → stato	prendere → preso	venire → venuto

Gli avverbi di tempo

- **ora/adesso** — *Ora/adesso non posso parlare, ti chiamo domani.*
- **prima** — *Prima di partire vai a salutare tuo padre.*
- **dopo/poi** — *Mangio un panino e **dopo/poi** torno in ufficio.*
- **ancora** — *Ho mandato una mail a Lucia, ma non mi ha **ancora** risposto.*
- **già** — *Mauro è **già** arrivato, Luca invece è in ritardo.*
- **presto** — *La mattina mi alzo **presto**.*
- **tardi** — *Ieri sono arrivato **tardi** al cinema, così ho perso i primi minuti del film.*

Locuzioni di tempo

- **per molto tempo**
- **per un po' (di tempo)** — *Per molto tempo non ho giocato a calcio. Ho studiato pianoforte **per un po' (di tempo)**.*
- **all'inizio** — *All'inizio ho avuto difficoltà a fare gli esercizi, poi ho capito.*
- **alla fine** — *Alla fine abbiamo deciso di andare in vacanza insieme.*
- **l'anno scorso/ il mese scorso/ la settimana scorsa** — *L'anno scorso sono rimasto a casa a capodanno.*

Il superlativo assoluto

Il superlativo assoluto si forma aggiungendo il suffisso **-issimo** all'aggettivo. L'aggettivo così ottenuto concorda in genere e numero con il nome a cui si riferisce: *Sono **contentissimo** di rivedere Maurizio!, I tuoi amici sono **simpaticissimi**.*

La frase dichiarativa, interrogativa ed esclamativa

La frase dichiarativa serve ad affermare o negare qualcosa. Ha un'intonazione uniforme (la voce non varia in modo significativo):

Mi chiamo Paolo.   *Non sono svizzero.*

La frase interrogativa serve a domandare qualcosa. Ha un'intonazione ascendente (la voce tende a salire):

Che autobus devo prendere?

La frase esclamativa contiene un'esclamazione. Ha un'intonazione discendente (la voce tende a scendere):

È un regalo bellissimo, grazie!

Esercizi Unità 1

1 Sono, avete, è; Sono, Sono; siamo, Siamo, Abbiamo, Siamo; sono, Sono, Ho, sono; siete, avete; sono, ho, Avete

2 **1.** penna/penne; **2.** libro/libri; **3.** foglio/fogli; **4.** zaino/zaini; **5.** *scuola*/scuole; **6.** matita/matite; **7.** lavagna/lavagne; **8.** studentessa/studentesse; **9.** studente/studenti; **10.** banco/banchi

3 anni, liceo, tempo, ragazzo, casa, musica, sorriso, descrizione, ricci, occhi

4 **a.** tredici; **b.** venti; **c.** sette; **d.** sedici; **e.** tre; **f.** cinque; **g.** nove; **h.** quattordici

5 Anna è timida./Anna è socievole./Anna è di Firenze.;
Io sono socievole./Io sono di Firenze./Io sono timida.;
La prof. è socievole./La prof. è di Firenze./La prof. è timida.;
Tu sei socievole./Tu sei di Firenze./Tu sei timida.;
Anna ha 17 anni./Anna ha gli occhi scuri./Anna ha i capelli ricci.;
Io ho 17 anni./Io ho gli occhi scuri./Io ho i capelli ricci.;
La prof. ha gli occhi scuri./La prof. ha i capelli ricci.;
Tu hai 17 anni./Tu hai gli occhi scuri./Tu hai i capelli ricci.

6

nomi in -o/-a

maschile		femminile	
singolare	plurale	singolare	plurale
livello	corsi testi giochi gruppi	*scuola* lingua pronuncia	amicizie coppie

nomi in -e

maschile		femminile	
singolare	plurale	singolare	plurale
	studenti	voce	*lezioni* informazioni

nomi stranieri e invariabili

maschile		femminile	
singolare	plurale	singolare	plurale
test	link		abilità attività

7 **a/1** Ciao, grazie; **b/4** Buongiorno, Vorrei; **c/2** Buonasera, Buonasera; **d/3** Buonanotte

8 **a.** Europa; **b.** Italia; **c.** Mar Mediterraneo; **d.** Asia; **e.** Oceano Indiano; **f.** Oceania; **g.** Africa; **h.** Oceano Atlantico; **i.** Oceano Pacifico; **l.** America del Nord e America del Sud

9 informazioni presenti nel testo: **1.**, **2.**, **3.**, **5.**

Fonetica 1

1.a **1.** [k]; **2.** [k]; **3.** [tʃ]; **4.** [tʃ]; **5.** [tʃ]; **6.** [k]; **7.** [k]; **8.** [k]; **9.** [tʃ]; **10.** [tʃ]

1.b **(A)** *V A L L E* **(B)** *D'A O S T A*

1.c

si pronuncia k	
ca	*co*
che	*cu*
chi	

si pronuncia tʃ	
cia	*ci*
ce	*cio*

2 **1.** **ci**ao; **2.** **c**ena; **3.** ban**c**o; **4.** **c**ittà; **5.** oc**chi**; **6.** ami**ci**; **7.** Mar**che**; **8.** musi**c**a; **9.** ba**cio**; **10.** li**ce**o

3 **a.** ci, anche, dieci; **b.** capito, faccio; **g.** Cognome; **h.** Mucci

Esercizi Unità 2

1 **1.** Come; **2.** Quanti; **3.** Quando/Dove; **4.** dove; **5.** Dove; **6.** che; **7.** Ti piace; **8.** Come; **9.** Ti piace; **10.** *Dove*

2

aggettivi in -o/-a

maschile		femminile	
singolare	plurale	singolare	plurale
	veri famosi buoni	artistica sincera splendida meravigliosa	romantiche ricche

aggettivi in -e

maschile		femminile	
singolare	plurale	singolare	plurale
	grandi	speciale	

3.a *simpatico* ←+→ *antipatico*; allegro ←+→ triste; brutto ←+→ bello; intelligente ←+→ stupido; dinamico ←+→ pigro; brusco ←+→ dolce; aperto ←+→ chiuso; timido ←+→ socievole; debole ←+→ forte; taciturno ←+→ chiacchierone; sgarbato ←+→ gentile

3.b testardo

4.a **1.** *allegro*; **2.** timido; **3.** alto; **4.** magro; **5.** corto; **6.** simpatico; **7.** gentile

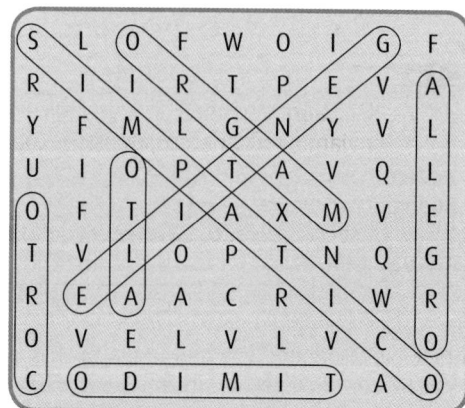

S	L	O	F	W	O	I	G	F
R	I	I	R	T	P	E	V	A
Y	F	M	L	G	N	Y	V	L
U	I	O	P	T	A	V	Q	L
O	F	T	I	A	X	M	V	E
T	V	L	O	P	T	N	Q	G
R	E	A	A	C	R	I	W	R
O	V	E	L	V	L	V	C	O
C	O	D	I	M	I	T	A	O

4.b *allegre*, timide, bassa, robusta, biondi, lunghi, verdi, simpatici, gentili, serio, brave

5.a *Ho*, sono, piace, piacciono, piace, è, ho

5.b *Non ha*, non è, Non *gli* piace, Non *gli* piacciono, non *gli* piace, non è, non ha

6 **a.** Di, **b.** dal, da; **c.** a; **d.** a; **g.** in; **h.** In; **n.** a

7 venerdì/piccolo; *interrogazioni/studenti*; scienze/scuola elementare; materie/la scuola; Contatti: Sapere di Più, *Viale Abruzzi, 69*, 20131 Milano, Tel. 02 - 29408552

8 **1.** vero; **2.** falso; **3.** falso; **4.** falso; **5.** vero

Fonetica 2

1.a **1.** [g]; **2.** [g]; **3.** [dʒ]; **4.** [dʒ]; **5.** [g]; **6.** [dʒ]; **7.** [dʒ]; **8.** [dʒ]; **9.** [g]; **10.** [g]

1.c

si pronuncia g	si pronuncia dʒ
ga	gia
ghe	ge
ghi	gi
go	gio
gu	giu

2.a **prima parte:** **g**atto, **g**omma, **g**ufo, **G**ino, **gi**ostra, **g**elato, ma**ghi**, **ghi**ri, **gi**ocano; **seconda parte:** dra**ghi**, spi**ghe**, stre**ghe**, ru**ghe**, man**gi**ano, acciu**ghe**

Test Unità 1 e 2

1 alto; neri/biondi; corti/lunghi; neri/verdi/azzurri; allegro; dolce; bassa; neri/verdi/azzurri; affettuosa; neri/biondi; corti/lunghi; brava; piccolo

2 è, piace, sono, è, ha, sono, abbiamo, Sei, siete, Avete, hai

3 studenti, scuole, lezioni, compiti, compagni, amici, materie, ragazzi

4 **a.** Io mi chiamo Anna, e tu?; **b.** Di dove sei?; **c.** Io sono di Roma.; **d.** Abito a Trastevere, in via Dandolo. In che classe sei?; **e.** Quanti anni hai?; **f.** Non mi piace la matematica!

5 **a.** settantacinque; **b.** sessanta; **c.** undici; **d.** sessantatré; **e.** diciotto; **f.** quarantaquattro

Esercizi Unità 3

1 **Tiziano Ferro:** le, La, il, i; **Laura Pausini:** i, la, la, i, i, gli, le

2 cambiano, usiamo, scriviamo, registriamo, suscitano, conosce, usa, resistono, sono

3 **a.** Pronto; **b.** Buongiorno; **c.** ciao, Quanti; **e.** Perfetto; **f.** Quanto costano?; **h.** che; **l.** Perfetto, Come; **n.** io abito, Siamo un po' lontani; **r.** ho capito

4 sempre, qualche volta, mai, spesso, Sempre, tutti i giorni, qualche volta

5 **a.** *4*; **b.** diciotto; **c.** venticinque; **d.** 30; **e.** cinquemila; **f.** *duemilasei*; **g.** trecentomila; **h.** duemilanove; **i.** 25.000

6 lavora, la, l', la, spiega, Gli, aspettano, la, i, vive, la, sono, lavoro, coltivo, adoro, la, il, lo, i, Il, piacciono, i, Il, ha, Le, cominciano, smetto, inizio, le, sopportano, i, la

7 **1.**/a.; **2.**/b.; **3.**/c.; **4.**/c.; **5.**/c.

Fonetica 3

1 **1.** [sk]; **2.** [ʃ]; **3.** lasciare [ʃ]

2.a **1.** [sk]; **2.** [ʃ]; **3.** [sk]; **4.** [ʃ]; **5.** [ʃ]; **6.** [sk]; **7.** [sk]; **8.** [sk]; **9.** [ʃ]; **10.** [ʃ]

2.b

si pronuncia sk				
sca	sche	schi	sco	scu

si pronuncia ʃ				
scia	sce	sci	scio	sciu

2.c France**sca**, u**sci**, pe**sche**, pe**sci**, pe**sche**, fre**sche**, pe**sci**, li**sci**, France**sca**, la**scia**, u**sci**, e**sce**

Esercizi Unità 4

1 vita, liceo, ragazze, ragazzi, magliette, tempi, vita; cosa, uguali, classe, musica, gusti; look, stile, immagine, scarpe, cappelli

2 si sveglia, comincia, Mi alzo, mi preparo, mi lavo, mi metto, Mi vesto, Mi guardo, sto, Mi infilo, arriviamo, inizia, chiede, Ti senti, Entro, conosco, si conoscono, parlano, si avvicina, preferisco, provo, Suona

3 **articoli determinativi sbagliati:** I (anni), lo (iPod), I (adolescenti); **articoli indeterminativi sbagliati:** Uno (ragazzo), uno (universo), un (versione) [gli anni, l'iPod, gli adolescenti, un ragazzo, un universo, una versione]

4 *una*, una, i, le, i, le, un, gli, un, le, i, un, la

5 Mi, ti; mi, si, si, ti

6 *Quando/quanto;* secondo te/Quando; che/Per esempio; ci mette/mi metto; preferisci/Ti metti

7 **1** Emo; **2** Truzzo; **3** Scene Queen; **4** Gothic Lolita

8 **1.**/b.; **2.**/b.; **3.**/a.; **4.**/c.

Fonetica 4

1.a **1.** [ʎ]; **2.** [ɲ]; **3.** [ʎ]; **4.** [ɲ]; **5.** [ɲ]; **6.** [ɲ]; **7.** [ʎ]; **8.** [ɲ]; **9.** [ɲ]; **10.** [ʎ]

1.b **1.** ma**gli**one; **2.** si**gn**ora; **3.** sba**gli**ato; **4.** compa**gni**; **5.** inse**gn**ante; **6.** dise**gn**o; **7.** bi**gli**etto; **8.** Bolo**gn**a; **9.** si**gn**ifica; **10.** fami**gli**a

2 si**gn**ora; que**gli**; ma**gli**a; **gli**eli; A**gn**ese; **gli**; si**gn**ore

Test Unità 3 e 4

1 le, i, un, l', Una, gli, gli, Gli, le, un, lo, il, la, l', i, un, un, una, uno, un, l', un'

2 passeggi, Preferisci, ascoltano, frequentano, vediamo, sembra, ascolta, soffre, soffrono, preferiscono, procede

3 mi sveglio, letto, mi lavo, Mi trucco, stivali, maglione, si rompe, armadio, giacca, zaino, si muovono, sedia, mi sdraio, tappeto, si diverte, mi metto, sciarpa, ci mettiamo, cuscino, mi addormento

4 **a.** Pronto; **d.** grazie, Chiamo per; **f.** mai; **h.** Va bene; **i.** Perfetto; **l.** Quanto; **m.** Ci metto; **o.** Di che colore è

5 **a.** millenovecentosettantasei; **b.** milleottocentocinquantadue; **c.** duemilaundici; **d.** milleseicentotrentotto; **e.** millecinquecentodiciannove; **f.** millecentoventiquattro; **g.** duemilauno

Esercizi Unità 5

1 **1** nasce, fa, realizza, gira, ci sono, mostrano, fa, c'è, fanno; **2** è, descrivono, racconta, prova, va, dicono; **3** studia, racconta, vanno, tornano, dice, riceve, tiene

2 **1.**/g.; **2.**/c.; **3.**/b.; **4.**/e.; **5.**/a.; **6.**/h.; **7.**/d.; **8.**/f.

3 a destra, di fronte a, sempre dritto, a sinistra, vicino al, in fondo

4 **1.** esatto; **2.** perfetto; **3.** *allora,* quindi; **4.** verso destra; **5.** sulla sinistra; **6.** comunque; **7.** proprio; **8.** poi

5 **1.** vero; **2.** falso; **3.** falso; **4.** vero; **5.** vero; **6.** vero; **7.** vero; **8.** falso

6 *vai,* hai, ci sono, seguono, permettono, partono, ci sono, fa, è

7 **2.** *questo;* **4.** questa, quel; **6.** quel, quegli; **9.** quell', quella

8 **1.** falso; **2.** vero; **3.** vero; **4.** vero; **5.** vero

Fonetica 5

1.a am*o*re, quatt*o*rdici, perch*é*, stazi*o*ne, *au*tobus, sem*a*foro, s*a*bato, ferm*a*ta, pr*e*ndere, marted*ì*, f*a*cile, diciann*o*ve, p*a*rlano, citt*à*, cammin*a*re, preferiscono

1.b a/*mo*/re, quat/*tor*/di/ci, per/*ché*, *au*/to/bus, se/*ma*/fo/ro, *sa*/ba/to, fer/*ma*/ta, *pren*/de/re, mar/te/*dì*, *fa*/ci/le, di/cian/*no*/ve, *par*/la/no, cit/*tà*, cam/mi/*na*/re, pre/fe/*ri*/sco/no

2.a **1.** n*u*mero; **2.** tav*o*lino; **3.** ag*o*sto; **4.** venerd*ì*; **5.** simp*a*tico; **6.** matem*a*tica; **7.** ingl*e*se; **8.** caff*è*; **9.** gu*a*rdano; **10.** febbr*a*io; **11.** stud*e*ntessa; **12.** giov*e*dì

3.a **1.** Mi/*che*/le; **2.** *E*/le/na; **3.** *Gia*/co/mo; **4.** Mat/*te*/o; **5.** Nic/co/*lò*; **6.** Ma/*ri*/na; **7.** *Mo*/ni/ca; **8.** Si/*mo*/na; **9.** Gio/*suè*; **10.** Fran/*ce*/sco; **11.** A/les/*san*/dro; **12.** *Et*/to/re; **13.** Bar/to/lo/*meo*; **14.** Ma/*ri*/a; **15.** *Ma*/rio; **16.** Ca/*mil*/la; **17.** Ma/nu*e*/la; **18.** *Mas*/si/mo; **19.** A/*ni*/ta; **20.** Va/len/*ti*/na

Esercizi Unità 6

1 **1.**/f.; **2.**/e.; **3.**/a.; **4.**/c.; **5.**/b.; **6**/d.

2 polo, collana, zia, gonna, canottiera, destra, figlia

Emma — Margherita — Fausto — Giacinto — Socrate

Francesca — Giulia — Luca — Cinzia — Paola

---

3 CARCIO/L; MAMMO/A; PERZONAGGIO/S; FUMITTO/E; GENIPORI/T; MARILO/T; CASALANGA/I; FANIGLIA/M; RAGOZZA/A; NOMNO/N; VIGNETTO/A; soluzione: LA SETTIMANA

4 *sette,* otto, *di sera,* otto e mezza, tre, tre e mezza, di notte, sei, di mattina, mezzogiorno, una, due, di pomeriggio, dieci e mezza, di mattina

5 **1.**/g.; **2.**/f.; **3.**/m.; **4.**/l.; **5.**/i.; **6.**/h.; **7.**/b.; **8.**/c.; **9.**/a.; **10.**/e.; **11.**/d.

6 *vogliono,* vuoi, possiamo, Devi, devono, vogliono, può, puoi

7 **1** mia, nostra; **2** mie; **3** mio; **4** suoi, sue; **5** tua, vostri

8 **1.**/d.; **2.**/b.; **3.**/d.; **4.**/c.

Fonetica 6

1 **A** **1.** [f] finestra; **2.** [v] nuovo; **3.** [f] foglio; **4.** [v] voglio; **5.** [f] infinito; **6.** [v] scrive; **B** **1.** [t] interesse; **2.** [d] indeciso; **3.** [t] e [d] timido; **4.** [d] disco; **5.** [t] genitori; **6.** [d] sud

2 **1.** pro*d*igo; **2.** tormen*t*i; **4.** *v*iso

3

1. Verona **2.** Udine **3.** Vicenza **4.** Padova **6.** Faenza **8.** Forlì **5.** Genova **7.** Prato **10.** Terni **9.** Livorno **12.** Chieti **14.** Foggia **11.** Viterbo **13.** Latina **15.** Benevento **16.** Potenza

Test Unità 5 e 6

1 fa, ha, va, dice, sua, tiene, suoi, suoi, c'è, fa, c'è, fa, va, ci sono, fanno, sue, vanno, suo/loro, riserva, sua, sa, loro

2

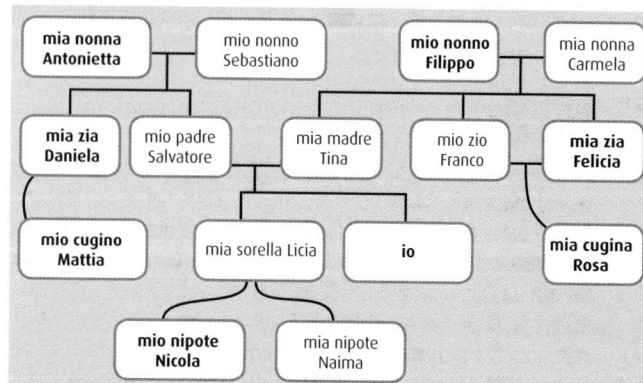

mia nonna Antonietta — mio nonno Sebastiano — mio nonno Filippo — mia nonna Carmela — mia zia Daniela — mio padre Salvatore — mia madre Tina — mio zio Franco — mia zia Felicia — mio cugino Mattia — mia sorella Licia — io — mia cugina Rosa — mio nipote Nicola — mia nipote Naima

devo, devo, voglio, devono, devo, Dobbiamo, dobbiamo, Possiamo, possiamo, dobbiamo, possiamo, possiamo, dobbiamo, vogliamo, dobbiamo, possono, vogliono, Possiamo, dobbiamo, può, deve, posso

a. dritto, semaforo; **b.** a destra, di fronte; **c.** fermata, Al centro; **d.** chiesa, incrocio, fino alla

a. A che ora, ventuno e quindici/nove e un quarto; **b.** A che ora, mezzogiorno; **c.** A che ora, nove e quarantacinque/nove e tre quarti/dieci meno un quarto; **d.** Che ore, una e venti; **e.** A che ora, otto e trenta/otto e mezza/otto e mezzo; **f.** A che ora, sedici e cinquanta/quattro e cinquanta/cinque meno dieci

lancio Unità 5 e 6

a. scusi; 3. **b.** sono straniero;
a. scusi, può ripetere?;
a. grazie mille!;
a. Scusa, puoi ripetere?
b. grazie, prego

a. *Leggi*; **b.** evita; **c.** Rispondi; **d.** organizza; **e.** cerca; **f.** scrivi; **g.** Evita; **h.** escludi; **i.** verifica
hardware: chiavetta USB, tastiera, mouse, casse, disco esterno, cuffie; **comandi:** *copia*, digita, incolla, salva, apri; **tasti:** TAB, invio; intrusi: salvaschermo, cartella, cursore
1 *sito, del*, scaricare, sul, computer; **2** on line, dalla, delle, alla, della, degli, motore di ricerca; **3** portale, rete, software; **4** sulle, della, nell', archivio, sul, dei
1./c.; **2.**/d.; **3.**/a.; **4.**/e.; **5:**/b.
stampa; copia, incolla; trova; salva, taglia, incolla

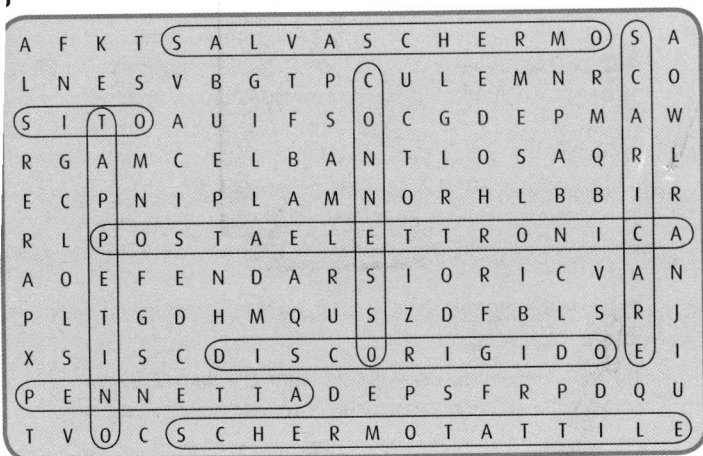

A	F	K	T	S	A	L	V	A	S	C	H	E	R	M	O	S	A
L	N	E	S	V	B	G	T	P	C	U	L	E	M	N	R	C	O
S	I	T	O	A	U	I	F	S	O	C	G	D	E	P	M	A	W
R	G	A	M	C	E	L	B	A	N	T	L	O	S	A	Q	R	L
E	C	P	N	I	P	L	A	M	N	O	R	H	L	B	B	R	R
R	L	P	O	S	T	A	E	L	E	T	T	R	O	N	I	C	A
A	O	E	F	E	N	D	A	R	S	I	O	R	I	C	V	A	N
P	L	T	G	D	H	M	Q	U	S	Z	D	F	B	L	S	R	J
X	S	I	S	C	D	I	S	C	O	R	I	G	I	D	O	E	I
P	E	N	N	E	T	T	A	D	E	P	S	F	R	P	D	Q	U
T	V	O	C	S	C	H	E	R	M	O	T	A	T	T	I	L	E

7 **1.**/d.; **2.**/b.; **3.**/a.; **4.**/d.

Fonetica 7

1 A **1.** [v] livello; **2.** [v] salva; **3.** [v] archivio; **4.** [b] subito; **5.** [v] evidenzia; **6.** [b] disponibile; B **1.** [p] pulsante; **2.** [p] portale; **3.** [b] blocca; **4.** [b] tabella; **5.** [p] imperativo; **6.** [b] sbagliato

2 risparmiare, spostarti, pubblici, possibile, bicicletta, Abbassa, vestiti, buste, spesa, batterie, ricaricabili

3 **2.** ta**b**acco; **3.** **b**otte, u**b**riaca; **4.** fa**v**a

4 due mucchi di **b**acche per **b**ecchi di **p**icchi, due sacchi di zucca per **b**ecchi di Lucca, due stecche di cicche per **b**ocche di **v**ecchi

Esercizi Unità 8

1 **1.** Io non metto bocca / **3.** tocca a lei; **2.** Io dico no / **9.** Diciamo no; **4.** *mette sempre bocca* / **8.** *tocca a*; **5.** mettono bocca / **6.** stanno; **7.** A chi tocca / **10.** Come sta

2 **1.**/e.; **2.**/g.; **3.**/non ha una parola corrispondente in italiano; **4.**/b.; **5.**/d.; **6.**/f.; **7.**/c.; **8.**/a.

3 **Jovanotti:** *inizia*, esce, vende, cambiano, diventano, affrontano; **Laura Pausini:** piacciono, esce, ottiene, sale, porta

4 *lavoro*, studente, professione, impresa, cane, amico, animale, corsi, preparazione, esperienza

5.a **a.** cantante; **b.** fotogramma; **c.** lettura; **d.** bar; **e.** brano
5.b FESTIVAL DI SANREMO

6 1 sto; 2 è, sono; 3 è, È; 4 stai; 5 sei; 6 sono; 7 stai; 8 sei, stai, sono

7 Soluzioni possibili: **1.**/e., g.; **2.**/c., f., h.; **3.**/ b., d.; **4.**/a., c., d., h.; **5.**/g., h.; **6.**/c., f.; **7.**/a., g.; **8**/a., b., d.

Fonetica 8

1 **1.** [r] rima; **2.** [l] album; **3.** [l] melodia; **4.** [l] classifica; **5.** [l] idoli; **6.** [r] strano; **7.** [r] autore; **8.** [l] ideale; **9.** [r] strumento; **10.** [r] gara

2 **1.** ribelle; **2.** interpreti; **3.** celebre; **4.** locali; **5.** leggera; **6.** principale; **7.** creare; **8.** rivelazione

3 Con diversi materiali crea modelli originali, tutti servono a coprire, alcuni anche ad abbellire.

Test Unità 7 e 8

1 **a.** i/dai, la/nella; **b.** il/sul, la/della, il/al; **c.** 102.5: l'/dell', la/sulla; **d.** gli/degli, la/della, il/del, il/del, le/alle, l'/all'; **e.** i/ai, i/dei; **f.** i/Nei, gli/agli; **g.** gli/dagli, la/della, gli/degli, le/alle, il/dal, la/della; **h.** i/dei, le/sulle, i/ai, la/della

2 Cerca, compra, Scegli, stampa, lascia, scrivi, inventa, *non mostrare*, prosegui, Prendi, chiedi, *non rivelare*, Organizza

3 **1.** salvaschermo; **2.** pennetta; **3.** tappetino; **4.** disco rigido; **5.** posta elettronica; **6.** scaricare; **7.** aggiornamento; **8.** programma

4 racconta/Vasco Rossi; dico/Vasco Rossi; sono/canzoni; escono/canzoni; entrano/droghe e alcol; diventano/droghe e alcol; credo/Vasco Rossi; riesce/Vasco Rossi; sale/il rock; diventa/il rock

5 1/Andare sul sito internet scelto; 2/Trovare la parte di testo utile; 3/Selezionare la parte di testo; 4/Copiare il testo; 5/Aprire un documento nuovo di word; 6/Incollare la parte di testo nel documento word; 7/Inserire una foto o un'immagine per completare; 8/Stampare il documento se necessario

6 **1.** ARCHITETTO; **2.** MEDICO; **3.** OPERAIO; **4.** BARISTA; **5.** CUOCO; **6.** GIORNALISTA

Esercizi Unità 9

1 **1.**/d.; **2.**/e.; **3.**/b.; **4.**/a.; **5.**/c.

2 *40°/a.*; 25°/**b.**; 56°/**c.**; 81°/**d.**; 16°/**e.**; 10°/**f.** (diecesimo: decimo); 97°/**g.**; 38°/**h.**; 62°/**i.**; 13°/**l.**

3 *ti alleni*, dedichi, Mi alleno, vado, fai, sei, piace, rappresenta, Senti, vivo, posso, mi rifugio

4 **1.** scherma; **2.** *nuoto*; **3.** pallacanestro; **4.** pugilato; **5.** rugby; **6.** tennis; **7.** pallanuoto; **8.** pallavolo

5 sto vivendo, sto guardando, si stanno lamentando, sta piovendo, mi sto annoiando, sta parlando, sto aspettando, stanno facendo, stiamo litigando, Sto partendo

6 Dopo/all'inizio; Alla fine/Poi; *Sempre/fin dall'inizio*; adesso/Mai

7 **1.** *uso scorretto/perché*; **2.** uso corretto; **3.** uso scorretto/ma; **4.** uso corretto; **5.** uso corretto; **6.** uso scorretto/poi

Fonetica 9

1 **1.** mora; **2.** sonno; **3.** moto; **4.** cammino; **5.** cassa; **6.** fato; **7.** cappello; **8.** cola; **9.** palla; **10.** fiocco

2 carabinieri, macchina, frattempo, accorgono, maresciallo, macchina, ufficiale, faccia, preso

3 **1.** professore, classe; **2.** pizzaiolo, Margherita, capricciosa, stagioni; **3.** Cappuccetto, Rosso, bocca

Esercizi Unità 10

1 **A** è, Ho, hanno, Siamo, sono, hanno, ho, ho, ha, sono, Ho
B *stata*, fatto, andati, avuto, deciso, offerto, andato, detto, pensato, detto, fatto, stata, diventato

2 1/**d.**; 2/**b.**; 3/**a.**; 4/**c.**; 5/**e.**

3 **1.**/c.; **2.**/f.; **3.**/a.; **4.**/b.; **5.**/d.; **6.**/e.

4 è *stata*, Ho cambiato, ho fatto, Ho recitato, ho sentito, ho visto, Mi sono innamorato, mi sono detto, Sono rimasto, si sono appostate, È stata, è arrivato

5 **A** Dai!, Dai!/Mamma mia!, Invece, Dai!/Mamma mia!, Ah, sì!
B Eh, sì, Dai!/Ma come no?, Dai!, invece

6 fa, Poi, per molto tempo, dopo, per un po', alla fine

7 è *nato*, Si è laureato, ha scritto, ha pubblicato, ha venduto, è arrivato, ha deciso, è diventato, è diventato

Fonetica 10

1.a
○ **Lui:** "Mio fratello è figlio unico"...
○ **Lei:** È quello con Riccardo Scamarcio.
○ **Lui:** Ah, sì lo conosco, ma non è tanto bravo, però.
○ **Lei:** Ma come no... È bravissimo!
○ **Lui:** A me non piace.
○ **Lei:** E invece... Chi è bravo? Scamarcio?
○ **Lui:** Eh, sì, lui mi piace.
○ **Lei:** Ma cosa... Non è bravo.
○ **Lui:** Ma invece sì, è molto espressivo.
○ **Lei:** Sì, espressivo... come la Bellucci!

○ **Lui:** Sì, perché la Bellucci non ti piace?
○ **Lei:** Assolutamente no!

1.b
○ **Lui:** "Mio fratello è figlio unico"...
○ **Lei:** È quello con Riccardo Sca<u>ma</u>rcio.
○ **Lui:** Ah, sì lo co<u>no</u>sco, ma <u>non</u> è tanto bravo, pe<u>rò</u>.
○ **Lei:** Ma <u>co</u>me no... È bra<u>vis</u>simo!
○ **Lui:** A me non <u>pia</u>ce.
○ **Lei:** E in<u>ve</u>ce... Chi è <u>bra</u>vo? Sca<u>ma</u>rcio?
○ **Lui:** Eh, <u>sì</u>, lui mi <u>pia</u>ce.
○ **Lei:** Ma <u>co</u>sa... Non è <u>bra</u>vo.
○ **Lui:** Ma invece <u>sì</u>, è molto espres<u>si</u>vo.
○ **Lei:** Sì, espres<u>si</u>vo... come la Bel<u>lu</u>cci!
○ **Lui:** <u>Sì</u>, perché la Bellucci non ti <u>pia</u>ce?
○ **Lei:** Assolutamente <u>no</u>!

2
○ **A:** Perché?
○ **B:** Perché non è un'attrice, è bellissima, ma non dovrebbe recitare.
○ **A:** Non sono d'accordo, secondo me è molto brava, poi non è bella. È più bella l'altra, eh... Come si chiama... Jasmine Trinca
○ **B:** E chi è?
○ **A:** È quella con i capelli scuri, con i lineamenti morbidi, gli occh un po' allungati...
○ **B:** Non me la ricordo.
○ **A:** Lei è... bella, è molto bella.
○ **B:** E che film ha fatto?
○ **A:** Ehm... Quella che ha fatto "Romanzo criminale".
○ **B:** Non mi viene in mente.

Test Unità 9 e 10

1 **a.** calcio; **b.** pallavolo; **c.** tennis; **d.** nuoto; **e.** ciclismo; intrusi: golf, pattinaggio, sci

2 **1.** ha fatto, Ho finito, ho frequentato, Ho lasciato, ho cominciato; **2.** sono stati, ho iniziato, è arrivata, ho cominciato, ho creato, ha avuto; **3.** è cresciuto, sono *sempre* state, ho *mai* finito, sono arrivato; **4.** è stato, ho cominciato, è restato; **5.** Ha *sempre* voluto, ho inventato, si sono avverate; **6.** ha chiamato, hanno riportato, è stato, abbiamo mantenuto

3 **1.** oggi; **2.** dopo; **3.** ieri; **4.** domani

4 **a.** stanno bevendo; **b.** si stanno salutando; **c.** si sta sedendo; **d.** si sta addormentando; **e.** sta salendo; **f.** sta preparando

5 invece; perché; Ma come no; Ah, sì; invece; ma; Ecco; Eh, sì